全国中等医药卫生职业教育“十二五”规划教材

药品营销综合技能训练

（供药剂、医药营销、药品经营与管理等专业用）

主　编　李朝霞（山西药科职业学院）
副主编　梁安鹏（山西康美徕医药有限公司）
马翠兰（南阳医学高等专科学校）
编　委　（按姓氏笔画排序）
王　军（山西省太原晋阳制药厂）
王学峰（山西药科职业学院）
杜小红（四川省食品药品学校）
秦晓婷（山西省长治市卫生学校）

中国中医药出版社
·北　京·

图书在版编目（CIP）数据

药品营销综合技能训练/李朝霞主编. —北京：中国中医药出版社，2013.9（2023.3 重印）
全国中等医药卫生职业教育“十二五”规划教材
ISBN 978 – 7– 5132 – 1500 – 8

Ⅰ.①药…　Ⅱ.①李…　Ⅲ.①药品 – 市场营销学 – 中等专业学校 – 教材　Ⅳ.① F763

中国版本图书馆 CIP 数据核字（2013）第 129178 号

中国中医药出版社出版
北京经济技术开发区科创十三街 31 号院二区 8 号楼
邮政编码　100176
传真　010–64405721
河北品睿印刷有限公司印刷
各地新华书店经销

开本 787×1092　1/16　印张 12.25　字数 269 千字
2013 年 9 月第 1 版　2023 年 3 月第 7 次印刷
书号　ISBN 978 – 7 – 5132 – 1500 – 8

定价　35.00 元
网址　www.cptcm.com

服务热线　010–64405510
购书热线　010–89535836
维权打假　010–64405753

微信服务号　zgzyycbs
微商城网址　https://kdt.im/LIdUGr
官方微博　http://e.weibo.com/cptcm
天猫旗舰店网址　https://zgzyycbs.tmall.com

如有印装质量问题请与本社出版部联系（010–64405510）

全国中等医药卫生职业教育“十二五”规划教材
专家指导委员会

前　言

“全国中等医药卫生职业教育‘十二五’规划教材”由中国职业技术教育学会教材工作委员会中等医药卫生职业教育教材建设研究会组织，全国120余所高等和中等医药卫生院校及相关医院、医药企业联合编写，中国中医药出版社出版。主要供全国中等医药卫生职业学校护理、助产、药剂、医学检验技术、口腔修复工艺专业使用。

《国家中长期教育改革和发展规划纲要（2010－2020年）》中明确提出，要大力发展职业教育，并将职业教育纳入经济社会发展和产业发展规划，使之成为推动经济发展、促进就业、改善民生、解决“三农”问题的重要途径。中等职业教育旨在满足社会对高素质劳动者和技能型人才的需求，其教材是教学的依据，在人才培养上具有举足轻重的作用。为了更好地适应我国医药卫生体制改革，适应中等医药卫生职业教育的教学发展和需求，体现国家对中等职业教育的最新教学要求，突出中等医药卫生职业教育的特色，中国职业技术教育学会教材工作委员会中等医药卫生职业教育教材建设研究会精心组织并完成了系列教材的建设工作。

本系列教材采用了“政府指导、学会主办、院校联办、出版社协办”的建设机制。2011年，在教育部宏观指导下，成立了中国职业技术教育学会教材工作委员会中等医药卫生职业教育教材建设研究会，将办公室设在中国中医药出版社，于同年即开展了系列规划教材的规划、组织工作。通过广泛调研、全国范围内主编遴选，历时近2年的时间，经过主编会议、全体编委会议、定稿会议，在700多位编者的共同努力下，完成了5个专业61本规划教材的编写工作。

本系列教材具有以下特点：

1. 以学生为中心，强调以就业为导向、以能力为本位、以岗位需求为标准的原则，按照技能型、服务型高素质劳动者的培养目标进行编写，体现“工学结合”的人才培养模式。

2. 教材内容充分体现中等医药卫生职业教育的特色，以教育部新的教学指导意见为纲领，注重针对性、适用性以及实用性，贴近学生、贴近岗位、贴近社会，符合中职教学实际。

3. 强化质量意识、精品意识，从教材内容结构、知识点、规范化、标准化、编写技巧、语言文字等方面加以改革，具备“精品教材”特质。

4. 教材内容与教学大纲一致，教材内容涵盖资格考试全部内容及所有考试要求的知识点，注重满足学生获得“双证书”及相关工作岗位需求，以利于学生就业，突出中等医药卫生职业教育的要求。

5. 创新教材呈现形式，图文并茂，版式设计新颖、活泼，符合中职学生认知规律及特点，以利于增强学习兴趣。

6. 配有相应的教学大纲，指导教与学，相关内容可在中国中医药出版社网站

（www. cptcm. com）上进行下载。本系列教材在编写过程中得到了教育部、中国职业技术教育学会教材工作委员会有关领导以及各院校的大力支持和高度关注，我们衷心希望本系列规划教材能在相关课程的教学中发挥积极的作用，通过教学实践的检验不断改进和完善。敬请各教学单位、教学人员以及广大学生多提宝贵意见，以便再版时予以修正，使教材质量不断提升。

中等医药卫生职业教育教材建设研究会
中国中医药出版社
2013 年 7 月

编写说明

《药品营销综合技能训练》是全国中等医药卫生职业教育“十二五”规划教材，主要适用于药剂、医药营销、药品经营与管理等专业教学使用。本教材着眼于药品营销技能的训练，以能力为本位，紧紧围绕学生“药品营销职业能力的形成”这一主线，力求体现职业型人才培养的要求，目的在于应用所学医药营销知识，通过训练和实践，形成药品营销技能。

药品营销综合技能训练是一门实践性极强的学科，编者在撰写此书过程中，始终与企业密切合作，并曾多次到企业进行实地调研。该书由有丰富教学经验的教师及企业人员共同合作编写完成，突出了校企合作的特点。

本教材的特点是：训练目的明确，模拟实训突出，注重实践操作，强化技能训练。依据医药商品购销员、医用商品营业员等岗位的工作内容及其对职业能力的要求，本教材设计了十个模块的技能训练。每个模块包含具体任务、训练目标、训练内容和步骤、考核标准、必备知识、典型实例、同步训练内容，不仅能使学生根据背景资料完成各项具体工作任务，真正实现“做中学、做中教”的职业教育教学方法，而且能起到拓展学生视野、丰富实训内容、强化训练效果的作用。

本教材的课时设计比较灵活，任课教师可以结合学生的实际情况，选择适当的实训项目。其他实训项目则可以作为课外活动的一部分，由学生自主安排。教师在制订授课计划时，可以每周安排4学时的技能训练，也可以在学生进行阶段实习或顶岗实习前集中2周时间进行技能训练。

参加本教材编写的人员及分工如下：模块一、模块二由王学峰编写；模块三、模块七由马翠兰编写；模块四由秦晓婷编写；模块五、模块八由梁安鹏编写；模块六由王军编写；模块九由杜小红；模块十由李朝霞编写。全书由李朝霞、马翠兰、梁安鹏统稿。

尽管本教材在医药营销技能训练的写作方面进行了有益的尝试，但技能训练的创新是一项挑战性极强的工作，可参考的资料不多，加之编写人员水平有限，因此本教材难免会有许多不妥之处，敬请各位专家、读者提出宝贵意见，以便再版时修正提高。

《药品营销综合技能训练》编委会

2013年7月

目　录

模块一 职业形象设计

任务1 仪容礼仪

一、具体任务

公司安排你去拜访一个重要的客户，为了使双方洽谈成功，并给客户留下美好的第一印象，你将如何进行洽谈前的仪容准备？

二、训练目标

1. 通过训练，使学生能恰当地修饰自己的仪容，符合不同场合礼仪要求。
2. 培养学生良好的仪容礼仪和观念，明确仪容修饰的重要作用。

三、训练内容和步骤

1. 学生进行个人发型设计、仪容修饰，并进行妆后检查。
2. 妆容秀。
3. 学生相互点评，查找问题。
4. 教师总结、点评。

四、考核标准

1. 头发清洁，长度适宜，发型选择适合自己的特点。(2分)
2. 面部清洁干净，化妆自然得体，符合情景。(2分)
3. 手部指甲长度合适、干净，不戴过多饰品。(2分)
4. 眼、耳、鼻、颈部清洁，口无异味。(2分)
5. 整体修饰整洁、干练。(1分)
6. 妆容表演大方，姿势得体，整体印象好。(1分)

五、必备知识

仪容，主要是指人的容貌，包括五官的搭配和适当的发型衬托，由发式、面容以及所有未被服饰遮掩的肌肤、体味等构成。塑造良好的个人形象，首先应考虑的是仪容美。虽然容貌在很大程度上取决于先天条件，但对相对定型的容貌做适当的修饰，会掩饰其不足而增加魅力。仪容修饰主要包括以下几个方面：

（一）头发

在正常情况下，人们观察一个人往往是“从头开始”的，仪容修饰应当“从头做起”。

1. 护发礼仪 护理头发是打理自己的第一步，也是至关重要的一步，对人的整体形象起着举足轻重的作用。护发礼仪的基本要求是：头发必须注意正确洗涤、梳理、养护，以保持其健康、清爽、整齐、秀美的状态。

2. 美发礼仪 美发礼仪的基本要求是：头发要适时地进行修剪和造型设计，使其庄重、简约、典雅、大方。

（1）适当修剪头发 头发不能凌乱，要定期修剪。根据头发生长的一般规律修剪头发，男士最好半个月左右一次，女士视情况而定。头发长短男女有别。男士头发不能剃光，但也不宜过长，一般来说，职场男士的头发以短为宜。女士头发不宜过短，可以长发披肩，但在工作场合或重要场合，头发不要随意披散过肩，应该束起来或挽起来。有些特殊的时候，事先特意进行一次洗发、理发，也是非常必要的。

（2）认真设计发型 发型，即头发的整体造型。发型是美发的关键环节。发型的设计与选择，除了考虑个人品位和流行时尚的因素之外，还必须考虑本人的性别、年龄、脸形、身材、发质、职业等因素。

1）发型与性别、年龄相协调：在选择发型时，必须客观地正视自己的性别和年龄，切勿“以不变应万变”，从而使自己的发型与性别、年龄相去甚远，彼此抵触。

2）发型与脸形相协调：选择恰当的发型，可以为自己的脸形扬长避短。

3）发型与身材相协调：人的高矮胖瘦对发型的要求也是有区别的，不可以随意为之。

4）发型与发质相协调：不同的发质适合的发型也会不一样，应根据自己的发质梳理出完美的发型。

5）发型与职业、着装相协调：对于职场人士而言，发型要简洁大方、庄重保守。男士在任何场合着任何服装，发型都基本不变，以短发为宜；女士在工作场合着职业装时，应选择平易质朴的直发型，头发不宜超过肩部，不可将头发随意披散开来，必要时应以盘发、束发作为变通；女士在节假日着运动装、旅游装时，可扎成高高束起的马尾辫，显得青春活泼；在参加晚宴或舞会着晚礼服时，可盘高发髻，显得高贵典雅。

（二）皮肤

1. 皮肤清洁

（1）面部卫生 面部卫生最基本的要求是时刻保持面部干净清爽，无汗渍和油污等不洁之物。具体来说要修饰眼睛、耳朵、鼻子、嘴巴和脖颈等部位。具体应做到：经常及时地清洗眼角的分泌物，以保持“心灵之窗”的清澈明亮；鼻腔要随时保持干净，不要当众挖鼻孔、吸鼻子、擦鼻涕等；注意去除耳朵部位的污垢和耳朵内的分泌物；嘴部要求无异味、无异物，要保持口腔干净、口气清新，工作前不喝酒，不吃带有强烈气味的食品；颈部属于面容的自然延伸部分，应同样重视清洁、护理和修饰，防止皮肤老化。

（2）手部卫生　手的修饰首先要注意手部的清洁，要随时清洁自己的双手，应勤洗手并加以护理。另外，还要经常修剪与清洁指甲，不让污垢残存。注意在工作、社交场合不应留长指甲，手指甲的长度以不长过手指指尖为宜，也不应涂彩色指甲油或做指甲花。

（3）身体卫生　保持身体卫生清洁，要坚持勤洗澡，常换衣，还要避免身上有异味。

2. 皮肤的护理保养　皮肤护理保养总的要求是：经常保持乐观情绪；保证充足的睡眠；养成多喝水的习惯；注意合理饮食；防止外界因素对皮肤的刺激等。不同肤质应采用不同的保养方法。

（三）化妆

化妆是修饰仪容的一种高级方法。它是指通过使用美容用品并按一定技法对自己进行修饰装扮，美化自我形象的行为。在职场中，进行适当的化妆是必要的。化妆不仅是女士的专利，男士有时也有必要进行适当的化妆。

1. 化妆的步骤　化妆大体上可分为净面护肤、打粉底、画眼线、涂眼影、描眉、涂腮红、画唇线、涂唇彩、涂睫毛膏、查妆面等步骤，根据需要可适当增减，每个步骤均有一定的方法。

2. 化妆的礼节及应注意的问题

（1）避免当众化妆和补妆　化妆要在卧室或化妆间进行，而不能在公共场所化妆。在众目睽睽之下化妆是非常失礼的，化妆一定要避开公众，特别要避开异性。

（2）力戒妆面出现残缺　化了彩妆，就要有始有终，维护妆面的完整性。如果妆容出现残缺，要及时避人补妆。

（3）勿使化妆妨碍他人　在工作岗位上或社交活动中，如果妆化得过浓、过重，香气四溢，令人窒息，就是对他人的妨碍，是不礼貌的行为。

（4）浓淡适宜　化妆的浓淡要视时间而定，白天工作场合化淡妆，夜晚化浓妆，浓淡要适宜。

（5）男士化妆勿露痕迹　男士在进行商务活动的时候，稍事化妆是必要的，但不要化得油头粉面。男士使用化妆品不宜过多，所用色彩以接近原肤色为佳。

六、典型实例

小李的语言表达能力不错，对公司产品的介绍也得体，人既朴实又勤快，在业务人员中学历又最高，领导对他抱有很大期望。可做销售代表半年多了，业绩总上不去。问题出在哪儿呢？原来，小李是个不修边幅的人，拇指和食指留着长指甲，甲缝里经常

“藏着”很多东西。衬衣的领子经常留着污渍，有时候手上还记着电话号码。小李还喜欢吃大饼卷大葱，吃完后，不知道去除异味的必要性。而且，有客户反映小李太性急，经常没听懂或没听完客户的意见就着急发表看法；有时说话太急促，让人无法听懂；看他每天都忙忙碌碌的，少有停下来的时候。

七、同步训练

假设你要代表公司参加一次商务谈判活动，请为自己选择合适的发型，并进行仪容的修饰化妆。

任务2　仪表礼仪

一、具体任务

秋高气爽，公司举行新产品发布会，时间定于下午两点，场地定在公司多功能会议厅。请问女士和男士分别应如何穿戴入场？

二、训练目标

1. 通过训练，使学生能恰当地修饰自己的仪表，符合不同场合礼仪要求。
2. 培养学生良好的仪表修养，进一步增强学生审美意识，明确仪表修饰对于提高个人形象、展示个人魅力的重要意义。

三、训练内容和步骤

1. 5～6人为一组，进行讨论。
2. 模拟女士和男士参加新产品发布会的情景。
3. 小组相互点评，查找问题。
4. 教师总结、点评。

四、考核标准

1. 着装规范、服饰搭配协调，符合礼仪规范要求。(5分)
2. 小组同学讨论积极，协作良好。(2分)
3. 能较好地处理模拟场景，行为举止表现得体，表演到位。(3分)

五、必备知识

仪表是指一个人的外表，主要是指人的服装穿着、饰品佩戴等。职场人士的仪表应该大方、庄重，应合身、合意、合时、合礼、合俗、合规。

（一）服饰穿着的原则

“TPO”原则是目前国际通行的着装原则，它要求人们着装时要综合考虑time（时间）、place（场合）、object（目的）。

1. 时间原则 不同时代、不同季节、一天中不同时间段，应穿不同的服装。

2. 场合原则 不同的工作环境、不同的场合，着装要有所不同。通常，公务场合应庄重保守；社交场合应时尚个性；休闲场合应舒适自然。

3. 目的原则 穿戴服饰时应该考虑自己和交际对象，以及想要传达的信息。服装要与穿着场合的气氛相和谐，与欲达到的目的相一致。

另外在职场中，着装还应与个人的年龄、体形、脸形、肤色、性格、职业等多种因素相吻合，表现出一种和谐美。而且在任何情况下，身着任何服装都应该干净整齐，衣服不能有破损，不能有皱褶，不能有污渍，扣子等配件不能残缺不齐，否则有失雅观。

（二）服饰色彩的搭配

服饰要讲究配色，不同颜色代表不同的意义，不同颜色的服饰会产生不同的效果。一般来说，以下颜色相配效果较好：绿色－黄色，粉红－浅蓝，深蓝－红色，深蓝－灰色，黑色－浅绿，黄褐－白色，橄榄绿－红色，橄榄绿－骆驼灰。黑、白、灰是配色中的安全色，最容易与其他颜色搭配并取得良好的效果。服饰色彩的选择搭配，既要考虑个性、爱好、季节，又要兼顾他人的观感和所处的场合。在服饰的色彩使用上要想获得成功，最重要的是掌握服饰色彩的搭配方法。常用的方法有：

1. 统一法 上装、下装、帽子、鞋采用一种色调，如全身黑色或全身蓝色。

2. 对比法 通过色彩的互相衬托或对比，来增强服装的美感，如白色短袖衬衫配黑色裤子。

3. 呼应法 上、下装或上衣和帽子、鞋、提包等之间，同种色、类似色彼此呼应，如身着黑色裙子，应着黑白条或黑白花上衣。

4. 点缀法 在统一完美的主色调基础上，加上非常醒目的小块色作点缀。

总之，服饰色彩运用得当，可使人显得端庄优雅、风姿绰约；搭配不当，则使人显得不伦不类、俗不可耐。总体上要求正装色彩种类以少为宜，最好控制在三种色彩之内，显得简洁、和谐。正装的色彩，一般应为无图案的单色和深色。最标准的正装色彩是蓝色、灰色、棕色、黑色；衬衣的色彩最好为白色；皮鞋、袜子、公文包的色彩宜为深色（黑色最为常见）。

（三）女士着装礼仪

女性的服装比起男装更加丰富多彩、新颖别致，但要避免过分的花哨和夸张。女士在正式场合着装，以西装套裙为首选，西装套裤、连衣裙、旗袍亦可考虑，但均宜简洁大方、素雅，需要注意衣服干净整洁、款式尽量合身，无领、无袖、太紧身或者领口开得太低的衣服应尽量避免。

1. 西装套裙穿着礼仪 西装套裙以其严整的形式，多变却不杂乱的颜色，新颖却不怪异的款式，成为职业女性最规范的工作装。

（1）定好款式 西装套裙的款式应比较规范，既不能像时装一样赶新潮，又不能粗俗乏味。套裙以西服式样居多，也有圆领、V 字领等式样。大小要适度，上衣最短可以齐腰，裙子最长可以达到小腿中部，但超短裙是不能在正式场合出现的。

（2）选好面料　西装套裙要选质地和垂感好的面料，可选纯毛、羊绒、亚麻、真丝、高织棉制品，也可选择含有人造纤维的混纺面料。

（3）选好颜色　西装套裙的色彩不宜太夸张，基本要求是以冷色调为主，最佳颜色是黑色、藏青色、银灰色、茶褐色、紫红色等，精致的方格、印花和条纹也可以选择。

（4）配好鞋袜　穿着西装套裙时，应选择浅口的中、高跟皮鞋，颜色应与衣服的颜色一致或略深一些，以形成浑然一体的搭配。凉鞋、布鞋、靴子、旅游鞋等，不适合采用。配套裙最为得体的袜子应是肉色的长筒丝袜，长度一定要高于裙子边缘。配裙装穿短袜、不穿袜子、穿有破损的袜子，都是不礼貌的。不论是鞋子还是袜子，均以简洁为好，色彩、图案和装饰都不要过多。

2. 连衣裙穿着礼仪　社交场合连衣裙应以大方典雅为宜，单色连衣裙在大多数场合效果都很好，点、条、格等面料的连衣裙图案也要力求简洁。穿连衣裙要注意避免太流行或趋于怪异、领口过低、衣裙过紧、面料过透等，使人感到极不雅观。连衣裙鞋袜搭配的要求与西装套裙的要求一致。

3. 旗袍穿着礼仪　旗袍是我国独有的、富有浓郁民族风格的传统女装。作为礼服的旗袍，最好是单一的颜色，面料以呢绒绸缎为主，长度最好是长至脚面，开衩的高度应在膝盖以上、大腿中部以下。穿无袖式旗袍，冬天可配以披肩，但不适合戴手套和帽子。着旗袍可配精致小巧、挎在手腕上的坤包，并要小步慢行，显示端庄文雅。旗袍鞋袜搭配的要求与西装套裙、连衣裙的要求一致。

（四）男士着装礼仪

在正式的场合，男士的着装以穿西装、打领带、配衬衣最为稳妥，也可以着礼服、中山装，应避免穿夹克衫，或者西装与高领衫、T 恤衫、毛衣搭配。

1. 西装穿着礼仪

（1）选好款式、型号　要充分考虑到自己的身高、体形来选择西装。西装领子应紧贴衬衫领口，上衣长度宜在垂下手臂时与虎口相平，袖长至于腕，胸围以穿一件“V”字领羊绒衫后松紧度适宜为好。裤长以裤脚盖住脚背 2/3 部分最为适合。

（2）选好面料、颜色　西装面料选择，应力求高档，纯毛面料列为首选，高比例含毛的混纺面料也可以，化纤面料则尽量不用。就西装颜色而言，当首推藏蓝色、灰色、黑色，更适合于庄重而肃穆的礼仪性活动时穿着，其他“杂色”或有格子、条纹等图案的西装，在多数情况下与正式场合无缘。

（3）穿好衬衫　穿西装必须要穿长袖衬衣，颜色首选白色，蓝色、灰色等素色也可考虑，其他单色或花色皆不可取。领口一定要整洁、挺括、无皱。领围以合领后可以伸入一个手指为宜，领应高出西装领口 1 ~ 2cm，袖长应比西装袖长出 1 ~ 2cm。衬衫的下摆必须扎在西裤里，袖口扣好，不可卷起。不系领带时，衬衫领口可以敞开。按标准要求，衬衫里面不应穿内衣，若特殊原因需穿着时，内衣领和袖口不能外露。

（4）系好领带 在正式场合一般都应系领带。领带的质地以丝、毛为好，化纤为次。领带的色彩可以根据西装的色彩搭配，以单色为好，图案以圆点、条纹、方格等几何图形为宜。领带结是领带最重要的部分，各种不同的系法可以得到不同大小形状的领带结，具体有平结、温莎结、交叉结、双环结等。领带系好后，长度以大箭头正好垂到皮带扣为标准。领带夹的佩戴位置以从上往下数衬衫的第四五颗纽扣之间为宜，西装上衣系好扣子后，领带夹是不应被看见的。

（5）扣好纽扣 西装纽扣有单排扣和双排扣之分。在正式场合，双排扣西装要将实际扣子全扣上。单排扣西装要求将单粒扣和双粒扣的第一粒、三粒扣的中间一粒或中、上两粒扣上，双粒扣的第二粒、三粒扣的第三粒都是样扣，不必扣上。西装有内扣的，则必须系上。

（6）用好口袋 西装的口袋很多，但不能把口袋装得鼓鼓囊囊。一般上装外左胸口的衣袋是专门用于插装饰性手帕的，下面的两个口袋只作装饰用，一般不放物品。上装内袋用于存放证件、名片等物件。西裤口袋也不可装物，以求臀围合适、裤型美观。裤子后兜可以稍装零用钱或其他轻薄之物。

（7）配好鞋袜、皮带 穿西装一定要配皮鞋，而不能穿旅游鞋、轻便鞋、布鞋及露脚趾的凉鞋；皮鞋应与西装协调搭配，黑色牛皮鞋为首选，款式应庄重而正统，皮鞋应保证鞋面无尘、鞋底无泥。与皮鞋相配的袜子，以棉、毛最好，混纺次之，袜子单色为好，颜色要比西装稍深一些，使其在皮鞋与西装之间显示一种过渡；忌穿白色、花色或肉色袜子。西裤的腰带应为皮带，宽度在2.5～3cm之间，系好后留有皮带头的长度一般为12cm左右，过长或过短都不合美学要求。

2. 中山装穿着礼仪 中山装是我国男士的传统礼服。着中山装要保持干净、平整，衣领里可稍许露出一道白衬衫领。衣兜不要装得鼓鼓囊囊，内衣不要穿得太厚。无论什么场合，都要扣好扣子、挂好领钩。

（五）首饰佩戴礼仪

服装的饰品包括首饰和配饰。首饰包括项链、戒指、耳环、手镯、手链、胸饰等，配饰包括提包、帽子、围巾、手套、手表等。饰品的佩戴，尤其是首饰的佩戴，要注意与个人的整体形象、风格、服装等一致，必须遵守一定的礼仪规范和佩戴原则。

六、典型实例

李强是一家大型医药企业的总经理。有一次，他获悉一家著名的德国企业的董事长正在本市进行访问，并有寻求合作伙伴的意向。于是他想尽办法请人牵线搭桥。让李强欣喜若狂的是，对方也有兴趣同他所在企业进行合作，而且希望尽快与他见面。到了双方会面的那一天，李强对自己的形象刻意进行了一番修饰。他根据自己对时尚的理解，上穿夹克衫，下穿牛仔裤，头戴棒球帽，足蹬旅游鞋。无疑，他希望能给对方留下精明强干、时尚新潮的印象。然而事与愿违，李强自我感觉良好的这一身时髦的“行头”，却偏偏坏了他的大事。

七、同步训练

假设你是某医药公司的营销部经理，你要代表公司去面见一位重要客户，请你选择合适的服饰。

任务3 仪态礼仪

一、具体任务

小王是某药品推销员。一天，他带着产品前往某公司上门推销。请模拟小王走进该公司销售部经理办公室的情景，包括站立问候、递名片自我介绍及坐下与经理谈话、介绍产品等场景。

二、训练目标

通过训练，使学生熟练掌握仪态美的基本动作要领，以及符合礼仪规范的站姿、坐姿、走姿及手势。

三、训练内容和步骤

1. 2~4人为一组，进行讨论。
2. 其中一个小组选派一人扮演药品推销员小王，另一小组选派一人扮演销售部经理，进行情景模拟。小组依次轮换进行。
3. 小组相互点评，查找问题。
4. 教师总结、点评。

四、考核标准

1. 能够展现出正确的姿态。(4分)
2. 能够正确运用表情和微笑。(2分)
3. 手势运用得当。(2分)
4. 能较好地处理模拟场景，把握模拟要点，表演到位，语言清晰，表达流利。(2分)。

五、必备知识

仪态是指人的姿态和风度。姿态是指一个人在行为中身体各部分显现出来的各种形态，如站立、行走、就座、眼神、手势等举止；而风度则是一个人内在气质的外在表现，如道德品质、学识修养、个人情趣与爱好等。

（一）站姿礼仪

站姿，是指人在站立时所呈现出的具体姿态，它是人的最基本的姿势，也是其他姿势的基础。不论站立时摆何种姿势，只有脚的姿势及角度在变，而身体一定要保持绝对的挺直。正确的站姿应是：端正、庄重，具有稳定性，即头端、肩平、胸挺、腹收、身正、腿直、手垂。

由于性别的差异，男女在站姿基本规范的基础上，要求又不尽相同。男性应是刚劲挺拔，英姿稳健；女性应是亭亭玉立，文静优雅。男女不同的站姿，主要体现在脚位、手位动作要求不同。常见的站姿有：叉手站姿、背手站姿、垂手站姿等。

常见的不良站姿有以下姿势：头脖歪斜、斜肩或一肩高一肩低、弯腰、弓背、挺腹、撅臀、臂曲、两腿弯曲、叉开很大、抖动、双脚随意乱动、脚在地上踢来蹭去、用脚勾东西、脚尖乱点乱划、双手叉腰、双臂抱在胸前、两手插在口袋等。

（二）坐姿礼仪

坐姿，是人在就座后所呈现出的姿势。坐姿总的要求是舒适自然、大方端庄。男女坐姿要求不同，男士应体现出自信、豁达、威严；女士应体现出庄重、矜持、文静。

1. 入座 入座时要轻、稳、缓。入座要遵守的原则：讲究顺序，礼让尊长；注意方位，从左入座；背对座椅，落座轻稳。

2. 坐定 坐定后的基本姿态是：上体自然坐直，双目平视，表情自然；男士可两腿分开，略与肩宽，两脚平行，两小腿与地面垂直，双手分别放在双膝上，或双臂微曲放在桌面上，或两手分别放在沙发、椅子的两边扶手上；女士要两腿自然弯曲并拢，两脚平放，两小腿与地面垂直，双手轻放在双膝上或双臂微曲放在桌面上，或轻搭在沙发、椅子的一边扶手上。

3. 离座 离座要讲究顺序，礼让尊长；起身声音要轻，离开动作要缓，站稳再走；注意方位，从左侧进行。

不良的坐姿有：坐定后头靠在座位背上，或是低头注视地面，闭目养神，左顾右盼，摇头晃脑；随意挪动椅子或为了表示谦虚，故意坐在椅子边上，身体萎缩前倾地与人交谈；两腿过于叉开或长长地伸出去；将大腿并拢，小腿分开；双手放在臀下；摇腿跷脚，腿脚不停地抖动；骑在座位上或是将脚架在桌面上等。男士、女士均不宜在礼仪场合使用“大二郎腿”的叠腿方式或用手把叠起的腿扣住的方式；或翘“小二郎腿”时脚尖不停地抖动。

（三）走姿礼仪

走姿，是指人在行走过程中所呈现出的姿势。走姿的基本要领：上身保持标准站姿的基础上，双肩平稳，两臂伸直放松，自然摆动，前后摆幅以30°至35°为宜，在摆动中离开双腿不超过一拳的距离；起步时上体稍向前倾，提髋屈大腿带动小腿，膝盖伸直，重心落前脚掌，脚尖向正前方伸出；步幅大小适中，步速自然舒缓，步高适中，双脚踩在一条线缘上。

不良的走姿有：摇头晃脑，身体左右摆动；脚尖向内或向外；弓背弯腰，六神无主；双手插在衣服口袋、裤带之中；东张西望，左顾右盼；双手叉腰或双手搭背；摆手过快，幅度过大或过小。

（四）蹲姿礼仪

蹲姿的基本要求是：一脚在前，一脚在后，两腿向下蹲，前脚掌着地，小腿基本垂直于地面，后脚跟提起，脚掌着地，臀部向下。

常见的蹲姿有高低式蹲姿、交叉式蹲姿等。女士无论采用哪种蹲姿，都要将双腿靠紧，臀部向下。

不良的蹲姿有：在人前突然下蹲；距人过近、方位失当；下蹲时毫无遮掩；蹲在椅子或凳子上。

（五）手势礼仪

手势是人际交往时不可缺少的体态语，恰当地运用手势来辅助语音传情达意，会为交际形象增辉，有时会产生意想不到的效果。常用的手势有情意性手势、象征性手势、形象性手势、指示性手势，其中商务人员运用较多的是指示性手势。

指示性手势，是用于介绍友人，引导来宾，指示方向，请人做某事等的手势。规范的指示性手势要求：将一只手抬至一定的高度，手掌自然伸直，掌心略向内向上，手指并拢，拇指自然稍稍分开，手腕伸直，使手与小臂成一直线。指示方向时，上体稍向前倾，始终随手指的方向移动，同时配合眼神、表情和其他姿态，并配合一定的语音，兼顾对方是否意会到目标。

手势运用的禁忌主要有：使用不雅的手势；使用不规范的手势；使用失敬于人的手势；使用易于误解的手势；随便乱做手势等。

（六）面部表情礼仪

面部表情是心理状态的外在表现，是一种含义深广的“体态语”，它包括脸色的变化、肌肉的收展以及眼、鼻、嘴等的动作，但构成表情的主要因素是眼神和微笑。

人们在交往中通过视线接触所传递的信息，称为眼神，通常也叫目光。恰到好处的眼神应该是坦然、亲切、和蔼、有神的。在一般的社会交往中，应正视对方以示尊重，不得回避正常的目光交流，与对方视线接触时间以 1～2 秒钟比较适宜；直盯着对方是失礼的行为，上下打量对方则更是一种轻蔑和挑衅的无礼表示；冷漠的、傲慢的、狡黠的、疲惫的、呆滞的、游移不定的、左顾右盼的、挤眉弄眼的眼神不应出现；频繁而又急速的转眼，是一种反常的举动，常被用作掩饰的一种手段，是极不礼貌的；注视他人特别是陌生人和异性的头顶部位、胸部以下部位，会给人一种缺乏修养的印象，也会造成对方的不适与难堪，从而破坏相互的交流和沟通。

微笑，是面部肌肉放松、嘴角微翘、嘴唇微启、不露牙齿或微露上齿、笑不出声的表情。微笑的要求发自内心，真诚甜美。微笑要做到四个结合：心、眼相结合；笑与神情、气质相结合；笑与语言相结合；笑与仪表、举止相结合。

六、典型实例

小李是某院校医药营销专业刚毕业的学生，学习成绩一向较好，而且在实训和岗位能力实践方面也有很好的表现，可在一次应聘面试中却被淘汰。原来，在那天面试过程中，他仪态欠佳：双手插在兜里走进招聘办公室，进入房间后也没有向主考官行见面礼，站立时弯身弓背，坐下后又翘着很不雅观的“二郎腿”。就是这看似不重要的行为举止让他失去了机会，后悔莫及。

七、同步训练

以小组为单位，创设职场情景，自编情节，模拟职场仪态礼仪的运用。

模块二 职业礼仪

任务 1 拜访礼仪

一、具体任务

小王是某公司的药品推销员，他准备去拜访某药店的张经理。小王在拜访客户张经理前要做哪些准备？在拜访过程中应遵循什么礼仪？

二、训练目标

1. 通过训练，使学生掌握拜访礼仪规范，会进行符合礼仪的拜访。
2. 通过训练，培养和提高学生的组织协调能力与沟通能力。

三、训练内容和步骤

1. 5 ~ 6 人为一组，对拜访客户时的正确礼仪及应该注意的问题进行讨论。
2. 小组选派一人做拜访者小王，另一人做受访者张经理，进行模拟客户拜访。小组依次轮换进行。
3. 小组相互点评，查找问题。
4. 教师总结、点评。

四、考核标准

1. 小组讨论结果正确，符合拜访礼仪规范。(5 分)
2. 小组同学讨论积极，协作良好。(2 分)
3. 能较好地处理模拟场景，把握模拟要点，表演到位，语言清晰，表达流利。(3 分)

五、必备知识

拜访是一种礼节性很强的社会活动，它可以联络感情、交流思想和增进友谊。商务拜访应注意以下几个方面：

（一）事先预约

拜访要事先约定时间、地点，告知对方到访人员的姓名和身份，以便对方事先做好安排，尽量不做“不速之客”。一旦约定就要按时前往，如有特殊情况而不能前往或需要改变日期和时间，应提前通知对方，并表示歉意。拜访时间一般安排在下午或晚上。商务性拜访可安排在工作日的上午9点以后或下午；社交性拜访，特别是到宾馆或对方家中拜访，应选择在节假日、双休日或晚饭后，或对方认为方便的时间。应尽量避开就餐时间或对方休息时间。

（二）做好准备

首先，应对仪容仪表做适当修饰，仪容端正、服饰整洁，以表示对对方的尊重；其次，要准备好要带的相关资料，第一次会面，还要带上名片；再次，要选择好礼品，到办公室拜访，特别是一般性工作访问，多数情况下不必准备礼物，但如果为了感谢对方单位或个人的支持，就应选择相应的礼品。

（三）拜访赴约

要准时赴约，既不要太早，以免对方来不及准备，也不要迟到，让对方等得着急。

1. 进门有礼 门不论是关着或开着，进门前要先敲门或按门铃，经允许后方可进入。不要长时间按着门铃不放，敲门最多只敲两三次。待对方给予肯定的回答并请进时，再进门。如果门是关着的，进来后应轻轻把门关上。

2. 问候、介绍

（1）问候 问候即与人见面时微笑，点头问好，打招呼或以语言向对方致意的一种方式。问候时要注意问候的次序、态度、内容等。当一个人问候另一个人时，讲究“位低者先问候”；一个人问候多人时，可以笼统地加以问候，也可以逐一加以问候，当逐一问候许多人时，可以按由尊而卑、由长而幼的次序进行，也可以采用由近及远的顺序进行。问候的态度要主动、热情、自然。内容要根据交往对象的文化习俗来区别对待，否则可能引起不必要的误解。“您好”是直接式问候，适用于正式的场合，也是最普遍的问候语。

（2）称呼 常用的称呼有职务性称呼、职称性称呼、行业性称呼、学衔性称呼、姓名性称呼、性别性称呼等。职场中人们彼此之间的称呼要求庄重、正式、规范。称呼对方时要注意以下三点：要合乎常规、要适合场合、要入乡随俗。

（3）介绍 根据介绍者的不同，介绍有以下三大类型：

1）自我介绍：进行自我介绍时，要口齿清晰，应清楚、详细地报出自己的姓名和身份，不可以有姓无名或有名无姓，对供职的单位及部门也应当报出全称，自我介绍时所表述的各项内容，一定要实事求是、真实可信。

2）为介绍他人：介绍他人时必须遵守“尊者优先了解情况”的原则，在为他人做介绍前，要确定双方地位的尊卑，然后先介绍位卑者，后介绍位尊者。

3）集体介绍：是为他人介绍的一种特殊形式，在介绍时尤其要注意介绍的顺序。当被介绍者地位、身份大致相似时，应先介绍人数较少一方；当被介绍者双方地位、身份存在差异，即使地位高的一方人数较少或仅有一人也应将其放在尊贵的位置最后加以介绍；若被介绍的不止两方，则需要对被介绍的各方进行位次排列，排列的方法有以其负责人身份为准、以其单位规模为准、以单位名称的英文字母顺序为准、以抵达时间的先后顺序为准、以座位顺序为准、以距离介绍者的远近为准等。

(4) 握手　握手讲究一定的顺序，谁先伸手也是必须注意的。根据礼仪规范，握手时双方伸手的先后次序，一般应当遵守“尊者先伸手”的原则，即当主人、女士、长辈、身份或职位高者先伸手，客人、男士、晚辈、身份或职位低者方可与之相握，而不可贸然抢先伸手，不然就是违反礼仪的举动。

若是一个人需要与多人握手，则握手时亦应讲究先后次序，由尊而卑，即先年长者后年幼者，先长辈而后晚辈，先老师后学生，先女士后男士，先已婚者后未婚者，先上级后下级，先职位、身份高者后职位、身份低者。

在与人握手时，应当神态专注、热情、友好、自然。在通常情况下，与人握手时应面含笑意，目视对方双眼，并且口道问候。握手时切勿显得自己三心二意，敷衍了事，漫不经心，傲慢冷淡。迟迟不握他人早已伸出的手，或是一边握手，一边东张西望，目中无人，甚至忙于跟其他人打招呼，都是极不应该的。

行握手礼时，只要有可能，就应起身站立，坐着与人握手是不合适的；握手时双方均应主动向对方靠拢，彼此之间保持1m左右的最佳距离；双腿立正，上身略向前倾；向侧下方伸出右手，伸直相握后形成一个直角，四指并拢，拇指张开与对方相握；握手时应用力适度，上下稍许晃动三四次，随后松开手，恢复原状。

在与人握手时，不可以毫不用力，使对方感到缺乏热忱与朝气。但也不宜矫枉过正，拼命用力，将对方握得龇牙咧嘴，则难免有示威挑衅之嫌。为了向交往对象表示热情友好，应当稍许用力，大致握力以在2kg左右为宜。与亲朋故旧握手时，所用的力量可以稍大一些；而在与异性以及初次相识者握手时，则千万不可用力过猛。

在普通情况下，与他人握手的时间不宜过短或过长，握手的全部时间应控制在3秒钟以内，握一两下即可。当然，若是老友重逢，握手时间则可以相应地适当延长。

如果握手时两手稍触即分，时间过短，好似在走过场，又像是对对方怀有戒意。而与他人握手时间过久，尤其是拉住异性或初次见面者的手长久不放，则显得有些虚情假意，甚至会被对方疑为“想占便宜”。

(5) 名片使用　在社交活动时，不要忘记携带名片。名片应有专门的名片夹存放，名片夹最好是放置在身上易于掏出的位置，取出名片后先郑重地握在手里，在适当的时机得体地递给对方。

递送名片的姿势：交换名片时最好是站着有礼貌地递给对方；应用双手拇指和食指执名片两角，让文字正面朝向对方，双手奉上；眼睛应注视对方，面带微笑，并大方地说：“这是我的名片，请多多关照”之类的话。交换名片的顺序一般是：客先主后；身份低者先，身份高者后。地位较低或职位较低的人或是来访的人要先递出名片。如果对方来访的人多，应先与主人或者是地位较高的人交换名片。当与多人交换名片时，应依照职位高低的顺序，或是由近及远，依次进行，切勿跳跃式地进行，以免对方误认为有厚此薄彼之感。如果是圆桌应按顺时针的顺序，是吉利的方向。

参加会议时，应该在会前或会后交换名片，不要在会中擅自与别人交换名片。另外一定不要递送修改过的、不清洁的名片。

接受名片时应起身，面带微笑注视对方。接过名片时应说："谢谢!"随后有一个微笑阅读名片的过程，阅读时可将对方的姓名、职衔念出声来，并抬头看看对方的脸，使对方产生一种受重视的满足感。接过别人的名片应放在西服左胸的内衣袋或名片夹里，以示尊重。然后，回敬一张本人的名片，如身上未带名片，应向对方表示歉意。如果接下来与对方谈话，不要将名片收起来，应该放在桌子上，并保证不被其他东西压起来，这会使对方感觉你很重视他，从而增加对你的信任。

3. 谢座、就座 向对方说明身份及来意后，对方让座，来访者应谢座，然后礼貌地坐下。座位由主人安排，尽量不要坐在办公人员的办公座位上，以免影响正常办公。坐姿要端正自然，既不要过于拘谨，也不要大大咧咧，不要随便起立、随意走动、东张西望，更不要乱翻办公室的东西。

4. 礼貌交谈 交谈时，应开门见山，不要海阔天空，浪费时间；交谈中应精神饱满，面含微笑，言词有礼；与接待者的意见相左，不要争论不休；对接待者提供的帮助要致以谢意，但不要过分。

（四）拜访结束

拜访时间不宜过长。商务拜访一般以半小时左右为宜。告辞之前要注意观察对方的举止表情，适可而止。不要在对方没说完一段话或一件事或对方刚说完一段话后起身提出告辞。告辞时应恭敬地表示一下谢意。

六、典型实例

某医药企业的业务员小王按原计划，手拿企业新生产的药品，兴冲冲地来到某医药公司，并直接走进了业务部张经理的办公室。正在处理业务的张经理被吓了一跳。"对不起，这是我们企业生产的新药品，请您过目。"小王说。张经理停下手中的工作，接过小王递过的药品，并请小王坐下，倒上一杯茶递给他，然后拿起药品仔细研究起来。小王看到张经理对新药品如此感兴趣，如释重负，便往沙发上一靠，跷起二郎腿，一边吸烟一边悠闲地环视着张经理的办公室。当张经理问他此药品比同类药品的优势时，小王习惯性地用手搔了搔头。好多年了，别人一问他问题，他就会不自觉地用手去搔头。虽然小王做了较详尽的解释，张经理还是有点半信半疑。谈到价格时，张经理强调："这个价格较高，能否再降低一些?"小王回答："这是最低价格，一分也不能再降了。"张经理沉默了半天没有开口。小王却有点沉不住气，不由自主地拉松领带，眼睛盯着张经理。张经理托辞离开了办公室。小王等了一会儿，感到无聊，便非常随便地拿起办公桌上的电话，同一个朋友闲谈起来。这时，门被推开，进来的不是张经理，而是办公室秘书。

七、同步训练

小李是某医药公司的业务员，通过预约，今天去拜访大客户张经理。请模拟小李进入张经理办公室，与张经理进行交谈时的情景。

任务 2　接待礼仪

一、具体任务

小王是某医药公司秘书，经理张先生告知其将有客户赵先生和李小姐来公司洽谈业务，让其负责接待工作。

小王该如何做好此次接待工作？请模拟演示以下情景：在门口迎接客人；引导客人前往接待室；与客人搭乘电梯；引见介绍；招呼客人；为客人奉送热茶；送别客人等。

二、训练目标

1. 通过训练，使学生掌握接待礼仪规范，会进行符合礼仪的接待。
2. 通过训练，培养和提高学生的组织协调能力与沟通能力。

三、训练内容和步骤

1. 5~6 人为一组，讨论接待客户时的正确礼仪及应该注意的问题并进行演练。
2. 小组依次轮换进行情景模拟。
3. 小组相互点评，查找问题。
4. 教师总结、点评。

四、考核标准

1. 小组讨论结果符合接待礼仪规范，准备充分。（5 分）
2. 小组同学讨论积极，协作良好。（2 分）
3. 能较好地处理模拟场景，把握模拟要点，表演到位，语言清晰，表达流利。（3 分）

五、必备知识

公司经常会有客人来访，或为洽谈业务，或为交流情况等，对客人的应酬接待工作做得如何，直接关系到公司的形象、声誉以及由此带来的利益。因此，接待者要讲究一定的礼仪规范，给客人留下美好的印象。

（一）接待前的准备

1. 了解情况　接待的准备工作是为接待好客人而做的。一定要充分掌握客人的基本状况，如姓名、性别、年龄、籍贯、民族、单位、职务、职称、偏好、人数等，必要时，还需要了解其婚姻、健康状况以及宗教信仰等。在了解来宾的具体人数时，不仅要求准确无误，而且应着重了解对方由何人负责、来宾之中有几对夫妇等。其次还要掌握客人的意图，了解客人的目的和要求以及在住宿和日程安排上的打算。第三要了解客人到达的日期、时间，所乘车次、航班等情况。然后将上述情况及时向主管人员汇报，并通知有关部门和人员做好接待的各项准备工作。

2. 确定迎送规格 按照身份对等的原则安排接待人员：对较重要的客人，应当安排身份相当、专业对口的人士出面迎送；也可根据特殊需要或关系程度，安排比客人身份高的人士破格接待。对于一般客人，可由公关部门派遣有礼貌、言谈流利的人员接待。

3. 制订计划 一定要详尽制订迎接来宾的具体计划，使接待工作避免疏漏，更好地、按部就班地顺利进行。根据常规，制订迎宾计划至少包括迎送方式、交通工具、食宿安排、工作日程、会谈、礼品准备、经费开支以及接待、陪同人员等各项基本内容。

4. 布置环境 接待室的环境应明亮、安静、幽雅。保持室内空气流通良好，温湿度宜人。应配置沙发、茶几等，还应适当点缀一些花卉盆景、字画，也可放置几份报刊杂志和有关本单位的宣传资料供客人翻阅。

（二）接待中的礼仪

1. 迎客礼仪 接待人员在接待客人时，要亲切迎客，随时记得“顾客至上”。客人进来时，应马上放下手头的工作，面带微笑，起身相迎，并招呼客人就座。如果客人进来时你正在通电话，也应马上站起来，先跟通话方说一声：“对不起，请稍停一下，我这儿来了客人。”然后捂住话筒，招呼客人入座，并请其稍等。重新通话后，应长话短说，尽快结束通话。如果你手头工作非常紧急，可以先起立让座，然后请客人稍等。可以对客人说：“很抱歉，我手头上工作急需完成，请您稍等。”如无法在短时间内完成，应介绍另外的人员接待。遇有重要客人来访，接待人员需要到单位门口或车站、机场、码头迎接，且应提前到达。

对远道而来的客人，要做好接站工作。要掌握客人到达的时间，保证提前等候在迎接地点，迟到是不礼貌的。如果迎接地点不是会客地点，还要注意乘车礼仪。接到客人后，应为客人打开车门，请客人先上车。要主动与客人交谈，告知客人访问的安排，听取客人的意见。到达地点后，接待人员应先下车，为客人打开车门，然后请客人下车。

2. 引导礼仪

（1）在走廊的引导方法 接待人员在客人的左斜前方，距离二三步远，配合步调。若左侧是走廊的内侧，应让客人走在内侧。

（2）在楼梯的引导方法 当引导客人上楼时，应该让客人走在前面，接待人员走在后面。下楼时，应该由接待人员走在前面，客人在后面。上下楼梯时，接待人员应该注意客人的安全。

（3）在电梯的引导方法 有专人看守的电梯，客人先进，先出；无人看守的电梯，接待人员先进入电梯，等客人进入后关闭电梯门；到达时，接待人员一手按“开门”的按钮，另一手做出“请出”的动作，让客人先走出电梯。

（4）在客厅的引导方法 当客人走入客厅，接待人员用手指示，请客人坐下，看到客人坐下后，才能行点头礼然后离开。如客人错坐下座，应请客人改坐上座（一般靠近门的一方为下座）。

3. 乘车礼仪 小轿车，司机驾驶时，后排右侧为首位，左侧次之，中间座位再次之，前座右侧为末席；主人亲自驾驶时，以驾驶座右侧为首位，后排右侧次之，左侧再次之，后排中间座为末席；主人夫妇驾车时，则主人夫妇坐前座，客人夫妇坐后座；主人亲自驾驶时，坐客只有一人，应坐在主人旁边。

吉普车，以前排右座为尊，后排右侧次之，后排左侧为末席。上车时，后排位低者先上，前排尊者后上。

旅行车，以司机座后第一排即前排为尊，后排依次为小。其座位的尊卑，依每排右侧往左侧递减。

乘车既要讲礼仪，但也要灵活，客人既已坐定时，就没有必要再挪位子了。

4. 待客礼仪 客人落座后，递上茶水、水果等。说话的表情要自然，语气和气亲切，表达得体。说话时可适当做些手势，但动作不要过大，更不要手舞足蹈，不要用手指指人。要善于聆听对方谈话，不轻易打断别人的发言，别人谈完后再发表自己的看法。一般不提与谈话内容无关的问题。如对方谈到一些不便讨论的问题，不对此轻易表态，可转移话题。在相互交谈时，应目光注视对方，以示专心，还要适时地以点头或微笑做出反应。对方发言时，不要左顾右盼、心不在焉，或注视别处，显出不耐烦的样子，也不要老看手表，或做出伸懒腰、玩东西等漫不经心的动作。千万不要在招待来宾时忙于处理其他事务，如打电话、发传真、批阅文件、寻找材料，或是与其他同事交谈等。万一中途不得不暂时离开一下，或是去接电话，事先要向来宾表示歉意。

（三）送客礼仪

1. 婉言相留 无论是接待什么样的客人，当客人准备告辞时，一般应婉言相留，这虽是客套辞令，但也必不可少。客人告辞时，并在客人起身后再起身。送客时应主动与客人握手送别，并送出门或送至楼下，不要在客人走时无动于衷，或只是点点头、摆摆手招呼一下，这都是不礼貌的。分手时还要用热情友好的语言欢迎客人下次再来。在客人的身影完全消失后再返回。

2. 安排交通 送客时应按照接待时的规格对等送别，不能虎头蛇尾。无论双方目的是否达到，都要按接待规格送客，而且要做好交通方面的安排，如购买车票、船票、机票或者安排车辆等。如果客人临走时主人不管不问，那就意味着交往关系破裂，或者表示对客人的不满。

3. 回赠礼品 如果客人来访时带有礼品，在送别时也要准备一些具有地方特色，且有象征意义的礼品回赠。

六、典型实例

泰国某政府机构为泰国一项庞大的建筑工程向美国工程公司招标。经过筛选，最后剩下 4 家候选公司。泰方派遣代表团到美国与各家公司商谈。代表团到达芝加哥时，那家工程公司在忙乱中出了差错，又没有仔细复核飞机到达时间，未去机场迎接泰方客人。尽管泰方代表团初来乍到不熟悉芝加哥，还是自己找到了芝加哥商业中心的一家旅馆。他们打电话给那位局促不安的美国经理，在听了他的道歉后，泰方代表同意第二天上午 11 时在经理办公室会面。第二天美国经理按时到达办公室等候，直到下午三四点才接到泰方代表的电话："我们一直在旅馆等候，始终没有人前来接我们。我们对这样的接待实在不习惯。我们已订了下午的机票飞赴下一目的地。再见吧！"

七、同步训练

今天有一位重要客人来访，他是某医药公司的张总经理，秘书小赵与专职驾驶员到火车站接站并进行自我介绍，驾车将客人送到单位并引导其到接待室，请客人就座，上茶。安排好客人后，请公司经理出来接见。会谈结束后，送客人出大厅并告别。以小组为单位模拟以上整个过程。

任务3 电话营销礼仪

一、具体任务

小王是某医药公司的电话营销员，他准备给客户张先生打电话联系业务。模拟小王与张先生通话的情景。

二、训练目标

1. 通过训练，使学生掌握电话营销的基本礼仪规范，能礼貌地使用电话进行沟通。
2. 能正确地使用电话用语。

三、训练内容和步骤

1. 2 人为一组，模拟接电话、打电话训练。
2. 小组依次轮换进行情景模拟。
3. 小组相互点评，查找问题。
4. 教师总结、点评。

四、考核标准

1. 符合接电话、打电话的礼仪规范。（3 分）
2. 能正确地使用电话用语。（3 分）
3. 小组同学讨论积极，协作良好。（2 分）
4. 能较好地处理模拟场景，把握模拟要点，表演到位，语言清晰，表达流利。（2 分）

五、必备知识

（一）电话营销基本礼仪

电话营销是通过使用电话，来实现有计划、有组织并且高效率地扩大顾客群、提高顾客满意度、维护顾客等市场行为的方法。打电话、接电话看似简单，却包含着丰富的礼仪技巧。

打电话、接电话时虽然“看不见对方”，但是绝对能感受到对方的态度。当用电话交谈时，要保持良好的心情，态度要礼貌友善。打电话、接电话时要面带微笑，端正姿态，保持正确的坐姿，用左手持话筒，右手记录，嘴与话筒之间保持 3cm 左右的距离。打电话、接电话过程中不能吸烟、喝茶、吃零食。通话时，声音应当清晰而柔和，语速应当适中，语气应当亲切、自然，发音要清晰准确。不要为自己的情绪左右，不要亢奋激动、震耳欲聋，也不要情绪低沉、断断续续，如同“耳语”。

（二）打电话的礼仪

1. 时间恰当

（1）注意打电话的时间　打电话时要考虑对方方便的时间。一般往家中打电话，以晚餐以后或休息日下午为好；往办公室打电话，以上午 10 点左右或下午上班以后为好，因为通常此时比较空闲，适宜谈生意。除了紧急要事之外，一般在以下时间是不宜打电话的：三餐时间；早晨 7 点以前；中午午休时间；晚上 10 点以后。拨打国际长途电话还要考虑到时差问题。

（2）注意通话的时间　电话交谈所持续的时间不宜过长，要严格把好时间关，做到简明扼要，不要占用对方过长的办公时间。一般以 3 ~5 分钟为宜，事情说清楚了就应该结束通话。如果一次通话要占用对方较长的时间，在接通电话后先简要说明情况，并询问对方是否有足够的时间接听电话。假如对方不方便，就另约一个时间。

2. 准备恰当　通话之前应该核对对方公司或单位的电话号码、名称及接话人姓名。要对自己公司的产品熟悉，找准产品卖点。明确打电话的目的是销售产品，而不是为了打电话而打电话。在熟悉产品的过程中，站在客户的角度考虑问题，问自己一些客户可能问到的问题。写出通话要点及询问要点，准备好在应答中使用的纸和笔，以及必要的资料和文件。如果涉及事实或数字，应将必要的参考资料、计算器等放在触手可及的地方。

3. 注意礼节　接通电话后，应主动友好，自报家门和证实对方身份。应先说明自己是谁，如果必要还应同时报出公司及部门名称。打电话要坚持用“您好”开头，“谢谢，再见”收尾，态度温文尔雅。电话用语要言简意赅，将自己所要讲的事用最简洁、明了的语言表达出来。正确做法是先问候对方，然后立即开宗明义，直言主题，少讲空话，不说废话。尤其不能强迫对方陪自己“煲电话粥”。当通话结束时，别忘了向对方道一声“再见”或是“早安”，“晚安”。通话结束时，要道声感谢和再见，这是通话结束的信号，也是对对方的尊重。一般来说，应该是打电话的人先挂电话，挂断电话时，应双手轻放。但是，如果是与上级、长辈、客户等通话，无论你是接话人还是发话人，都最好让对方先挂断。

若你找的人不在，可以请接电话的人转告，然后将要转告的话告诉对方，最后别忘了向对方致谢，并且问清对方姓名。切不可立即把电话挂断，这样做是不礼貌的，即使你不要求对方转告，也应该说一声：“谢谢，打扰了。”

通话过程中，如果电话中途断线，应主动打过去，重新拨通之后，再向对方致歉。

一旦拨错了电话，切记要向无端被打扰的对方道歉，不能一言不发就把电话挂断。

（三）接电话的礼仪

1. 快速接听 快速接听是接电话最基本的礼仪要求。通常一听到电话铃响，应马上放下手中的工作去接电话，力争在铃响三次之前就拿起话筒。如铃声响过三次再去接，就显得不礼貌，此时拿起电话，应说声："对不起，让您久等了。"当然，也不能在第一声铃响还没结束之前就接起，这样太仓促，容易让对方措手不及，没有心理准备。最恰当的做法应该是在铃响第一声的时候将手放在电话上，做好心理准备，待铃响第二声或第三声后接起。

2. 应对有礼 接电话时，拿起话筒后首先要向对方问好并自报家门，报本人所在的单位、姓名和职务，然后确认对方。

通话过程中，要仔细聆听对方的讲话，并不时用"嗯"、"对"等及时作答，给予对方积极的反馈。不允许三心二意、心不在焉或是把话筒置于一旁，任其"自言自语"。如果遇到通话效果不好而听不清或者不明白对方的意思时，要马上告诉对方。通话时还要认真记录，随时牢记"5W1H"技巧，将对方提供的信息、指示记录下来，并要向对方重复一遍。

若接听到误拨进来的电话，要耐心向对方细加说明。如有可能，还应主动向对方提供帮助或为其代转电话。绝对不要为此勃然大怒，恶语相加，甚至出口伤人。

接听他人电话时不要与其他人交谈、看文件或者看电视、听广播、用电脑、吃东西。万一会晤重要客人或举行会议期间有人打来电话，而此刻的确不宜与之深谈，可向其说明原因，表达歉意，然后再约一个具体时间，届时由自己主动打电话过去。

在接听电话时，适逢另一个电话打了进来，切忌置之不理。可先对通话对象说明原因，请其勿挂电话，稍候片刻，然后立即去接另一个电话，先请对方稍候或过一会儿再打进来，随后回过去继续刚才正接通的电话。

3. 代接电话 如果对方请你代转电话，应弄明白对方是谁，要找什么人，以便与接电话人联系。此时，请告知对方"稍等片刻"，并迅速找人。如果不放下话筒喊距离较远的人，可用手轻捂话筒或按保留按钮，然后再呼喊接电话人。如果接电话的人不在，应当耐心地向其说明情况，并询问对方是否需要代为转达。绝对不要口出不快，对对方所找之人颇有微词或是对方要找的人就在身边，却偏偏告之"不在"。

当发话人有转达请求时，应当对发话人所要求转达的具体内容认真做好笔录。当对方讲完之后，最好向对方复述一遍，以免遗漏或记错信息。而且要严守口风，切勿随意扩散、广而告之，辜负了他人的信任。

若答应发话人代为传话，则应及时传达，尽快落实。不要置之脑后，或是存心拖延时间。不到万不得已，不要把自己帮人转达的内容再托他人转告。如此，一则容易使内容走样，二则可能会耽误时间，三则可能会泄露隐私。

（四）使用手机的礼仪

使用手机，除了要遵守上述拨打电话的礼仪外，还应注意以下礼仪规范：

1. 手机的放置 手机要放在合乎礼仪的位置，一般应该放在手袋或公文包里，也可以放在西装上衣的内侧口袋里。不要挂在皮带上或脖子上，也不要总拿在手里。

2. 手机的使用场合 在公共场合打手机，尤其是楼梯、电梯、路口、人行道等人来人往之处，说话声音不要太大，不要旁若无人地大声通话。在参加会议、舞会、音乐会，观看体育比赛及参加各类展览等公共场合活动或一些需要“保持安静”的公共场所，应将手机调至静音、振动或关机状态。

另外，使用手机时必须牢记“安全至上”，在驾驶车辆时不能拨打手机，飞机飞行期间、加油站附近严禁使用手机。

六、典型实例

阳光公司王芳女士打电话给天宇公司的张宁先生洽谈事务。

王芳拨号……

张宁同事：天宇公司，您好！请问您找谁？

王芳：请问张宁在吗？

张宁同事：请问您是哪里？

王芳：我是阳光公司王芳。

张宁同事：麻烦您稍等，我帮您转接，看他在不在。

王芳：谢谢您！

张宁同事：王小姐，很抱歉！张宁出去还没回来呢！请问您有什么事需要我转告他。

王芳：麻烦您帮我转告张宁，他要的资料我已经发到他的邮箱中，请他回来看看有没有需要修改的地方。

张宁同事：好的，我会转告张宁您已经把资料发到他的邮箱了。

王芳：谢谢您！

张宁同事：不用客气！

王芳：再见！

七、同步训练

如果你是某医药公司的业务人员，某天接到了一位客户的投诉电话，客户在电话中情绪激动甚至出言不逊。针对这种情况，你打算如何处理？请模拟该场景。

任务 4　宴请礼仪

一、具体任务

王芳是一家著名医药公司的总经理秘书。一天，总经理张先生安排其筹备一次正式的晚宴，宴请公司的大客户——某公司赵总裁及其公司高级员工，答谢该公司一年来给予的支持。拟定邀请的人员有：某公司的总裁赵先生、副总裁李先生、业务主管王女士、常先生和公关经理罗先生。并确定本公司市场总监苏先生和王芳作为张总经理的陪同人员参加宴会。

根据张总经理的吩咐，晚宴时间定于下周五傍晚6:30，地点由王芳选择，最好是五星级酒店。据王芳所知赵总裁是四川人，不太喜欢海鲜，非常爱吃麻辣味的食物，而张总经理是上海人，偏爱清淡的食物。

请模拟宴会安排（时间、地点、菜单、座位等）、宴会过程到宴会结束的场景。

二、训练目标

1. 通过训练，使学生掌握宴请礼仪和赴宴礼仪。
2. 通过训练，使学生能灵活运用各种符合礼仪要求的语言、动作和表情。

三、训练内容和步骤

1. 8~10人为一组，进行演练。
2. 小组依次轮换进行表演。
3. 小组相互点评，查找问题。
4. 教师总结、点评。

四、考核标准

1. 符合组织宴会、出席宴请的礼仪规范。（5分）
2. 小组同学讨论积极，协作良好。（2分）
3. 能较好地处理模拟场景，把握模拟要点，表演到位，语言清晰，表达流利。（3分）

五、必备知识

宴请是商务场合中表示欢迎、庆贺、饯行、答谢，以增进友谊和融洽气氛的重要手段。宴请并不是随随便便地请客吃饭，而是有一整套特有的礼仪。

（一）宴请的礼仪

1. 宴请的准备

（1）确定宴请规格　一般根据宴请的目的来确定宴请规格。

1）礼仪性质宴请：迎接重要的来宾或政界要员的公务性来访，庆祝重大的节日或举行一项重要的仪式等，举行的宴会要有一定的礼宾规格和程序。

2）交谊性质宴请：为了沟通感情、表示友好、发展友谊，如接风、送行、告别、聚会等，举行的宴会可以是便宴、家宴。

3）工作性质宴请：为解决某项工作而举行的宴请，以便在餐桌上商谈工作，举行的宴会可以是便宴、工作宴。

宴会的目的、规格、形式、性质不同，但宾主所遵循的基本礼仪是一致的。

(2) 选择宴请地点　应精心选择宴请地点，主要根据邀请的对象、活动性质、规模大小及形式等因素来确定。如正式、隆重的宴会一般安排在政府指定接待工作的酒店或客人下榻的酒店。

(3) 确定宴请时间　宴请的时间应当根据宴请的目的和主宾的情况而定。安排在主宾双方都较为方便的时候，应当尽量避免对方的重大节日、假日、有重要活动和禁忌的日子。

(4) 发出邀请　各类宴请活动，一般均须对宴请对象发出邀请，这既是对宾客的通知，起提醒和备忘作用，又是宴请必备的礼貌形式。邀请的方式，通常有书面、电话和口头邀请三种。正式宴请活动，多采用书面邀请的方式，由举办者正式发请柬或邀请信、邀请电报；非正式的宴请，则可以电话或口头邀请。

(5) 桌次安排　两桌组成的小型宴请，当两桌横排时，面对正门右边的为第一桌，左边的为第二桌，即遵循"以右为尊，以左为卑"的原则。当两桌竖排时，桌次高低讲究离正门越远越高，离门越近越低，即遵循"以远为上，以近为下"的原则。三桌或三桌以上所组成的宴请，在安排桌次时，除要注意"以门定位"、"以右为尊"、"中间为大"、"以远为上"等原则外，还应兼顾其他各桌距离主桌的远近。

(6) 位次安排　在进行宴请时，每张餐桌上的具体位次也有主次尊卑之别。排列位次的方法是：主人大都应当面对正门而坐，并在主桌就座；举行多桌宴请时，各桌均应有一位主桌主人的代表就座，其位置一般与主桌主人同向，有时也可面对主桌主人。各桌的位次尊卑，应根据其距离该桌主人的远近而定，以近为上，以远为下；各桌距离该桌主人相同的位次，讲究以右为尊，即以该桌主人面向为准，其右为尊，其左为卑。另外，每张桌上所安排的用餐人数应限于10人之内，并宜为双数。

圆桌上位次的具体排列又可分为两种情况：每桌一个主位，其特点是每桌只有一个主人，主宾在其右首就座。每桌两个主位，其特点是主人夫妇就座于同一桌，以男主人为第一主人，以女主人为第二主人，主宾和主宾夫人分别在男女主人右侧就座，这样每桌就形成了两个谈话；倘若主宾身份高于主人，为了表示尊重，可安排其在主人位次上就座，而请主人坐在主宾的位次。

高档餐厅里，室内外往往有优美的景致或高雅的演出，供用餐者欣赏，观赏角度最好的座位是上座。在某些中低档餐馆用餐时，通常以靠墙的位置为上座，靠过道的位置为下座。

(7) 拟定菜谱　拟定菜谱，一般要遵循"主随客便"的原则。菜单以客人的爱好为准，结合宴请的形式、档次、时间和季节，充分考虑客人尤其是主宾的饮食习惯、口味好恶、宗教禁忌、健康状况等。另外不仅要吃饱、吃好、吃出水平、吃出文化，而且必须量力而行。不要为了讲究排场，大点、特点、乱点。

2. 宴会的进行

(1) 迎宾　宴会开始前，主人提前来到宴会地点，站在门口迎接客人。客人到来后，主人应主动上前问候，对来宾都表示欢迎，不要疏忽冷落了任何一位客人。

（2）引导入席 一般先把非主桌上的宾客引入宴会厅就座后，再领主宾进入宴会厅。主宾入座时，全体客人起立，鼓掌欢迎。如发现有坐错座位的客人，如无大碍，临场不做更正。必须调整时，要以适当方式，体面地周旋，勿使客人难堪。

（3）准时开席 按约定的时间，准时开席，是宴请礼仪的基本要求。不能因为个别客人未到场，推迟很长时间开席。如果主宾因特殊原因，不能及时赶到，主办人应尽快联系，采取相应的办法调整，并向已入座的客人说明情况，表示歉意。推迟时间，只宜在 10～15 分钟以内，最迟不应超过 30 分钟，否则会让人觉得宴会的组织工作不妥。

（4）致辞祝酒 正式宴会的程序上都安排有致辞。主人先讲，主宾后讲，宾主相互敬酒。致辞时可以在主桌旁起立讲话，也可以在预先准备的讲台上用话筒讲话。致辞完毕，举杯面对主宾，并向全体宾客敬酒。致辞宜热情简短，时间也不尽一致。致辞后主人可以提议干杯，倾听致辞时要认真，不能用餐、饮酒、走动等。

（5）用餐 主人应努力调节宴会气氛，注意不时选择恰当话题交谈，使整个用餐过程愉快、有趣，尽力避免冷场。主人可以用公筷为来宾布菜，但不可过分地劝菜劝酒。

3. 宴会的结束 宴会时间不宜过短或过长。宴会程序基本完成时，主人要掌握时机，适时结束宴会。结束过早，会使宾客感到没有尽兴，甚至对主人的诚意表示怀疑；时间太长，又会导致宾主疲惫，冲淡宴会的气氛。一般在水果吃完后，宴会即可结束。宴会结束，客人与主人告别时，主人要与客人依依话别，感谢客人的光临。话别时间不宜过长。对乘车离去的客人，主人应送客上车，待车开动后再向客人挥手致意。

（二）赴宴的礼仪

1. 应邀 接到邀请后，应及时答复邀请者，以便主人做出安排。一经答应不要随意改动，万一遇到特殊情况不能出席时，一定要及时通知主人，并且说明原因，诚恳致歉。应邀出席宴会还应注意仪容仪表。

2. 出席 准时、适时出席宴会是基本的礼貌。到达时间应根据活动的性质和当地的习俗掌握。一般情况下，可于宴会开始前 3～5 分钟到达。身份高者可略晚些到达，一般客人应早些到达。如因故不能准时赴宴，应提前打电话通知主人，诚恳说明原因；而去得过早，会给主人增添麻烦。如果宴会已开始，迟到的客人应向其他客人致歉，适时招呼主人，表示已经到达。

3. 入座 应邀出席宴会活动，进入宴会厅之前，先掌握自己的桌次和座位，或听从主人安排，不可随意入座。如邻座是长者或女士，应主动协助帮助他们先坐下。入座后坐姿要端正，举止要得体。

4. 进餐 宴会开始，主人致辞完毕，招呼用餐后，方可开始进餐。进餐时身体要端正，时刻注意自己的仪态。进餐时应闭嘴细嚼慢咽，不要发出咀嚼声和咂嘴声，也不要在吞咽和咀嚼时发出其他的噪音。喝汤的时候，不要发出“呼噜呼噜”的响声，用汤匙小口地喝，不宜把碗端到嘴边喝，汤太热时凉了以后再喝，不能边吹边喝。剔牙时，要以手遮口，不能用筷子代替牙签剔齿缝。嘴里有食物时不要说话。在餐桌上，手势、动作幅度不宜过大，更不能用餐具指点他人。使用餐具时，动作要轻，不要相互碰撞。不要伸懒腰、打哈欠，毫无控制地打饱嗝。

5. 祝酒 祝酒碰杯时主人和主宾先碰，人多时可同时举杯示意，无须逐一碰杯；碰杯时要注视对方，起立举杯，以示敬重友好。敬酒时应按身份地位的高低，由高到低，或者按座次顺序依次进行；身份地位低的人举杯应低于身份地位高的人。不能喝酒时可以礼貌地声明，但不可把杯子倒置，应轻轻按着杯缘。在主人和主宾祝酒、致词时应暂停饮酒或用餐，停止交谈。

6. 告辞 正式宴会一般吃水果后即结束，等主人从座位上站起，示意宴会结束后，客人才能离席。客人应向主人道谢、告别。宴会席间一般不应提前退席。若确实有事需提前退席，应向主人打招呼后轻轻离去，也可事前打招呼到时离去。

（三）中餐用餐礼仪

1. 上菜顺序规范 中餐不仅讲究美味和营养，还讲究上菜的顺序。菜序一般为：先凉后热，先炒后烧，鲜咸清淡的先上，味甜浓厚的后上，再上主食，最后上甜点和水果。宴会上桌数很多时，各桌的每一道菜应同时上。

2. 餐具使用规范

（1）筷子的使用 筷子是中餐最主要的餐具。使用筷子，通常必须成双使用。用筷子取菜、用餐的时候，要注意以下几个问题：不论筷子上是否残留着食物，都不要去舔；和人交谈时，要暂时放下筷子，不能一边说话，一边挥舞筷子；不要把筷子竖插放在食物上面；不要以筷子代劳他事，如剔牙、挠痒或是用来夹取食物之外的东西等。

（2）勺子的使用 勺子的主要作用是舀取菜肴、食物。有时用筷子取食时，也可以用勺子来辅助。尽量不要单用勺子去取菜。用勺子取食物时，不要过满，必要时，可在舀取食物后，在原处“暂停”片刻，待汤汁不再滴漏后，再移向自己享用。若取用的食物太烫，不可用勺子舀来舀去，也不要用嘴对它吹来吹去。勺子里盛放食物时，尽量不要把勺子塞入口中或反复吮吸它。

（3）食碟的使用 食碟主要用来盛放从公用的菜盘里取来的菜肴。用食碟时，一次不要取放过多的菜肴，也不要把多种菜肴堆放在一起。不吃的残渣等不要吐在地上、桌上，而应轻轻取放在食碟前端，放的时候不能直接从嘴里吐在食碟上，要用筷子夹放到碟子旁边。如果食碟满了，可以让服务员替换。

（4）水杯的使用 水杯主要用来盛放清水、汽水、果汁、可乐等软饮料。不要用它来盛酒，也不要倒扣水杯。另外，喝进嘴里的东西不能再吐回水杯中。

（5）湿巾与餐巾的使用 中餐用餐前，一般会为每位用餐者上一块湿毛巾。这块湿毛巾的作用是擦手，擦手后，应该把它放回盘子里，由服务员拿走。而宴会结束前，服务员会再上一块湿毛巾，和前者不同的是，这块湿毛巾是用于擦嘴的，不能用其擦脸或抹汗。

用餐前应先将餐巾打开平铺在大腿上，不要把它围在脖子上或别在腰带上。用餐完毕后，餐巾叠好放在盘子的右侧，不可放在椅子上。

(6) 牙签的使用 用餐时尽量不要当众剔牙，非剔不可时，要用另一只手掩住口部，剔出来的食物，不要当众“观赏”或再次入口，更不要随手乱弹、随口乱吐。剔牙后，不要叼着牙签，更不要用其来扎取食物。

(四) 西餐用餐礼仪

西餐是对西方国家餐饮的一种统称，其基本特点是以面包为主食，要用刀叉进食，多使用长形桌台进餐。

1. 上菜顺序规范 西餐上菜程序通常是：冷菜、汤、海鲜、主菜、甜点、热饮或水果。冷菜也叫开胃小菜，作为第一道菜，一般与开胃酒并用。汤是西餐的“开路先锋”，具有较好的开胃作用，开始喝汤标志西餐正餐的正式开始。主菜有鱼、猪肉、牛肉、鸡等。甜点常有冰激凌、布丁等。西餐通常将热饮放在最后，以帮助消化，最正规的热饮是红茶或黑咖啡。至于水果，可上可不上。菜肴从左边上，饮料从右边上。

2. 餐具使用规范

(1) 餐具的摆台 国际式西餐摆台方法是：座位前正中是垫盘，垫盘上放餐巾(口布)。垫盘左放叉，右放刀、匙，刀尖向上、刀口朝盘，主食靠左，饮具靠右上方。正餐的刀叉数目应与上菜的道数相等，并按上菜顺序由外至里排列，用餐时也从外向里依序取用。酒杯的数目、类型应根据上酒的品种而定，通常的摆放顺序是从右起依次为葡萄酒杯、香槟酒杯、啤酒杯（水杯)。

(2) 餐巾的使用 餐巾应铺在大腿上，不可围在脖子上或是压在餐盘底下。用餐时，嘴角或手部沾上油污可用餐巾轻轻擦去。用餐中途离开时，要将餐巾叠放在椅背上，表示还没吃完；用餐结束时，折好餐巾放在桌上，表示可以结账了。

(3) 刀叉的使用 刀叉的使用顺序：从外侧依次向内取用。每吃一道菜用一副刀叉，刀叉摆放的顺序正是每道菜上菜的顺序。刀叉用完了，上菜也结束了。如果不知如何取用刀，不妨观察主人，主人取哪种刀叉，就跟着取用。吃西餐要左手持叉，右手持刀；左手食指按在叉子把上，右手食指按在刀背上。切东西时左手拿叉按住食物，右手执刀将其切成小块，用叉子送入口中。在进餐途中需要休息时，可使叉在左、刀在右，叉齿向下，刀刃向内，二者呈“八”字形摆在餐盘中央，以表示此菜尚未用完。当吃完一道菜时，应使叉在左、刀在右，叉齿向上，刀刃向内，将其并拢摆放在餐盘中，以示此菜已用完。

(4) 酒杯的使用 西餐使用的酒杯共有20多种，在用餐者面前餐刀的上方，会放置三至四只酒水杯，其中香槟杯、红葡萄酒杯、白葡萄酒杯必不可少。根据每道菜式，按由外侧到内侧的顺序依次取用，便不会出错。

六、典型实例

小王在某医药企业做总经理助理，公司晚上要正式宴请国内最大的客户——来自山西的张总裁等一行人，以答谢他们近年来给予的支持。小王提前安排好了酒店和菜单。为了体现公司的诚意，他特意在菜的安排上面提高了档次，以空运的海鲜为主，并且亲自打电话给酒店，确认了晚宴的安排，包括宴会厅的安排、座位卡的摆放等。然而晚宴并没有因小王的精心安排而顺利进行，酒店的饭菜质量虽然很好，但是客人们似乎不喜欢，总经理似乎也面有不悦。小王觉得很不解，为什么自己的精心安排没有得到完美的结果呢？

事后小王了解到，由于自己没有考虑到客人是山西人，不太喜欢海鲜而喜欢面食。所以尽管自己和酒店确认了酒宴的安排，但是并没有得到客人的认可，总经理自然不太满意了。

七、同步训练

模拟中西餐宴会场景，学生分别扮演来宾与主人，并分派有不同职位，同时演示宴会接待程序和赴宴就餐程序。

任务 5 馈赠礼仪

一、具体任务

小张是某医药公司营销经理，他的一位重要客户王女士的生日马上要到了，他该送什么礼物给王女士？模拟礼物馈赠情景。

二、训练目标

1. 通过训练，使学生掌握馈赠礼仪及各种禁忌，并能灵活运用。
2. 能够针对不同类型不同需要的顾客提供相应的礼品。

三、训练内容和步骤

1. 2 ~4 人为一组，讨论馈赠时的正确礼仪及应该注意的问题。
2. 小组依次轮换进行表演。
3. 小组相互点评，查找问题。
4. 教师总结、点评。

四、考核标准

1. 礼物选择得当，符合馈赠礼仪规范。(5 分)
2. 小组同学讨论积极，协作良好。(2 分)
3. 能较好地处理模拟场景，把握模拟要点，表演到位，语言清晰，表达流利。(3 分)

五、必备知识

(一) 馈赠礼品的原则

1. 要突出礼品的纪念性 送礼是表示尊敬、友好的一种方式，其意义并不在礼品本身，而在于通过礼品所传达的友好情谊。赠送他人的礼品应该重纪念、重情谊而不只重价值。选择礼品应和送礼时的事件、人物有关，要有一定的寓意。

2. 要体现礼品的民族性　每个民族、国家都有自己独特的文化传统，因此赠送礼品给他人时要能体现民族价值，表达独特的民族性，即“物以稀为贵”。

3. 要体现礼品的针对性　礼品不在价值高，而在受礼人喜爱。送礼一定要看对象，在选择礼品时，要尽可能了解受礼人的性格、爱好、修养与品位，尽量把礼品送到受礼人的心坎儿上。另外，送礼还要因事而异，在不同情况下，向受礼人赠送不同的礼品。

4. 要尊重禁忌　不同民族和国家有不同的文化传统，也有不同的文化禁忌。赠礼问俗是我们不能忽视的一个重要原则。挑选礼品时，要有意识地使赠品与对方所在地的风俗习惯一致，避免把对方认为属于伤风败俗的物品作为礼品相赠。

（二）馈赠礼品的时间、地点

1. 馈赠礼品的时间　馈赠礼品应选择恰当的时间，通常在职场交际中，每逢节假日、红白喜事、探视病人、拜访、做客、答谢帮助、惜别送行等，都可以馈赠礼物给合作伙伴或友人表示祝贺、纪念、问候、关心与感谢等。送礼要特别注意及时、准确。比如，生日礼物、结婚礼品、过年贺礼，最好赶在当日。一般来说，当我们作为客人拜访他人时，最好在双方见面之初向对方送上礼品，而当我们作为主人接待来访者之时，则应该在客人离去的前夜或举行的告别宴会上，把礼品赠送给对方。

2. 馈赠礼品的地点　因工作需要赠送的礼品应该在公务场合赠送，比如在办公室、会客厅等场所；在工作之外或私人交往中赠送的礼品，则应该在私人居所赠送，而不宜在公共场合赠送。

（三）馈赠礼品的礼仪

1. 精心包装　送给他人的礼品，尤其是在正式场合赠送于他人的礼品，一般都应当认真进行包装。包装礼品时要注意包装的材料、容器、图案造型、商标、文字、色彩的选择和使用，捆扎、包裹的具体方式，均应符合政策法规和习俗惯例，不要违反受赠方的宗教、民族禁忌。

2. 表现大方　礼品最好亲自赠送。如果因故不能亲自赠送，要委托他人转交或邮寄时，应附上一份礼笺，注上姓名，并说明赠礼原由。

赠送礼品时要神态自然、举止大方、表现适当。一般在与对方会面之后，将礼品赠送给对方，届时应起身站立，走近受赠者，双手将礼品送给对方，并简短、热情、得体地加以说明，表明送礼的原因和态度。如果同时向多人赠送礼品，最好先长辈后晚辈、先女士后男士、先上级后下级。

3. 间隔适宜　送礼的时间间隔也很有讲究，过频过繁或间隔过长都不合适。一般来说，以选择重要节日、喜庆日等送礼为宜。

（四）接受馈赠的礼仪

1. 礼貌受礼　对于他人诚心诚意相赠的礼品，如果不是违法、违规、违忌的物品，最好应该是大大方方、欣然接受，并在接受前适当地表示谦让。当赠送者向受赠者赠送礼品时，受赠者应终止自己正在做的事，起身站立，双手接受礼品，然后伸出右手，同对方握手，表示感谢，不要虚情假意、反复推辞或无动于衷、漠然置之。

2. 视情拆封 中国人不习惯当面把礼品包装拆开，在国外当场拆开礼品包装是非常普遍的。特别是欧美国家的朋友赠送礼品，应尽可能地当面拆开。在拆封礼品时，动作要井然有序、舒缓得当，不要乱扯、乱撕或随手乱扔包装用品。拆封后不要忘记用适当的动作和语言，显示自己对礼品的欣赏之意，切不可表示出不敬之意或对礼品说三道四、吹毛求疵。

3. 拒礼有方 有时出于种种原因，会不便接受他人相赠的礼品。拒收礼品时，要讲究方式、方法，处处依礼而行。应保持礼貌、从容、自然、友好的态度，先向对方表达感谢之情，再向对方详细说明拒收的原因，切记不可硬阻挡，以免对方难堪。礼貌拒绝他人礼品的方式主要有以下三种：婉言相告、直言缘由、事后归还。

六、典型实例

王丽曾在伦敦留学，现在一家公司打工。老板对她很好，在很短的时间内给她加了几次薪。一日，老板生病住院，王丽打算去医院看望病人，于是她在花店买了一束红玫瑰。途中，她突然觉得这束花的色彩有点儿单调，而且看上去俗气，就又去买了十几枝黄玫瑰，并且与原来的玫瑰花插在了一起。结果，老板见到她的时候，先是高兴，转而大怒。

七、同步训练

以小组为单位，设置迎接、送别、生日、结婚等情景，模拟馈赠礼品、接受馈赠、表示感谢。

模块三 医药市场调研

任务1 访谈调研

一、具体任务

某全国连锁药房是一家以大型制药厂为龙头的连锁经营企业，现准备在某地开一家新的连锁门店。为了解具体情况，如周围居民的消费特点、持有什么类型的医保卡等，以便为周围居民提供有效的医保服务，该药房决定在拟建立药房的周边地区，如周围的公园、居民区、超市门口等适合场所，对200名目标消费者进行面对面访谈调查，初步了解周围居民对本地区建立大药房的感受、对价格的敏感程度以及持有的医保卡类型（本市还是本区医保卡）等。

假如你是这次访谈调研的组织者和实施者，请设计访谈提纲或调查问卷，并模拟实施此次访谈调研。

提示：此次训练可以在校内模拟进行，也可以在校外进行实战演练。

二、训练目标

1. 通过本次训练，使学生掌握访谈调查法，学会用实地调查的方法获取第一手资料；会设计调查问卷，撰写市场调研报告。

2. 通过本次训练，培养学生的说话艺术、交际艺术和实践素质。

三、训练内容和步骤

1. 4~6人一组，讨论和确定此次调研的整个过程，包括本次访谈调研的主题和重点、调研时间、调查地区范围和路线等。

2. 设计访谈提纲或调查问卷。

3. 实施访谈调研。

4. 撰写访谈调研报告。

5. 小组向全班同学汇报。

6. 老师总结、点评。

四、考核标准

1. 调查前的准备工作充分。(2 分)
2. 访谈提纲或调查问卷合理、科学。(2 分)
3. 面谈访问具有艺术性，效果良好。(2 分)
4. 访谈调研报告内容翔实，调查结果具有科学性和实用性。(3 分)
5. 小组同学团结协作性良好。(1 分)

五、必备知识

(一) 访谈调研的概念和类型

访谈调研是指通过语言或者书面问卷的方法向被调查者询问有关情况、搜集资料的一种方法。它是问答双方互动的沟通过程，可以探讨各类问题，便于发挥调研者的主动性和创造性，有利于获得丰富的第一手资料。访谈调研法应用灵活方便，一般包括两种具体形式：入户访谈和拦截访谈。

1. 入户访谈 入户访谈是指访谈人员进入住户家中与受访者进行当面访谈。入户访谈是一种最佳的访谈调研方式。在熟悉的环境当中，私下面对面地访谈容易沟通，能够直接得到反馈，可以对复杂问题进行详细解释，对受访者进行启发，可使问卷获得结构化数据。不足之处是合格的受访者少，原因主要有：目前家庭结构中两口之家、单亲家庭都在增多；访问素质下降，访问作业质量不高，有作弊行为；调研机构很难控制和抽检；治安问题和犯罪问题致使入户调研拒绝率呈上升趋势；等等。所以，入户访谈调研在我国很难为大多数人所接受。入户访谈尽管存在很多不足，但入户访谈确实是一种非常重要的数据搜集的方法，因为它是唯一可采用随机抽样调查个人和家庭消费状况的方法，所获数据可用于统计推断，可使用大样本对特定药品、概念、营销策略等进行测试性调研。

2. 拦截访谈 是一种常见流行的访谈调查方法，因为简便易行，使用率约占个人访谈的1/3。美国约有500多家超市都设有各调研机构的访谈室，他们在商场拦截购物者，请他们在访谈室接受访谈调查。拦截访谈通常采用配额抽样获得样本，一般要使用问卷进行调研。拦截访谈与入户访谈相比，省去了采用随机抽样选定住户的过程，省钱省时。访谈人员可把主要精力集中于访谈，免去入户访谈的各种麻烦。不足的地方就是样本的代表性偏差。购物频率高的人，接受访谈的几率就高，抽样空间内的群体特征不能覆盖所有的人群；另外访谈环境没有入户访谈环境好，这会影响收集信息的质量。

(二) 市场调查人员的访问技巧

面对面的访问方法比入户访问采用更多。入户访问在我国尚不能为大多数人所接受，许多人甚至对调查人员采取怀疑或拒绝态度，使入户访问陷入僵局。在访问调查中，市场调查人员起着举足轻重的作用。

1. 取得初步合作　调查人员自身必须保持仪表整洁、语气和蔼、态度诚恳，给人以彬彬有礼的感觉，同时问话的用语要得体、口齿伶俐、尊重他人，给人以亲切随和的感觉，做到这一点，就能使被访问者放心地接受访问调查，取得访问的第一步合作。比如："您好，我是某大学的学生，利用假期勤工俭学，我们正在为某公司进行一项有关感冒药价格的市场调查研究，而您被抽为代表之一，我能占用您一点时间吗？希望您给予配合。"对于这样的开始，人们就可以在很愉快的气氛中顺利接受访问。

此外，对于初次的入户访问，调查人员必须有被拒绝的心理准备。如被拒绝，调查人员应礼貌地说"谢谢，打扰了"等礼貌用语，切不可拂袖而去，这对委托企业的公众形象有十分重要的影响。

2. 掌握好询问问题时的表达艺术　询问问题时应遵循以下规则：用问卷中的用词来询问；清楚、慢慢地读出每个问题；有次序地、详细地提出每一个问题；重复被访问者误解的问题。

一般情况下，虽然调查人员经过培训已经了解了以上规则，但到了实际工作中却经常很难遵循。由于调查人员自身素质参差不齐，且理解角度不一，具体访问情况和环境不一，从而造成访问调查偏差，导致市场调查结果的不可信程度加深。在许多场合，调查人员应按次序提问，不断调动被访问者的思路，使其紧扣主题。

3. 适当运用追问技巧，使市场调查更深一步　适当的追问技巧能使调查更为具体、详细，甚至获得更多的信息。追问可以分为两种：挖掘式追问和明确性追问。

挖掘性追问举例："您为什么喜欢这种品牌的感冒药呢？"回答："喜欢它的包装。"追问："你还喜欢什么？"回答："价格便宜。"追问："您还有没有喜欢它的其他方面呢？"回答："没有了。"

明确性追问举例："您对这种牌子的感冒药评价如何？"回答："不错。"追问："您所谓的不错具体指什么？"回答："疗效好。"追问："还有哪些方面？"回答："价钱。"

4. 如何结束访问　结束访问要做到有礼貌，避免仓促离开，比如使用"谢谢您的合作，再见"等用语。应该为花费了被访者宝贵的时间和他们良好的合作态度表示诚恳的谢意，同时也为下一次访问做好准备，这一点非常必要。

一名优秀的访谈调查人员应该性格开朗、头脑灵活、为人诚实可靠、肯吃苦，另外还要接受公司的培训，培训内容主要包括产品知识的培训、本次调研的背景、对疑难问题给予详解并能现场指导等。

（三）调查人员应具备的素质

一名干练的调查人员应具备以下素质：

1. 富有创造力和想象力。
2. 使被访者对问题产生浓厚兴趣，并有使被访者积极自由发言的交谈技术。
3. 对问题的症结十分清楚，并能使被访者说出想要说的话。
4. 具有发现和挖掘被访者的习惯及隐藏的动机的能力。

5. 有调查时必备的经验和技巧。

（四）高效访谈步骤

1. 准备充分 熟悉被调查企业的企业情况，对产品、技术、规模、组织情况等有一个大概的了解，对企业所在的行业发展情况有一个大致的了解，对当地的主要竞争对手有一个了解。这些准备工作是为了和被访者有效互动，获取对方信任。

另外，准备一份访谈提纲是必要的，你的访谈目的是什么，是要发现问题，还是要了解企业运作情况，针对你的访谈目标制订一个框架性的访谈提纲，提纲不需要太详细，因为访谈开始后，被访者的谈话内容才是你最感兴趣的。

2. 制订一个详细的访谈计划 访谈前，要确定大体的活动方式、步骤，明确要访问的部门和人员、访谈的中心话题、要了解的具体问题等。

3. 说明访谈目的 简单和被访者寒暄之后，要认真地把此次访谈的目的告诉被访者，并把保密协议情况告诉被访者，让其可以无须担心访谈内容泄露，帮助被访者敞开心扉。

4. 引入访谈内容 可从了解被访者开始谈起，先让被访者谈谈自己，然后再切入正题，慢慢引入这次访谈的内容。

5. 启发 通过启发帮助被访者理清思路，通过提问题，让其说出答案。

6. 追问 追问是访谈效果的保障。通过追问，可以保持交谈的节奏，不至于出现冷场。另外，通过追问，让被访者说出事情的细节，便于访问者对问题进行分析和提炼。所以要想做好一个高效的访谈，适时的追问是非常必要的。

7. 区分不同对象 访谈过程中，什么样的对象都可能碰到，有能说的，有不善言辞的，有文化素质高的，也有文化素质低的。对不同的人，要应用不同的访谈方式。

8. 尊重 “尊重被访者”是贯穿始终的原则。访问者必须尊重每一位被访者，尊重一是体现在语言上，一是体现在行为上。但还有一个可能被忽略的方面，那就是时间。比如，约定1个小时的访谈时间，访问者有时会因没有什么话题可谈了，半个小时就结束。这时被访者就会觉得不被尊重。

六、典型实例

西安杨森采乐市场调研策划书

（一）调研背景

近年来，宝洁公司凭借其强大的品牌运作能力以及资金实力，在洗发水市场牢牢地坐稳了第一把交椅。但随着竞争加剧，局势慢慢起了变化，联合利华强势跟进，夏士莲、力士等多个洗发水品牌从宝洁手中夺走了不少消费者。花王旗下品牌奥妮和舒蕾占据了中端，而低端则归属于拉芳、亮庄、蒂花之秀、好迪等后起之秀。至此，中国洗发水行业呈现了一个典型的金字塔形品牌格局。通过市场细分，西安杨森于2002年推出了采乐，在药品和洗发水两个行业间找到了一个交叉点。为了提高其在全国重点城市中的占有率，并为其今后的营销发展计划提供科学的依据，六人行市场调查公司在全国范围内的重点城市进行一次专项市场营销访谈调查。

（二）调研目的

本次市场研究工作的主要目标是：分析采乐洗发水的前期的营销计划（包括其销售渠道、媒体投放、产品终端、产品情况），消费者的产品期望，明晰其自身的优势和弱势，以及面临的机会和威胁。

了解消费者对于去屑洗发药水的认知，探查对于去屑洗发药水的接受程度。

了解产品的知名度和美誉度，确定今后营销计划的重点。

（三）调研内容

根据上述研究目的，确定本次调研的内容主要包括：

1. 主要是针对采乐营销计划进行全面的分析，从而为其今后的营销计划提供科学的依据。本部分所需的主要信息点是：

（1）消费者对于采乐的使用情况——是否用过，满意度，产品的哪些方面更加吸引消费者。

（2）采乐在前期营销计划的情况了解——怎样知道采乐的，通过什么渠道购买到采乐的，是否有过没有买到采乐的情况，对于采乐使用后的感觉，以及产品需要改进的方面。

（3）消费者对于去头屑的认知。

2. 了解消费者对于去屑洗发药水的认知，探查对于去屑洗发药水的接受程度。本部分旨在了解消费者的观念，以及为采乐前期的推广的深入程度做一个调查。

3. 了解产品的知名度和美誉度，确定今后营销计划的重点。本部分主要是对产品前期的销售宣传等的反馈。主要信息点有：

（1）对于采乐的了解程度——是否知道，以及是否使用过。

（2）对于采乐的印象的评价（5 分法）。

4. 收集包括消费者的年龄、性别、收入、职业，以及对于消费者的发质在内的背景资料，以备统计分析之用。

（四）目标被访者的甄选

因本次调查是针对采乐前期的营销计划实施情况的一个效果的反馈，在样本定义时遵循以下原则：一是样本要有广泛的代表性，以期能够基本反映消费者对采乐的看法，能反映采乐前期营销计划的实施情况；二是样本要有针对性。由于采乐属于日用品，而且其主要是针对有头屑的人，价格也较高，所以就需要消费者有一定的购买和支付能力。因此，此次调查主要是针对有使用经验的人，主要在全国的重点城市做访谈调查。基于以上原则，建议采用如下标准甄选目标被访者：

1. 20～45 周岁的城市居民。

2. 本人及亲属不在相应的单位工作（如市调公司、广告公司以及洗发水行业等）。

3. 在过去的 6 个月内未接受或参加过任何形式的相关市场营销调研。

（五）数据收集方法

本项目的数据收集方法如下：

1. 六人行市场调查公司将根据与西安杨森公司探讨所达成的共识设计问卷，问卷长度控制在半个小时左右，问卷经双方商讨确定之后正式启用。

2. 问卷抽样方法：在北京、哈尔滨、上海、广州、长沙、成都、西安 7 个城市中各选择 400 人作为调查对象。

3. 采用结构性问卷进行入户调查。

（六）样本量

根据以往经验，以及最大允许误差 ±2%，考虑到统计分析对样本量的要求和成本方面的经济性，建议本次研究所需要的样本量为每个城市 400 人。在每个城市的电话簿中随机选择 400 个号码，打电话核实被访者。在不断淘汰被访者的情况下，多次随机选择，直到选够 400 人为止。

（七）质量控制与复核

1. 本次访问复核率为 30%，其中 15% 电话复核，15% 实地复核。

2. 实行一票否决权，即发现访问员一份问卷作弊，该访问员的所有问卷作废。

3. 为确保科学高效地完成调研工作，将成立专门的项目小组为客户服务。

（八）数据录入与处理

参与此项目的所有数据录入员及编码人员应参与问卷的制作与调查培训；在录入过程中需抽取 10% 的样本进行录入复核，以保证录入质量；数据处理采用 SPSS 软件进行。

（九）时间安排（自项目确定之日起）

	一月一周	一月二周	一月三周	一月四周	二月一周	二月二周	二月三周	二月四周
方案与问卷设计								
问卷试访								
调查实施								
数据处理								
报告撰写与发布								

（十）报告提交

由六人行市场调查公司向西安杨森公司提交调研报告一份及所有的原始问卷，并提供市场调研报告，数据分析。如有需要，将向西安杨森公司做口头汇报。

（十一）费用预算

项目费用预算约为6.7万元，其用途分别如下：

问卷设计，问卷印刷	2万元
调查与复核费用	1万元
数据处理（编码、录入、处理、分析）	1.5万元
地区市调公司代理费用	1.4万元
差旅及其他杂费	0.8万元
合计（人民币）	6.7万元

六人行市场调查公司

（资料来源：http//wenku. baidu. com）

七、同步训练

某医药集团准备对某产品进行改造，包括产品包装、产品剂型、做成中西药复方制剂等。如果你是本公司的员工，作为公司派驻的专业访谈调研员，请你为这次访谈调研做好准备工作。

任务2 电话调查

一、具体任务

某一以大型制药厂为龙头的连锁经营企业，在本市开设医药连锁药店已有一年的时间了，开店一年来，该药店一直以顾客服务至上为宗旨，规范经营，诚信销售。为了了解周围居民的满意度、对药店的评价及自身的不足，该药店拟进行一次电话调查，以便不断修正和完善药店的经营，更好地为周围居民提供服务。

假如你是该药店的店员，请你设计电话调查问卷，并模拟此次电话调查的过程。

二、训练目标

1. 通过训练，使学生熟悉电话调查的特点和要点，掌握电话调查的步骤和技巧。
2. 通过训练，使学生能灵活运用电话调查方法进行市场调查。

三、训练内容和步骤

1. 2~6人为一组，首先做好电话调查准备工作，确定内容，做好电话调查问卷。
2. 模拟电话调查工作。
3. 撰写电话调查报告。

4. 同学之间互评。
5. 老师总结和点评。

四、考核标准

1. 电话调查准备工作到位，调查问卷或提纲设计合理。(3 分)
2. 小组分工明确，体现了团队精神。(1 分)
3. 模拟电话调查过程中讲究说话艺术，能实现电话调查的目的。(4 分)
4. 调查报告内容完整，语言通顺。(2 分)

五、必备知识

（一）电话调查的概念

电话调查是指访谈者通过电话向被访者就某一研究课题进行交谈，搜集研究资料的调查方法，又称电话访谈，是一种间接的调查方法。

（二）电话调查的优缺点

1. 电话调查的优点

（1）取样市场信息资料的速度快。

（2）节省调查时间和费用。

（3）覆盖面广，可以对任何有电话的地区、单位和个人进行调查。

（4）被访者不受调查者在现场的心理压力，因而能畅所欲言，回答率高。

（5）对于那些不易见到面的被访者，比如某些名人，采用此方法有可能成功。

（6）采取计算机辅助电话系统，更有利于访问质量的监控；调查者的管理更为系统规范，达到管理集中、反馈及时的效果。

2. 电话调查的缺点

（1）电话调查的项目过于简单明确，而且受到通话时间的限制，调查内容的深度远不及其他调查方法。

（2）电话调查的结果只能推论到有电话的对象这一主体，因而先天母体有不完整的缺陷，不利于资源的全面性和完整性。

（3）没办法提供直观的教具。

（4）电话调查是通过电话进行的，调查者不在现场，所以很难判断获得信息的准确性和有效性。

（三）电话调查的步骤

1. 确定抽样计划。
2. 根据确定的抽样方法，从抽样结构中产生电话号码的群体。
3. 针对每份抽样样本电话号码制作一份调查表格。

4. 草拟一份问卷调查表，并将其表格化。

5. 草拟一份调查简介、备选项目等内容，以供电访员使用。

6. 雇佣电访员和监督人员，制订与电访有关的时程表。

7. 先进行指导性测试，来修正调查程序和方法。

8. 印制最后定稿的问卷调查表和各种其他表格。

9. 对电访员和监督人员进行培训。

10. 进行完全受到监督的电话调查。

11. 对已经完成的问卷调查表进行校订和编码工作，并将所有资料转换成计算机可判读的格式。

12. 对资料进行分析，编制各种调查报告等。

因为电话调查不会见到访谈者，并且电话访谈时间有限，在实际电话调查中去处理特殊情况很棘手，所以必须提前做好准备，尽可能将一切预见的问题提前解决，充分的调研准备才能做到事半功倍。

（四）电话调查的应用范围

1. 热点问题和突发性问题的快速调查，比如对假药的危害的看法。

2. 关于某特定问题的消费者调查，比如对某新药的使用的消费者调查。

3. 企业调查。

4. 特殊群体的调查。

（五）电话调查的要点

1. 克服对电话调查的恐惧或排斥等心理障碍。除具备专业知识及素养外，还需具有足够的耐力及敏锐的观察力。

2. 切记电话调查时，对方虽看不见你的表情及态度，但可从声音作为第一印象进行判断。所以，保持愉快的心情才能有悦耳的音调，同时也可使对方降低排斥感。

3. 选择合适的调查时间，是顺利与客户沟通的第一步：

（1）在一周的开始，通常每一个公司都会很忙，且上班族最不喜欢的也是这一天，所以不要太早做电话调查。

（2）在电话调查时应对被访者有初步的认知，如该行业何时忙，何时可以电话拜访。

4. 注意礼仪。适当的问候语能拉近彼此的距离感，通常在电话调查时应注意下列几点：

（1）接通电话，要先做礼貌的问候。若已知对方职称时，应直接称呼对方职称，会使对方有被重视感。如："您好！请问是王经理吗？"

（2）确认对方身份后，表明自己身份及电话目的，并对自己的冒昧打扰表示抱歉，询问对方是否方便接电话。

（3）访问结束时，应表达感谢之意，并说声："对不起，打扰您了。"

（六）电话调查的注意事项

1. 尽量不要往家里打，那是私人地点。

2. 不要往手机上打。

3. 不要在进餐时间和休息时间打电话，尤其是不能在晚餐时打电话，以保证对方顺利进餐和与家人的团聚。也不要在晚上9点以后打电话，以免打扰对方休息。

六、典型实例

电话调查典型范例

甲：为访谈者，乙：为被访者。

甲：您好！我是某大学医学院药学专业的一名学生。现正在对市民药品选购心理进行调查，希望能够得到您的支持与配合。

乙：好的。

甲：您一般选购药品时的依据是什么？（提供答案给被访者，可多选）

A. 医生指导 B. 电视广告 C. 网络、杂志介绍 D. 药店店员介绍

E. 自己看说明书 F. 听别人介绍 G. 药厂人员推荐 H. 个人经验 I. 其他

乙：药店店员介绍。

甲：对于药品广告，您比较关注哪类媒体的？（提供答案给被访者，可多选）

A. 电视 B. 报纸 C. 杂志 D. 网络 E. 广播

F. 路牌 G. 宣传单 h. 其他

乙：我比较关注电视和宣传单。

甲：对于明星或名人做广告，您感到：（提供答案给被访者，可单选）

A. 十分反感 B. 比较反感 C. 无所谓 D. 比较喜欢 E. 十分喜欢

乙：无所谓。

甲：您是否信赖明星或名人所做的药品广告？（提供答案给被访者，可单选）

A. 十分相信 B. 比较相信 C. 无所谓 D. 比较不相信 E. 十分不相信

乙：比较相信。

甲：下列哪类广告更能引起您购买该药品的欲望？（提供答案给被访者，可多选）

A. 明星或名人做的广告 B. 普通消费者做的广告 C. 单纯介绍药效的广告

D. 动漫广告 E. 纯解说性质的广告

乙：明星或名人做的广告。

甲：您认为目前我国药品广告存在虚假广告的现象是否普遍？（提供答案给被访者，可单选）

A. 十分普遍 B. 比较普遍 C. 一般 D. 不普遍 E. 根本没有 F. 说不清

乙：比较普遍。

甲：在您看来在药品行业，广告宣传功效与产品实际功效不符的情况是否经常发生？（提供答案给被访者，可单选）

A. 经常发生 B. 偶尔发生 C. 很少发生 D. 没有 E. 说不清

乙：经常发生。

甲：您选购药品时一般会考虑哪些因素？（提供答案给被访者，可多选）

A. 疗效 B. 品牌知名度 C. 口碑 D. 价格 E. 广告效果 F. 企业形象

G. 产品成熟度 H. 产品安全性 I. 市场销售状况 J. 企业信誉 K. 售后服务

L. 任何因素均不考虑

乙：疗效、品牌知名度、口碑、价格。

甲：可以告诉我您的性别、年龄、职业吗？我们会替您保密。

乙：可以……

甲：非常感谢您的支持与配合！我们将会为您的手机存入10元的话费。

乙：不客气！

甲：再见。

乙：再见。

七、同步训练

某制药有限公司是一家中外合资企业，主要生产肠内营养和肠外营养，肠外营养在市场上行销多年，取得了医生和患者的一致好评，公司的第二期工程就是推出肠内营养，在这之前为了更好地服务患者和社会，该公司在全国范围内做电话调查，征询有关方面的意见。假如你是该公司市场部经理，请你为这次全国范围内的电话调查工作制订方案。

模块四　商务谈判技能

任务 1　商务谈判的开局

一、具体任务

某药品供销公司想成为北京某大型医药企业在当地的代理商，双方几次磋商均未达成协议。在接下来的一次磋商中，谈判代表小王发现北京医药企业谈判代表老周喝茶及取放茶杯的姿势与众不同，就是这一小小细节被小王利用到了极致，导致接下来的谈判异常顺利，小王终于为公司拿到了地区代理权。在今后的工作中由于个人的努力及勤奋，小王很快被提拔为公司的销售经理。

请根据背景资料策划、设计谈判开局，以使小王与老周等的谈判情景得以再现。

二、训练目标

1. 通过训练，使学生认识到谈判开局气氛在整场谈判中的重要作用，并学会运用。
2. 树立团队意识，提高学生的沟通、语言表达等能力。

三、训练内容和步骤

1. 小组抽签形成两两对局，制订谈判方案。
2. 模拟谈判过程。
3. 同学互评，小组总结，代表发言。
4. 教师点评。

四、考核标准

1. 开局策略恰当，谈判有序进行。(5 分)
2. 开局策略新颖，有创新。(2 分)
3. 小组团结协作。(2 分)
4. 模拟谈判过程中语言清晰、流畅，语速适中。(1 分)

五、必备知识

商务谈判的开局对整场谈判有着非常重要的作用，一个良好的开局会为接下来的谈判取得成功打下一个良好的基础。开局阶段虽短，但它营造的气氛则涉及随后各个阶段的谈判行为，关系着整个谈判的进展和成效。

（一）商务谈判气氛的含义和类型

1. 商务谈判气氛的含义 谈判气氛是指谈判对象之间的相互态度，以及由它引起的谈判人员心理、情绪和感觉上的反应。

谈判气氛在谈判对象刚一碰面就开始形成，随着双方接触的深入，尤其是进入利益纷争阶段，谈判气氛随之发生变化。谈判者的情绪、态度会影响谈判气氛，同时谈判气氛也会影响谈判者的情绪、态度和行为。因此，营造一种有利于己方的谈判气氛，从而控制谈判，控制谈判对手，就成为谈判者需要认真研究的重要课题。

2. 商务谈判气氛的类型

（1）积极友好、和谐融洽的谈判气氛 其主要表现是：谈判双方态度诚恳、争执，彼此主动适应对方的需要；见面时话题活跃，口气轻松；感情愉悦，常有幽默感；双方对谈判的成功充满信心。

（2）平静、严肃、拘谨的谈判气氛 其主要表现是：谈判双方已不是生手，但处于一个特定的形势和受到一定条件的制约。

（3）冷淡、对立、紧张的谈判气氛 其主要表现是：谈判双方见面不热情、彼此互不关心；双方处于明显的戒备、不信任的心理状态和强烈的对立情绪之中。

（4）松弛、缓慢、旷日持久的谈判气氛 其主要表现是：在连续性、分阶段的洽谈中，双方人员已经感到厌倦；对对方谈判的目标不表示信心，对对方的话题不认真倾听，甚至以轻视的口吻发问，双方谈判不断转换话题，处于一种打持久战的氛围中。

上述第一种谈判气氛可称为高调气氛，第二种可称为自然气氛，第三种、第四种称为低调气氛。

（二）良好商务谈判开局气氛的作用

商务谈判大多属于互利合作型谈判，成熟的谈判人员大多会努力实现互利互惠的谈判结果，在谈判一开始，也会努力营造热情友好、真诚合作、认真解决问题的谈判气氛，借此推动谈判的顺利进行，促进谈判的成功。

1. 良好的开局气氛会为已经开始的谈判奠定一个相互信任的良好基础。
2. 良好的开局气氛会向对方传达一种友好合作的信息。
3. 良好的开局气氛能减少对方的防范心理。
4. 良好的开局气氛会有利于协调双方的思想和行动。
5. 良好的开局气氛能显示谈判者的文化修养和谈判诚意。

许多谈判案例表明，在谈判开局阶段建立起一种良好的开局气氛是非常必要的，会有利于谈判双方之间的沟通和协商。

（三）商务谈判开局气氛的营造策略

在商务谈判中，谈判对象间所处的地位和谈判目标是不同的，谈判各方为取得最大限度的谈判利益，都希望营造一种对己方有利的谈判气氛。比如谈判中的强势一方，可以营造一种“我说了算，你得听我的”强势谈判气氛，使对方在恐惧中做出最大限度的让步；谈判中的弱势一方，往往会努力营造一种“先追求平等对话，防止谈判破裂，努力实现己方利益”的柔和的甚至是能招致对方同情的谈判气氛。

1. 高调气氛的营造 高调气氛是指谈判情势比较热烈，谈判双方情绪积极、态度主动，愉快因素成为谈判主导因素的一种谈判气氛。高调气氛有利于双方的融洽相处，坦诚相待，促进协议的尽快达成；其缺点是容易显出急切的心态，削弱谈判地位。

营造高调气氛的方法有：

（1）感情法 是指通过某一特殊事件来引发对方心中的情感，以达到气氛热烈、融洽的目的。如与对方分享一个值得庆贺的事件，告诉对方一个令人愉快的消息等。还可以巧妙安排，在场外培养感情，如在正式谈判前可以安排一些非正式的接触机会（欢迎宴会、礼节性的拜访等），积极地利用这些机会，有助于在正式谈判中建立良好的气氛。

（2）称赞法 是指通过恰当的称赞、肯定对方来削弱对方的心理防线，从而引发对方的谈判热情，调动对方的积极情绪。

（3）幽默法 是指利用幽默的语言和方式来消除对方的戒备心理，创造愉快、轻松的谈判气氛，使对方积极地参与到谈判中来。

（4）诱导法 是指投其所好，利用对方感兴趣或值得骄傲的一些话题，来调动对方的谈话情绪与欲望，从而创造良好的谈判气氛。

（5）诚信法 一般而言，谈判者之间不可能做到完全的相互信任，总会存在着某些猜忌。谈判高手的高明之处，不在于企图消除这种猜忌，而是巧妙地利用这种共有的心理，使对方情愿从好的方面进行猜测，创造感情上的相互接近，从而使对方支持自己的观点，赞同自己的主张。以诚取信正是获得对方理解、尊重的好方法。

2. 低调气氛的营造 低调气氛是指谈判情势严肃、低落，谈判的一方情绪消极、态度冷淡、不快或对立因素构成谈判主导因素的一种谈判气氛。其目的在于给对方制造某种压力，降低对方的谈判期望，促使对方做出让步。但低调气氛是有风险的，一旦把握不好，就会令对方退却，使己方难堪。

营造低调气氛的方法有：

（1）指责法 是指对对方的某项错误或失礼加以指责，令其感到内疚不安，从而制造于己有利的谈判气氛。

（2）沉默法 是指利用沉默的方式来给对方施加某种压力或令对方心中无底，从而达到使谈判降温的目的。采用沉默法要注意以下两点：①要有恰当的沉默理由。②要沉默有度，适时进行反击，迫使对方让步。

（3）冷淡法 是指有意以冷淡、不积极、无所谓的方式与对方相处，从而达到降低对方期望值的目的，为谈判赢得主动。

（4）拖延法 是指尽量拖延或不主动切入谈判主题，或对对方的所问所求不予表态或不予正面回答，从而达到增强谈判地位和主动权的做法。

3. 自然气氛的营造 自然气氛是指一种不冷不热、双方情绪自然的一种谈判气氛。这种气氛无须刻意去营造，许多谈判都是在这种气氛中开始的。自然气氛有利于向对手进行摸底，因为在这种气氛中传达的信息要比在高调或低调气氛中传达的信息准确、真实。

营造自然气氛要注意以下几点：①要注意自己的行为与礼仪。②要多听、多记，尽量不与对手争执。③讲话要注意原则性，并有所保留。④态度要冷静、平和，不急不躁。

六、典型实例

业务员李伟是一家医疗器械公司的销售代表，王鹏是一家私立医院的院长，李伟以前与这家私立医院没有业务往来，更没有接触过这位院长，但李伟希望拿下这笔生意。

面对业务繁忙的院长，李伟沉着冷静，他做了简单的自我介绍后，没有直接谈产品的事，而是说："王院长，我比较喜欢居室装饰，我仔细观察了您的办公室，从未见过装修得如此精致的办公室。"

王院长回答说："哎呀，你提醒了我，这间办公室是我亲自设计的，刚建好时，我喜欢极了，但后来一忙，根本没有机会再仔细欣赏一下这个房间。"

李伟看到王院长谈兴正浓，便好奇地询问起他的经历。王院长便向他讲述了自己年少时的苦难生活；自己的母亲因无钱看病如何忍受疾病的折磨的情景；自己从小立志学医以拯救更多苦难的人；以及自己为社会捐资捐物等。

李伟由衷地赞扬了王院长的功德心。

最后，李伟不仅得到了大批的订单，而且与王鹏结下了深厚的友谊。

点评：一般而言，即使是对一个素不相识者，只要事前做一番认真的市场调查研究，都可以寻找彼此的共同点或相似点，创造良好的氛围。用三言两语恰到好处地表达你对对方的友好情谊，或赞扬其品质，或同情其处境，就会顷刻间暖其心田、感其肺腑，就会使对方油然而生一见如故、欣逢知己之感。

七、同步训练

中国某医药公司和某日本企业洽谈生意，进入谈判室时，日方谈判人员已经整齐、严肃地在等候我方谈判人员的到来。

谈判双方落座后，我方主谈王经理站起身来高兴地向大家说："报告大家一个好消息，我太太今早给我生了一个胖儿子！"中日双方谈判人员都向他表示热烈的祝贺。谈判开局气氛热闹起来，双方愉快地进入了谈判，达成了双方满意的协议。

事后中方谈判成员好奇地问王经理："您不是说您太太要再过 3 个月才生吗？怎么今天就生了？"王经理说："为了冲淡紧张的气氛，我今天就让儿子先出生了！"

问题：王经理为什么要这样做？

任务2 讨价还价的技巧

一、具体任务

某制药厂准备购买一套先进的制药设备，在收到了众多的报价单之后，因深圳S公司的设备和技术在国内都比较先进，某制药厂对S公司的产品较满意，所以约定进行进一步的商谈。谈判的焦点集中在价格问题上，深圳S公司的谈判报价是45万元，某制药厂的理想出价是38万元。

请模拟此次价格谈判的过程。

二、训练目标

1. 通过训练，加深学生对讨价还价知识的理解，掌握讨价还价的方法及策略，提高运用相关的理论知识解决实际问题的能力。

2. 通过训练，提高学生的组织协调、语言表达等能力。

三、训练内容和步骤

1. 小组抽签形成对局，每一方5~6人为一组，明确谈判过程的身份，制订讨价还价的方案。

2. 模拟讨价还价的过程。

3. 小组选出代表就价格谈判的过程做出总结。

4. 教师点评。

四、考核标准

1. 制订的方案可行，有创新。(3分)

2. 能顺利进行价格谈判，采取对策符合讨价还价的策略。(5分)

3. 小组同学团结协作。(2分)

五、必备知识

讨价还价即议价，一般情况下，当谈判一方报价后，另一方不会无条件地接受这一报价，而是要求报价方提供更优惠的价格，报价方则会要求对方就报价提出自己一方的价格条件，谈判双方于是展开讨价还价。

讨价还价，是谈判最活跃的阶段。这一阶段，谈判室内风云变幻，异彩纷呈，双方紧张地进行技能和实力的较量，以促成谈判的成功。因此，掌握讨价还价的技巧十分重要。

（一）讨价

1. 讨价的含义与作用 讨价，是指在一方报价之后，另一方认为其报价离自己的期望目标太远，或不符合自己的期望目标，必然在价格的基础上要求对方改善报价。讨价是启发、诱导卖方降价，为还价做准备。讨价还有一个作用就是缩短了双方的利益差距，增强了谈判成功的机会。

2. 讨价的程序

(1) 全面讨价　常用于价格评论后对于较复杂的交易的首次讨价。

(2) 分项讨价　常用于较复杂交易对方第一次改善报价之后，按照价格中所含水分的大小不同分别讨价。

(3) 针对性讨价　常用于在全面讨价和分项讨价的基础上，针对价格仍明显不合理和水分较大的个别部分做进一步讨论。

3. 讨价的基本方法

(1) 举证法　也称引经据典法。为了增加讨价的力度，使对方难以抗拒，谈判者以事实为依据，要求对方改善价格。这种事实可以是市场行情、竞争的价格、对方的成本、过去的交易惯例、产品的质量与性能等等，总之是有说服力的证据。证据要求客观存在，起码是对方难以反驳或难以查证，而不是凭空杜撰的证据或对方一揭就穿的证据。

(2) 求疵法　讨价是朝着对方报价条款的缺漏、差错、失误而来的。有经验的谈判者，都会以严格的标准要求对方，以敏锐挑剔的目光寻找对方的疵点，并引经据典，列举旁证来降低对方的期望值，要求对方重新报价或改善价格。

(3) 假设法　以假设更优惠条件的口吻来向对方讨价，如以更大数量的购买、更优惠的付款条件、更长期的合作等优惠条件来向对方再次讨价，这种方法往往可以摸清对方能够承受的大致底价。

(4) 声讨法　即针对一些报价偏高、水分太大的情况，以极度不满意的态度，声讨和指责对方的漫天要价、没有诚意、不够朋友、不讲信用等，在气势和心理上给对方形成强大的压力，动摇其心智，使其觉得理屈、内疚，从而报出较实的价格。

4. 讨价应持的态度　讨价应本着尊重对方的态度进行，要采用说理的方式，应以启示法，诱导卖方降价，并为还价做好准备。

如在讨价阶段采取“硬压”，则会使谈判过早进入僵局，从而给谈判结果带来不利影响，因此在初期、中期的讨价，应保持平和信赖的气氛，充分说理，以求最大的效益。即使碰到“漫天要价”者，也不为其所动。

在这个阶段，卖方常以“算错了”、“内部调整”等为遁词，对价格部分做调整。不过，此时的调价幅度不会很大，但作为买方，不论卖方有逻辑还是无逻辑的理由，为自己的调价找什么借口，你都应该欢迎，给对方垫台阶，鼓励其降价。

5. 讨价的次数　讨价，作为要求改善报价的行为，不能只允许一次。从心理因素的角度来讲，一般可以进行两次讨价。当然，经过两次改善后的报价，如果还存在明显的不合理，继续讨价仍完全有必要。水分多的可以多讨几次价，水分少的可以少讨价。

(二) 还价

1. 还价的含义　还价，实际上就是针对谈判对手的首次报价，己方所做出的反应报价。还价以报价作为基础，在一方首先报价以后，另一方一般不会全盘接受，也不至于完全推翻，而是根据对方的报价，在经过一次或几次讨价之后，估计其保留价格和策略性虚报部分，推测对方可妥协的范围；然后根据己方的既定策略，提出自己可接受的价格反馈给对方。

2. 还价的依据

（1）对方的报价　在还价之前必须充分了解对方报价的全部内容，准确了解对方提出条件的真实意图，要做到这一点，还价之前设法摸清对方报价中的条件哪些是关键的、主要的；哪些是附加的、次要的；哪些是虚设的或诱惑性的；甚至有的条件的提出，仅仅是交换性的筹码，只有把这一切搞清楚，才能科学而策略地还价。为了摸清对方报价的真实意图，要逐项核对对方报价中所提的各项交易条件，探询其报价依据或弹性幅度，注意倾听对方的解释和说明。

（2）己方的目标　对方报价与己方的目标价格的差距是确定如何还价的第二项依据，目标价格是己方根据自身利益需要、他人利益需要和各种客观因素的可能制订的，并力图经过讨价还价达到的成交价格。因此，对方的每一个报价，己方都会拿它与自己的目标价格相比较，然后根据差距决定自己的还价。对方报价离自己的目标价越远，还价点越低；相反，对方报价离自己的目标价越近，其还价点越高。无论还价起点高低，都要低于自己准备成交的价格，为讨价还价留有余地。

（3）己方准备还价的次数　己方准备还价的次数是确定如何还价的第三项依据。在每次还价的幅度已定的情况下，当自己准备还价的次数较多时，还价的起点就要较低，当准备还价的次数较少时，还价的起点就要较高。

3. 还价的策略

（1）投石问路策略　一般地讲，投任何一块“石头”都能使一方更进一步了解另一方的商业习惯和动机，而且对方难以拒绝。因此，此策略应用的关键，在于选择合适的“石头”。提出的假设是己方关心的问题，也是对方无法拒绝必须回答的。很多时候，如果提出的问题正好是对方想了解的，那么就容易将己方的信息透露给对方，反而给对方创造了机会。所以，在使用投石问路策略时，应谨慎。

例如，现在一位买主要购买 5000 件商品，他就会先问如果购买 100 件、1000 件、2000 件、5000 件和 10000 件的单价分别是多少。一旦卖主给出了这些单价，敏锐的买主就可以从中分析出卖主的生产成本、设备费用的分摊情况、生产的能力、价格政策、谈判经验丰富与否等情况。最后，买主能够得到比购买 5000 件更好的价格，因为很少有卖主愿意失去这样数量多的买卖。

（2）抬价压价策略　这种策略技巧是商务谈判中应用最为普遍、效果最为显著的方法。

卖方先报价，买方压价，可以采取多种方式：①揭穿对方的虚价，直接指出实质。②用反抬价来回击。③召开小组会议，集思广益思考对策。④在合同没有签订好之前，要求对方做出某些保证，以防后悔。⑤对方在合同上签署的人越多越好，这样反悔较难。

(3) 佯装震惊策略 谈判高手总要表现出被吓了一大跳的样子——即对买家的出价表示震惊。当买主出价的时候，对手在观察你的反应。他们不会考虑再三你是不是同意他们的要求，只是试探一下你的反应。例如，你卖货物给承包商，买主请你把货物发到场地，并不额外收费；你卖汽车，买主请你包括脚踏垫和满油箱的油；你卖传真机，买主请你提供一年的纸张。上面的每一种情况下，买主不会考虑再三你是不是接受他们的要求，但是你如果不表示惊讶，他自然会想："也许这些条件我能让他接受，我得心狠点儿，看看他能让多少。"对买家的出价要故作惊讶，也许他们没指望得到所要求的，如果你不表示惊讶的话，就是在说那有可能，买主就会强硬起来。要假设买主是一个视觉型的人，除非有别的办法打动他们。即使和买主不是面对面谈判，也应该停顿一下，表示震惊，因为电话中的惊讶也是很起作用的。

(4) 有的放矢策略 准备谈判时，应该考虑一下所要求对方做出的不同的让步；当谈判进入正轨后，你不得不处理可能面对的各种要求，将很少有机会去分析对方的什么让步是合适的。此处要清楚地了解自己收入和支出的全部数目，努力判断让步对对方的价值。要注意，并不花费什么的让步对对方可能意义重大。

(5) 不要急于达成协议 对于对方的要求或愿望并不需要立即表明立场，暂停一下可能会有发现其他方案的机会，也可使对方感到自己是否走得太远。你可以回答："我不能就此事立即给以答复，关于您的报价，我可能有所选择。再做更详细的研究之后，会给您答复。假如接受您的价格，那我们就成交。"

(6) 用题外话转移注意力 在谈判进行当中，当对方做出让步时，你也不妨恭维几句："您不愧是老朋友，很仗义。以后再有类似的业务，我们第一个想到的自然是您。"一般而言，在谈判中顺水推舟地赞美对手，通常会达到谈判目标。人往往有虚荣心，在交往中你会发现身边的同事特别爱表现自己，在竞争的环境里，更想让别人知道自己很有能力，处处想显示自己的优越感，以便获得他人的敬佩和认可。

如果面对这样的同事，不妨点点头，用赞赏的目光鼓励他继续说，用谦虚友好的心态待之，即使没有什么价值，至少也满足了同事的炫耀心理，使关系更亲近。

在谈判中，可以反复使用以下字眼来向对方说明交易的好处："您只有充分利用这一机会，才能获得更多的利润。""您已经了解了很多情况，现在可以下决心了吧。""我相信您已经认识到，因此……"说这些话并不费事，然而却能有效地促使对方下决心。因为这些话始终抓住了对方利益这一核心，反复向对方重申了交易对他的利益所在。对于不能让步或不愿让步的，又不可直接拒绝的，可以说："我会尽力的。"然后把问题暂时搁置下来，可作为谈判的交易条件。在谈判中，你还可以时不时地表明："我会尽量满足你。"以消除对手之间的对立情绪。实际上，到底满不满足对方，关键还在于你自身的抉择。丝毫无损的让步并不需要花费金钱，却能带来不小的好处。要想成为谈判高手，应该掌握并应用这些技巧。

六、典型实例

引子：我国某制药企业从日本S公司进口某制药设备，在使用时普遍发现存在严重质量问题，致使企业蒙受巨大经济损失。为此，企业向日方提出索赔。

9月30日，中日双方在北京举行谈判。

首先是设备质量问题的交锋。

日方深知，设备质量问题是无法回避的，他们采取避重就轻策略：如电路有故障、铆钉震断、有的车床偶有裂纹……

果然不出我方所料，日方言词谨慎，所讲的每一句话都是经过反复研究推敲的。毕竟质量问题与索赔金额有必然的联系。于是，我方代表用事实给予回击："贵公司的代表都到过现场，亲自察看过，经商检和专家小组鉴定，铆钉非属震断，而是剪断的；车床出现的不仅仅是裂纹，而是裂缝、断裂！车床断裂不能用'有的'或'偶有'，最好还是用比例数来表达，则更为科学准确……"

日方为之一震，料不到我方是如此精明，连忙改口："请原谅，比例数字，未做准确统计。"

"贵公司对设备质量问题能否取得一致看法？"

"当然，我们对贵厂实际情况考虑不够……"

"不，在设计时就应该考虑到企业的实际情况，因为这批设备是专门为我厂生产的。"

室内烟雾弥漫，谈判气氛趋于紧张。

日方转而对这批设备损坏程度提出异议："不至于损坏到如此程度吧？这对我们公司来说，是从未发生过，也是不可理解的。"

我方拿出商检证书："这里有商检公证机关的公证结论，还有商检拍摄的录像，如果……"

"不，不，不！对商检机关的结论，我们是相信的，无异议，我们是说贵厂是否能做出适当的让步。否则，我们无法对公司交代。"

初战告捷，但是我方代表深知更艰巨的较量还在后头。索赔金额的谈判才是根本性的。

中日双方争议最大的项目，是间接经济损失赔偿金，金额高达几千万日元。

日方在谈及这项损失费时，采取逐项报出的招数。每报完一项，总要间断地停一下，环视一下中方代表的反应，仿佛给每一笔金额数目都要圈上不留余地的句号。最后，日方提出支付3000万日元。

我方的一位代表，是专事经济管理和统计，精通测算。在他的纸笺上，在大大小小的索赔项目旁，布满了密密麻麻的阿拉伯数字。当我方报完每个项目金额后，都会讲明数字测算的依据在哪里。最后我方提出赔偿间接经济损失费7000万日元。

日方代表听了这个数字后，惊得目瞪口呆，半天说不出话来，连连说："差额太大，差额太大！"于是，开始无休止地讨价、还价。

"贵厂提的索赔额过高，若不压半，我们会被解雇的。我们是有妻儿老小的……"日方代表哀求着。

"贵公司生产如此低劣的产品，给我方造成多么大的经济损失啊！"我方首先严厉谴责，继而又安慰道："我们不愿为难诸位代表。如果你们做不了主，请贵方决策人来与我们谈判。"

因双方各不相让，只好暂时休会。

即日，日方代表拨通了日本S公司总部的电话，与公司决策人密谈了数小时。

谈判再一次开始。先是一阵激烈鏖战，继而双方一语不发，室内气氛沉闷。

最后我方代表打破僵局："如果贵公司有谈判的诚意，彼此均可适当让步。"

"我公司愿付4000万日元，这是最高的突破数了。"

"我们希望贵公司最低限度必须支付6000万日元。"

虽然谈判出现了新的转机，但差额毕竟是2000万日元。几经周折后，达成了双方都能接受的方案：中日双方最后的各报金额相加，除以二，为5000万日元。

同时，日方愿意承担下列三项责任：

——确认出售到中国某制药企业的全部制药设备为不合格品，同意全部退货，更换新设备。

——新设备必须重新设计实验，精工细作和制造优良，并请中方专家试验和考察。

——在新设备未到之前，对旧设备进行紧急加固后继续使用，日方提供加固件和加固工具等。

一场罕见的索赔案终于公正地交涉成功了！

任务3 让步技能

一、具体任务

我国某医药设备公司预向国外订购一台专用设备。在谈判中，双方集中讨论了价格问题。一开始，医药设备公司的出价是10万美元，对方的报价是20万美元。

在第一轮报价之后，双方都预计最后的成交范围在14万～15万美元，同时双方也估计到，需要几个回合的讨价还价才能达成共识。医药设备公司有关人员讨论之后，提出了让步策略。最后双方以14万美元成交。

请代表谈判一方制订让步策略，并模拟谈判过程。

二、训练目标

1. 通过训练，使学生理解谈判中让步的必要性，掌握让步的方法与策略。
2. 通过训练，使学生学会运用让步的方法与策略。

三、训练内容和步骤

1. 5人一组，分组后明确角色，制订让步策略。

2. 模拟谈判过程。
3. 以小组为单位对谈判过程做出总结。
4. 教师点评。
5. 评选出最佳谈判人员。

四、考核标准

1. 让步策略恰当、科学，能促成谈判。(3 分)
2. 模拟谈判过程中能恰当运用让步策略，谈判效果好。(5 分)
3. 小组团结合作，集体意识强。(2 分)

五、必备知识

（一）让步的意义

谈判就是一个让步妥协的过程。让步是一方向另一方进行利益上的退让。谈判是因为分歧而产生的，而解决分歧最直接、最根本的办法就是让步。因此，让步是商务谈判的必然现象，有谈判就有让步。从某种程度上说，谈判的艺术就是让步的艺术，没有让步就没有谈判的成功。让步是谈判成功的“润滑剂”和“推进器”。让步本身就是一种策略，它体现了谈判人员用主动满足对方需要的方式来换取自己需要得到的满足的精神实质。在谈判桌上，不应该有无谓的让步，每一次让步都应该有实际的效果。理想的让步是互惠、双向的。如何把让步作为谈判中的一种基本技巧手段加以运用，是让步策略的基本意义。

在谈判中，我们向对方做出的每一种让步，对方的反应是不大相同的，而对方对让步的不同反应，又对让步的作用和效应有直接的影响。具体地说，我方的让步给对方的影响和反应有三种：

1. 对方重视的让步 在谈判中，某一项让步的效用如何，是否让对方感到满足，很大程度上取决于这一让步难易的程度。如果对方一开始就认为你在某一立场上态度很坚决，难以做出让步，那么其在经过艰苦的谈判之后获得让步时，会倍加珍惜这一成果，感到心满意足，甚至在其他方面，会做些松动和让步来回报你。

2. 对方不以为然的让步 在对方的要求和坚持下，你很轻易地就许诺了对方，做出让步，那你就犯了一个错误。对方对你的让步很不在意，认为它不值什么，因为他们得到太容易了。

3. 对方认为让步幅度不够大的让步 有时候，我方的让步处理不当时，会使对方认为，在我方的报价中，有很多水分和掺假因素，认为这一让步是必需的，但是还不够，只要他们再努力一下，态度和立场再强硬一点，我方还会做出新的、更大的让步。

很显然，我们都不愿意看到对方对我方的让步产生后两种反应，而使我方的让步毫无功效。那么，应该如何巧妙地做出有用的让步呢？

（二）让步的策略

1. 不轻易让步 一般而言，人们总是比较珍惜难以得到的东西，在商场上也是这样。对方不会欣赏很容易就得到的东西。所以，假如真想让对方满足、快乐，就让他们去努力争取每样得到的东西，我方不要轻易让步。除了不要轻易让步之外，还不要太快便提供给对方额外服务：如允诺快速的送货；由己方负责运费；照对方的规格要求提供有利的条件或价格等等。

在任何一种谈判中，双方做出让步，从某种意义上来说，已成为谈判双方为达成协议而必须承担的义务。但是一定要认识到，让步应该是循序渐进，步步为营的。要坚守每一个阵地，不轻易地让步，不做无谓的让步，不管是怎样的让步，是哪种形式的让步，都不要轻率地决定，要努力让每一次让步都是有效的、有回报的。

2. 互惠互利的适当让步 实际上，谈判双方的讨价还价，是希望达成一个于双方均有利的协议，我们不可能让谈判的最终结果，仅仅有利于我们；同样，要在谈判中，只让对方向我方做出让步，也不太可能，即便对方做出了让步，他们也希望对此有些补偿，或因此而获得我方更大的让步。我方即使不想让对方获得更大的好处，但是对对方做出的让步，也要有相应的表示。

适当的让步，有时不但会有互惠互利的结果产生，而且常常还会有意外的收获。做出正确的让步抉择后，更重要的是争取互利互惠的让步，这需要谈判者有开阔的思想和视野，除了本方某些必得的利益必须坚持外，不要太执著于某一个问题的让步。整个合同比合同中各个有关问题更重要，要分清利害关系。

3. 远利谋近惠 谈判者就像证券市场中的投资者，都是为了利润而投资，这种利润是指欲望的满足，不单是金钱的获得。在谈判中，我方的让步，其实是给对方一种满足。理论和实践证明，我们也可以通过给予对方期待的满足或未来的满足而避免现实的让步。

在谈判中，当对方要求我方在某一问题上做出让步时，我们可以通过强调保持与我方的业务关系，将能给对方带来长期利益，而本次交易对是否能够成功地建立和发展双方之间的这种长期业务关系是至关重要的。如果对方是个精明的人，是会取远利而舍近惠的。

4. 迫使对方让步 对于谈判人员而言，谈判者的利益可以分为三个部分：一是必须坚持的利益；二是应该维护的利益；三是可以放弃的利益。对于第一、第二部分，尤其是第一部分利益，在谈判中不是轻易可以解决的，需要经过激烈的讨价还价，才能迫使对方让步。应该如何做呢？

（1）分化对手，重点突破 进行一定阶段谈判后，谈判双方都逐渐地了解了彼此的交易条件和立场。我们的工作应该是，把对方持有利于我方意见的人员作为重点，以各种方式给予支持和鼓励，比如对他态度特别友善，对其意见持肯定态度，有不能接受的意见，也以温和、委婉的方式加以说明和解释。

（2）争取更进一步优惠 大部分人耐性都不很强，不愿把太多的精力和时间花在一件事情上。对讨价还价者而言也是一样，他们总是比较急于达成交易，尤其在双方对主要问题已取得一致，根本利益已获满足时更是如此。如果这时再向对方提一些不太大的、不涉及根本利益的要求，对方会因为不愿花太多的时间讨论这个小问题，而是急于结束这笔交易，去做别的事情。因此，对方会很快让步。

（3）竞争　再没有什么武器比制造和利用竞争来迫使对方让步更有效了。在谈判一方存在竞争对手的时候，其谈判实力会大大削弱，处于劣势。高明的谈判人员在谈判中就会暗示竞争对手的存在，而取得对方的让步。

（4）示弱　一般情况下，人们总会同情和怜悯弱者，不愿落井下石，置之于死地。因此，比较容易答应弱者的要求。

（5）以招制招　在对方就某个问题提出要求我方让步时，可以将这个问题与另一个问题联系起来，也要求对方在另一个问题上让步。比如，对方要求降价，你可以要求对方承担一部分运费，或延长付款日期等等。如果对方提出的要求，损害了我方的根本利益，或者对方的要求根本就是无理的，我方可以提出一个对方无法答应的要求做出回应，让对方清楚其做法我方是有预料的，没有丝毫让步的余地。

（三）让步的技巧

在商务谈判中，让步是经常发生的，但是在谈判让步的前前后后，必须注意让步的技巧，不能无意识地让，也不能乱让步。

1. 让步幅度　在购买家具的时候，经常会遇到这种情况，对方出价 1 万元，然后让步到 9 千元，再 8500 元，再 8200 元，其中让步的幅度是 1 千元，500 元，300 元。可以看出，让步幅度是递减的，越来越小的。这样给购买者造成的感觉是：让步越来越难了，越来越接近底线了。

要做到让步幅度递减，第一次让步幅度不能太小，比如准备让 1000 元，第一步让 500 元较为合适。这样后面的让步才可能越来越小。

2. 让步时间　让步时间应该是越来越慢的，速度太快，别人会认为让步很容易，所以可能会增加期待，进而提高要求。比如在开拓渠道系统的时候，对方问 10000 元进场费行不行。你即使当时觉得可以，也不能马上答应，应该说："我考虑一下再说吧，最好是 8000 元。"要等到第二天才告知，表明你是花了较长时间考虑才答应的，是底线。有可能你还没有打电话给对方，对方已经打电话给你了："好吧，接受你的 8000 元。"

时间是谈判中重要的因素，是每一个谈判者必须要把控的，必须有意识地运用，能够灵活处理。

3. 让步次数　谈判专家刘必荣老师曾经举过一个案例：你一次性让 20 万，与让 10 次 2 万元，给人的感觉是不同的。

你撑到最后，让了 20 万元，对方认为：这 20 万元使他让步已经很困难了，价格就这么决定吧。所以，让步的次数，一般不要超过 3 次，让过 5 次就太多了。

4. 让步底线　在谈判中，能守住底线吗？这个问题，在谈判前扪心自问，谈判中实时监控，谈判后要回顾检查。

如果已经到达自身底线了，以下几种方法可以帮我们梳理大脑，不至于乱中出错：①去谈判室外面，冷静一下大脑，明确自己的底线。②利用自己的表情、动作，表明已经到达底线了。③假装接一个很重要的电话，利用第三者锁住自己的价格。

六、同步训练

买方：您这种机器要价750元一台，我们刚才看到同样的机器标价为680元，您对此有话说吗？

卖方：如果您诚心买的话，680元可以成交。

买方：如果我是批量购买，一次买35台，难道您也要一视同仁吗？

卖方：不会的，我们每台给予60元的折扣。

买方：我们现在资金紧张，是不是可以先买20台，3个月后再买15台？

（卖方犹豫了一会，因为只买20台折扣是不会这么高的，但他想到最近几个星期不太理想的销售状况，还是答应了）。

买方：那么您的意思是以620元的价格卖给我们20台机器？

（卖方点点头）。

买方：干吗要620元呢？凑个整儿，600元一台，计算起来也省事，干脆利落，我们马上成交。

（卖方想反驳，但是“成交”二字对他颇有吸引力，他还是答应了）。

买方的策略生效了，他把价格从750元一直压到600元，压低了20%。

问题：

1. 请评价案例中的迫使对方让步的策略。

2. 让步时应遵循哪些原则？

任务4 突破僵局的技巧

一、具体任务

我市某药厂生产的“清毒解热”制剂由于质量优良、疗效确切，深受患者好评，市场评价极高。近期因更换包装，在众多的包装供货商中，经过层层筛选，认为山东某合资包装公司比较满意。但在谈判中，因价格问题双方相持不下，谈判一度陷入僵局。

请模拟此次谈判。

要求：谈判中应适当运用突破僵局的技巧，最终实现谈判目的。

二、训练目标

通过训练，使学生了解谈判陷入僵局的原因，掌握突破僵局的技巧，学会利用僵局实现谈判目的。

三、训练内容和步骤

1. 5 ~6 人为一组，分组后明确角色，讨论、制订谈判策略。
2. 模拟谈判过程。
3. 以小组为单位对谈判过程做出总结。
4. 教师点评。

四、考核标准

1. 突破僵局的技巧运用得当，促成谈判。(6 分)
2. 谈判过程中语言流畅。(2 分)
3. 小组团结合作，集体意识强。(2 分)

五、必备知识

在商务谈判中经常会发生这样一种情况：谈判到一定阶段，双方都会有这么一种感觉，似乎已经退到不能再退的地步，谈判已无法进行下去了。这就是人们通常所说的谈判陷入僵局。

简单地讲，僵局之所以形成，不外乎谈判双方的期望或对某一问题的立场和观点相差甚远，各自又不愿再做进一步的让步。发生这种情况后，必须迅速做出反应与处置，否则就真的难以挽回了。谈判双方能够坐在一起，都是经过认真准备的，都是有合作诚意的。双方从各自所寻求的利益出发，都希望突破僵局，使现存的分歧、差距得以消除。

突破僵局，首先要了解僵局的性质和产生的原因，看看究竟在哪个问题上双方出现了不可消除的分歧，其原因是否就像表象所反映的那样；在其背后有没有蕴藏着共同的利益；这种对峙只是暂时的碰撞，还是到了无可挽回的程度。只有对局面有通盘的掌握，并做出正确的判断，才能进一步采取相应策略，选择有效方案，重新回到谈判桌前，解决令双方困扰的难题，为达成交易开辟道路。

（一）僵局产生的原因

1. 有意制造僵局 这是一种带有高度冒险性和危险性的谈判策略，即谈判的一方为了试探对方的决心和实力而有意给对方出难题，扰乱视听，甚至引起争吵，迫使对方放弃自己的谈判目标而向己方目标靠近，使谈判陷入僵局，其目的是使对方屈服，从而达成有利于己方的交易。

2. 立场争执 让我们看一个生活中的例子：图书馆里一片寂静，而邻座的两个读者却为了一件小事发生了争执。一个想打开临街的窗户让空气清新一些，使头脑清醒，提高读书的效率；一个要关窗不让外面的噪音进来，以保持室内安静，利于看书。二人争执半天，未能找到满意的解决办法。这时管理员走过来，询问过原因后，想了一会儿，随之打开另一侧面对花园的窗户，既让空气得到流通，又避免了噪音干扰，同时满足了双方的要求。

这是由立场性争执导致谈判僵局的典型例子，两位读者只是在开窗或关窗上坚持自己的主张，谁也不愿让步。在这种争执中，当一方越坚持，另一方也越会坚持自己的立场不变。这样真正的利益被这种表面的立场所掩盖，为了维护己方的面子，不愿做出让步，谈判自然陷入僵局。所以，纠缠于立场性争执是低效率的谈判方式，它撇开了双方各自的潜在利益，不容易达成明智的协议，而且由于久争不下，还会直接损害双方的感情，使谈判者为此付出巨大代价。然而在谈判中，立场性争执是谈判者较易犯的错误，由此造成的僵局也是常见的一种。

3. 沟通障碍 以商务谈判而言，有时谈判进行了很长时间却无进展，甚至陷入僵局。往往双方冷静回顾争论的各个方面，却发现彼此争论的根本不是一回事，此种谈判僵局就是由于沟通障碍引起的。

第一种沟通障碍：由于双方文化背景的差异，一方语言中的某些特别表述难以用另一种语言表述而造成误解。

第二种沟通障碍：一方虽已熟悉却未能理解另一方所提供的信息内容。这是因为接受信息者对信息的理解受其职业习惯、受教育的程度以及为某些领域内的专业知识所制约。有时表面上看来，接受信息者似乎已经完全理解了，但实际上这种理解却常常是主观、片面的，甚至往往与信息内容的实质情况完全相反。这种情况是有关沟通障碍案例中最常见的。

第三种沟通障碍：一方虽已理解却不愿接受这种理解。因为他是否能接受现实，往往受其心理因素的影响，包括对对方的态度、与对方以往打交道的经历，以及个人的偏见或成见等。

沟通障碍还可能因表达者本身的表达能力有限导致。在不少国际商务谈判中，由于翻译人员介于其中，双方所有的信息在传递过程中都要被转换一次，这种转换必然要受到翻译人员的语言水平、专业知识、理解能力以及表达能力等因素的影响。

4. 人员素质 俗话说："事在人为。"谈判人员素质始终是谈判能否成功的重要因素，尤其是当双方合作的客观条件良好、共同利益较一致时，谈判人员素质高低往往起决定性的作用。谈判人员的无知、好自我表现、怕担责任、语言表达不清、不守信用等是造成谈判僵局的重要原因。

5. 强迫手段 强迫，对于谈判来说是具有破坏性的，因为强迫意味着不平等、不合理，意味着恃强欺弱。这是与谈判的平等原则相悖的。

6. 环境的改变 当谈判的外部环境，如价格、通货膨胀等因素发生变化时，谈判的一方不愿按原来的承诺签约，也会导致僵局的产生。

7. 谈判双方用语不当 谈判双方因用语不当，造成感情上的强烈刺激，双方都感到自尊受到伤害，因而不做丝毫的让步，谈判便会陷入僵局。

（二）谈判僵局的利用

1. 改变已有的谈判形势，提高自己在谈判中的地位 这是那些处于不利地位的谈判者利用僵局的动机。由于谈判各方实力对比的差异，弱者在整个谈判过程中处于不利地位，没有力量与对方抗衡，为了提高自己的谈判地位，便采用制造僵局来拖延谈判时间，以便利用时间来达到自己的目标。

2. 争取有利的谈判条件 这是那些处于平等地位的谈判者利用僵局的动机。有些谈判要求，仅在势均力敌的情况下是无法达到的，为了取得更有利的谈判条件，谈判者便谋求制造僵局的办法来提高自己的地位，使对方在僵局的压力下不断降低其期望值。当己方的地位提高和对方的期望值降低后，再采用折中方式结束谈判，使己方得到更有利的条件。

（三）突破僵局的技巧

要突破僵局，除了要了解僵局产生的原因之外，还要了解僵局的具体内容和原因，要搞清楚谈判双方是在哪些环节上产生了分歧，是价格问题，还是责任分担问题，或是合同条款的问题，等等。因此，必须正确认识、慎重对待、认真处理这一问题，掌握调解冲突和僵局的策略与技巧，从而更好地争取主动，为谈判协议的签订铺平道路。

1. 语言鼓励 当谈判出现僵局时，可以用话语鼓励对方："看，许多问题已解决了，现在就剩这一点了，如果不一并解决，那不是太可惜了吗？"这种看似极普通的语言，实际上却有极强的亲和力，可鼓励对方，发挥很大的作用。

2. 劝导法 在实际谈判中，谈判人员往往把更多的注意力集中在各自所持的立场上，当双方的立场出现矛盾或对立时，僵局就不可避免了。有趣的是，当双方处于僵持状态时，谈判者似乎并不愿再去考虑双方潜在的利益到底是什么，而是一味地希望通过坚持自己的立场来赢得谈判。这种谈判方式偏离了谈判出发点，其结果只会加剧僵持的局面。若重新将精力集中于立场背后的利益，就可能给谈判带来新希望。此时可采用劝导法，如让双方从各自利益和长远利益的结合上看问题，使双方都认识到：如果只追求各自利益，可能都失去长远利益，这对双方都是不利的，只有双方都做出让步，以协调双方的关系，才能保证双方利益都得到实现。劝导法可以使双方采取合作的态度共同打破僵局。

3. 角色换位 所谓角色换位，就是从对方的角度来观察问题。这是谈判双方实现有效沟通的重要方式，当多一些从对方的角度来思考问题，或设法引导对方站到我方的立场上来思考问题，就能多一些彼此的理解。这对消除误解与分歧，找到更多的共同点，构筑双方都能接受的方案，有积极的推动作用。如果善于用对方思考问题的方式进行分析，会获得更多突破僵局的思路。有时这种换位思考是很有效的，一方面可以使自己保持心平气和，可以在谈判中以通情达理的口吻表达观点；另一方面可以从对方的角度提出解决僵局的方案，这些方案有时确实是对方所忽视的，所以一旦提出，很容易为对方所接受，使谈判顺利地进行下去。

4. 休会策略 休会策略是谈判人员为控制、调节谈判进程，缓和谈判气氛，打破谈判僵局而采用的一种基本策略。谈判中，如果各抒己见、互不妥协，往往会出现僵持严重以至谈判无法继续的局面。此时，如果继续进行谈判，双方的注意力还沉浸在刚才的紧张气氛中，结果往往是徒劳无益，有时甚至适得其反，导致以前的成果付诸东流。

因此，较好的做法是休会，双方可借休会时机冷静下来，仔细考虑争议的问题，也可召集各自谈判小组成员，集思广益，客观地分析形势、统一认识、商量对策。

休会一般先由一方提出，只有经双方同意，这种策略才能发挥作用。那么，如何取得对方同意呢？首先，提建议的一方应把握时机，看准对方态度的变化，讲清休会时间，若对方也有休会要求，很显然会一拍即合。其次，要清楚并委婉地讲清，让对方明白无误地知道。一般来说，参加谈判的人员都是有修养的，如东道主提出休会，客人出于礼貌，很少拒绝。

5. 调解人员的作用 商务谈判可以由第三方做中间人来帮助双方有效地消除谈判中的分歧。当谈判双方进入立场严重对峙、谁也不愿让步的状态时，找位中间人来帮助调解，有时能很快使双方立场出现松动。

常用的方法有两种——调解和仲裁。调解是请调解人员拿出一个新的方案让双方接受。由于该方案照顾了双方的利益，顾全了双方的面子，并且以旁观者的立场对方案进行分析，因而很容易被双方接受。但调解只是一种说服双方接受的方法，其结果没有必须认同的法律效力。当调解无效时可请求仲裁。仲裁的结果具有法律效力，谈判者必须执行。但当发现仲裁人有偏见时，应及时提出；必要时也可对其行为提起诉讼，以保护自己的利益不受损失。需要说明的是，由法院判决也是处理僵局的一种办法，但很少使用。因为一是法院判决拖延的时间太长，这对双方都是不利的；二是通过法院判决容易伤害双方的感情，不利于以后的交往。因此，除非不得已，谈判各方均不愿把僵局的问题提交法院审理。

6. 换人法 当谈判僵持的双方已产生对立情绪并不可调和时，可考虑更换谈判者，或者请地位较高的人出面协商谈判问题。

这种由于谈判人员的性格、年龄、知识水平、生活背景、民族习惯、随便许诺、随意践约、好表现自己、对专业问题缺乏认识等因素造成的僵局，虽经多方努力仍无效果时，可以征得双方同意，及时更换谈判人员，消除不和谐因素，缓和气氛，就可能轻而易举地打破僵局，保持与对方的友好合作关系。

7. 场外沟通 当谈判双方话不投机，出现横眉冷对的场面时，僵局已无法在场内打破，此时可以到场外寻找打破僵局的办法。如请对方人员参加己方组织的参观游览、运动娱乐、宴会舞会等，也可以到茶室、咖啡间等处休息、私下接触，双方可以进一步增进了解，清除彼此间的隔阂，增进友谊，也可以不拘形式地就僵持的问题继续交换意见，寓严肃的讨论于轻松活泼、融洽愉快的气氛之中。此时，彼此心情愉快，人也变得慷慨大方。

商务谈判僵局处理成功与否，从根本来说，要取决于谈判人员的经验、直觉、应变能力等综合素质。从这种意义上讲，僵局突破是谈判的科学性与艺术性结合的产物。在分析、研究及策略制订方面，谈判的科学成分大一些；而在具体运用上，谈判的艺术成分大一些。

六、典型实例

某制药厂与包装供货商就某新剂型包装进行谈判，谈判过程中因价格分歧，谈判进入僵局。

谈判休会期间，包装公司公关部组织制药厂代表到该厂联谊，联谊活动在轻松、愉快的气氛中进行。活动接近尾声时，制药厂代表应邀参观了包装公司生产线，该公司的大型数控生产设备及严格的质控给药厂代表留下很深的印象。包装公司代表特别向制药厂代表表示：诚信与质量是企业生存的根本，公司在国内亦是同行业的领头羊。药厂代表在和总部领导反复协商后，为保证新剂型打开市场开始阶段的顺畅，做出了让步，双方很快签订协议，圆满完成谈判任务。

七、同步训练

某药厂的两位代表与外商进行出口 X－1 产品的谈判。X－1 产品是我国临床用于糖尿病治疗的拳头产品，它性能优良，质量可靠，深受广大糖尿病患者的信任，许多经销商包括外商纷纷前来洽谈订货。在这种情况下，药厂谈判代表决定：凭借产品的优势，见机行事，为国家多创外汇。谈判一开始，药厂代表邀请外商报价。外商一见我方让他们报价，心中暗喜，认为我方对市场行情了解不够，可以乘机以低价购进优质产品。

于是，外商报了一个远低于市场价格的数字，企图蒙混过关。药厂代表听到外商的报价后，露出了失望的神态，说道："既然你方没有诚意合作，我看谈判没有必要再进行下去了，我们先行告退。"说完，站起来就要走。外商一听，心中感到不安，因为他们确实想进口我国的 X－1 产品，也深知刚才所报的价格确实有些不合理，唯恐交易不成，连忙站起来阻拦道："先生请留步，你们若觉得这个价格不合适，咱们还可以商量。""在这个价格基础上无法再谈下去，你们若有诚意，请先报出一个确实反映公平交易的价格来。"药厂代表说道。外商一听口气有所缓和，连忙又报出了一个价格。此次所报的价格已经接近国际市场上同类产品的价格。药厂代表听后，便又坐下来，说道："这个价格虽说已经接近国际市场的价格，但与我们的要求相比还有很大差距。""你们要价多少？"外商问道。"在此基础上至少再增加 20%。"药厂代表答道。外商一听也站起来说："简直不可思议！既然要价如此之高，你方何不去找其他买主呢？"说罢转身欲向外走。药厂代表笑了，说道："你们说得对，我们的价格确实比别人高，但你们知道这是为什么吗？""为什么？"外商停住脚步问道。"很简单，因为我们的产品不论在性能上还是在使用寿命上，都是其他同类产品的 2 倍，而且还有节约能源的优点，若不相信，我这里有详细的产品介绍，请先生们过目。"说着，拿出了资料递给对方。外商接过资料，不由得又坐了下来，仔细地看了起来。"我们公司一贯坚持公平、互利的原则。"我方代表继续说："从按质论价的角度看，我们产品的价格不是高了，而是低了，各位先生想来一定清楚这一点。所以说，我们产品的价格是十分优惠的，绝无虚价。"外商看了产品的介绍，又仔细权衡了利弊，决定购买产品。经过双方协商，最终按照药厂代表的报价成交。这不仅为我们赢得了外汇，而且树立了以理服人、机智、诚实的形象。

请分析我方谈判人员是如何利用僵局取得谈判胜利的。

模块五　药店营业员的基本销售技能

任务1　药品陈列

一、具体任务

在10分钟内根据药品分类摆放的原则，按药品作用用途，完成40种药品（常用药品或保健品）分区分类整齐陈列，放上标签，并根据需要放上标示牌。

具体要求：40种药品以适当的形式排列展示出来，在确保药品质量和安全的前提下，做到美观、醒目、别致，便于对药品的识别、取放、整理、检查、清点和存放；既要布置合法、合理，又能便于销售。

二、训练目标

1. 通过训练，使学生能够全面掌握药品陈列的要点。
2. 学生能依据药品陈列的法定原则和通用原则进行药品陈列。

三、训练内容和步骤

1. 对40种药品按作用用途等进行分类。
2. 将40种药品铺货上架，放上标签、标示牌。
3. 向全班同学讲解药品陈列的理由和依据。
4. 学生评价或点评。
5. 教师点评。

四、考核标准

1. 根据药品分类摆放的原则，按药品作用用途，在规定时间内，完成40种药品分区分类整齐陈列。（6分）
2. 在规定时间内，放上药品标签。（2分）
3. 在规定时间内，根据需要放上标示牌。（1分）
4. 讲解药品陈列的理由和依据时，语言流畅。（1分）

五、必备知识

（一）药品陈列的概念和功能

1. 药品陈列的概念 药店药品陈列是以药品为主题，利用各种药品固有的形状、色彩、性能，通过科学分类和艺术造型来突出重点、反映特色，以引起顾客的注意，提高顾客对药品的兴趣，增加记忆和信赖的程度，从而最大限度地引起顾客的购买欲望，最终达到提升销售的目的。

2. 药品陈列的功能

（1）科学合理的陈列可最大限度地激发顾客的购买欲望，同时又是便利顾客的重要手段，也是衡量服务质量高低的重要标志，是企业决胜于市场零售终端的有力保证。不良的陈列等于视觉上的缺货。优秀的陈列是无声的销售员。

（2）陈列可以塑造药店的形象。杂乱无章的陈列会使顾客对这家药店毫无兴趣；良好的陈列则会给顾客留下经营有方、认真待客的印象。

（3）陈列有体现药店主旨的作用，能集中反映药店的经营范围和特点，如果主柜台第一排陈列的全是保健品，顾客就会认为这是一家以保健品的销售为重点的药店。

（4）陈列有信息功能。量多、巧妙的陈列，可以传递给顾客更多的药品信息；井井有条、一目了然的陈列，可以提高顾客选购药品的主动性。这样会减少顾客询问、药店营业员回答的时间，从而缩短交易过程。

（5）陈列有美化效果。富有艺术性和感染力的陈列将大大增加顾客的视觉美，提高药店的素质与档次。

（6）陈列有选择机能，可以诱导顾客下决心选择或多购买店内的药品。

（7）陈列可以提高药店的竞争能力。药品陈列具有丰富的表现力和强大的吸引力，药店药品陈列得好，就能获得在经营上的有利地位。

（二）药品陈列的原则

1. 法定原则 GSP 明确规定了几大原则。药品经营单位要严格按照以下原则来管理药品：

（1）药品与非药品分开。

（2）处方药（Rx）与非处方药（OTC）分开。

（3）内服药与外用药分开。

（4）拆零药品要集中存放。

（5）危险品不能陈列。

（6）药品包装相近的或不同批号的要分开。

（7）特殊药品要单独存放。

2. 通用原则

（1）清洁原则 洁净是指店堂地面、货架、药品包装都要洁净。清洁卫生对商品的形象和吸引力是非常重要的，洁净的商品使顾客有赏心悦目的感觉，而不洁净的商品则让顾客产生陈旧、品质差、档次低的感觉。因此，门店一定要做好商品及货柜、货架的清理、清扫工作，及时更换卫生状况差的商品。保持产品外观清洁，及时更换损坏品、瑕疵品或到期品，如有滞销品，应想办法处理，不能任其蒙尘而有损品牌形象。总之，要保证陈列药品以最好的面貌（整齐、清洁、新鲜）出现在顾客面前，以维护品牌形象，刺激顾客的购买欲望。

（2）可获利原则　陈列必须确实有助于增加店面的销售；努力争取将店铺最好的陈列位置用于主推产品的销售。对于高利润产品或主推品种，要根据药品的大小、包装情况，摆放在顾客流动量最大、最先见到的位置上，使顾客第一眼能看到该产品。顾客看不到的药品，就不会考虑购买，除非是顾客指名要购买这种药品。因此，主营药品理所应当放在最显眼的位置，以吸引顾客的目光。主营产品及畅销新产品必须占所有陈列空间70%的面积，每个类型的产品要连续4盒以上并排摆放，才能取得较好的视觉效果。

（3）满陈列原则　满陈列就是将卖场的商品在货架上陈列丰满些，要有量感。这种陈列产生“数大就是美”的视觉美感及“便宜”、“丰富”等，从而刺激顾客的购买欲望。

适合于满陈列原则的药品具体来说有特价药品或具有价格优势的药品、新上市的药品、广告媒介大量宣传的药品。对于采用这种陈列方式的药品，在卖场药品数量不足时，可在适当位置用空的包装盒做文章，设法使陈列量显得丰富。

（4）易见易取原则　易见易取是把不同类别的商品陈列在顾客容易看到、拿到的位置，这样便于顾客挑选商品。其要点为：商品正面面向顾客，不被其他商品挡住视线；货架最底层不易拿到的商品要倾斜陈列或前进陈列；货架最上层不宜陈列得过高，不易陈列太重、易碎的商品；整箱商品不要上货架，中包装商品上架前须全打码上架，否则不能上架，对卖场主推的新品和DM单上宣传的商品突出陈列，陈列在端架、堆头或黄金位置，让顾客容易看到商品，从而起到很好的陈列效果。陈列的商品要使顾客容易看见，遵循前低后高的原则。陈列器具、装饰品以及商品POP不要影响店内购物顾客的视线，也不要影响店内照明光线。

顾客在自然站立时，伸手可及的范围，从地板开始60～180cm的范围，这个空间就为有效陈列范围。因此，在此空间陈列重点商品是增加销售额的秘诀。反之，60cm以下、180cm以上，是顾客难以接触的空间，大多进行非重点商品的陈列。上述有效陈列范围中，最容易接触的范围是80～120cm的空间，称为黄金带。这个部分用来陈列畅销商品或重点商品、季节商品，对准增加销售的目标，在黄金带的上下，一般则用来陈列准重点商品或一般商品。

药店里的柜台多为90～100cm高，用两片玻璃隔板隔成三段，这种柜台比较适宜采用排队陈列或堆码陈列的分类、组合方式。陈列时要将药品整理洁净，商标、图案要面向顾客一面。对每个单元的艺术处理，都要注意做到局部和整体的统一，辅助的道具要精巧别致，陈列时最好用较好的丝织物加以衬托，以表现出药品的质量一流。

（5）先进先出原则　商品都有有效期和保质期，必须保证在有效期和保质期内提前卖完这些商品。因为顾客总是购买货架前面的商品，如果不按先进先出的原则来进行商品的补充陈列，那么陈列在后排的商品就永远卖不出去，所以每次将上架商品放在原有商品的后排或把近效期商品放在前排便于销售。

(6) 关联性原则　药品仓储式超市的陈列，尤其是自选区（OTC 和非药品区）非常强调商品之间的关联性。如感冒药区常和清热解毒消炎药相邻或止咳药相邻，皮肤科用药和皮肤外科用药相邻，妇科药和儿科药相邻，维生素类和钙制剂类放在一起等。在顾客消费时产生连带性，其目的是使顾客购买商品 A 后，也顺便购买陈列在旁边的商品 B 或者商品 C。这样不仅增加了销售量，也方便了顾客购物。

(7) 同一品牌垂直陈列原则　垂直陈列与横式陈列相对而言，是指将同一品牌的商品沿上下垂直方向陈列在货架的不同高度的层位上。其优点为：顾客在挑选商品时的视线往往上下移动较横向移动方便，所以垂直陈列可满足顾客的方便性，又能满足商品的促销效果。货架的不同层次对商品的销售影响很大，垂直陈列可使各商品平等享受到货架不同的层次，不至于某商品占据好的层次而销量很好，而其他商品在比较差的层次销量很差。

(8) 主辅结合陈列原则　药店商品种类很多，根据周转率和毛利率的高低可以划分为以下四种商品：①高周转率、高毛利的商品，这是主力产品，需要在卖场中很显眼的位置进行量感陈列。②高周转率、低毛利的商品，如感康、白加黑等。③低周转率、高毛利商品。④低周转率、低毛利的商品，这类商品将被淘汰。主辅陈列主要是用高周转率的商品带动低周转率的商品的销售。例如将感康、复方氨酚烷胺片陈列在一起，二者同属于感冒药，只是制造商不一样，感康品牌好，顾客购买频率高，属于高周转率商品，但这类商品毛利非常低，所以要引进一些同类商品增加卖场销售额。将复方氨酚烷胺片等同类药品与感康相邻陈列，且陈列面大于感康，不仅使店员推销时有主力方向，又可以增加毛利。

(9) 足够照明原则　足够照明原则是指在卖场要有充足的照明，尤其在需要着重强调药品的优良品质特色时，为了显示药品的高级性，对陈列量极少的品种，如贵重药品，主要通过陈列用具、光、色的结合，配合各种装饰品或背景来突出药品的个性特色。

（三）药品陈列技巧

1. 陈列点　陈列点又称为陈列位，即陈列的位置，只有将药品以适当的形式（考虑数量、价格、空间、组合方式）陈列在适当位置，才能最大限度地提高销量，提升品牌。

以下位置为较好的陈列点：店员习惯停留位置。在店员背后的背架视线与肩膀之间的高度位置及其前方的柜台小腿以上的高度（第一层）位置为较好位置；顾客进入药店，第一眼看到的位置，即卖场正对门口位置；各个方向不阻挡顾客视线（主要为沿卖场顺、逆时针行走时视线）位置；光线充足的位置，在卖场内主要是正对卖场光源的位置；同类药品的中间位置；靠近柜台玻璃的药品、较远位置的药品容易受到注意；非处方药采用自选形式的，顾客较易拿取的位置为优势位置；著名品牌药品旁边位置；顾客经常经过的交通要道。

2. 陈列面　陈列面是指面向顾客的药品的单侧外包装面。销售额可随着陈列面的增大而增加这是个不争的事实。通过零售市场的调查表明，增加药品陈列面可以增加药品售出的机会。陈列面数分别为 2、3、4、5 倍时，则销售量相应增加 5%、30%、60%、100%。因为药品陈列面越大，看到药品的人越多，药品被购买的概率就越大。

3. 二次陈列 二次陈列是指不同柜台的陈列。以钙剂为例，如果仅仅将其陈列在维生素、矿物质类营养素补充剂的柜台上，对销售而言是远远不够的。因为大概只有 10%或 15%的顾客会为了买这种产品直接来这个柜台。但是，假如将钙剂分老人和儿童类别，分别放到糖尿病患者的柜台以及小儿柜台，就会容易促成未计划的临时消费。这些陈列就是所谓的二次陈列。

4. 堆头 又称地堆或堆垛，是商超常见的一种陈列式促销形式，其作用有两点：一是为了促进销量，二是为了展示形象。堆头的功能主要在于增加陈列面，吸引顾客注意，一般都伴有特价促销活动。堆头可以最大限度地展示促销活动内容和促销赠品。有时是一个品牌产品单独陈列，有时会是几个品牌的组合堆头。堆头大陈列的诉求有价格诉求、季节性诉求、活动或节庆的诉求、新上市的诉求和媒体大量宣传。药品一般都是放在花车上，或箱式产品直接堆码在地上。

5. 主题陈列 主题陈列是在陈列时围绕一个主题来布置。其陈列常分为节日陈列（以节日为主题）、事件陈列（促销、特价、厂家活动）、场景陈列（诱发顾客购买行为，吸引过往人群的注意力）。

6. 端头陈列 所谓端头是指双面的中央陈列架的两头。端头是顾客流量最大，往返频率最高的地方，一般用来陈列要推荐给顾客的新商品或利润高的商品。从顾客视角上说，可从三个方面看到陈列在这一位置的商品，因此端头是商品陈列极佳的黄金地段，是卖场中最能吸引顾客的位置。目前国内许多药店使用的中央陈列架是半圆形端头，这等于白白浪费了黄金陈列空间。发挥端头的商品陈列优势，可将半圆形的端头去掉，放上一个单面货架，就可进行端头陈列了。

7. 悬挂陈列 悬挂陈列是指将商品展开悬挂，能使顾客从不同角度直接看到商品全貌或触摸到商品的方法。如今许多 OTC 药品或保健品已有便于悬挂的包装上市，因此，可以利用悬挂陈列。悬挂陈列能使无立体感、不正规的商品产生很好的立体感效果，并且能增添卖场的陈列方法。

8. 死面陈列 死面陈列是指将生活中的必需商品、常用药品、品牌产品，陈列在商品各个死面（角），使顾客必须走遍全部卖场，提高全部商品的销售机遇。

9. 岛式陈列 在商场的入口处、商场中部或者底部不设置中央陈列架，而配置特殊陈列用的展台，这样的陈列方法叫做岛式陈列法。常见的岛式陈列法的用具有直径较大的网状货筐、冰柜和平台。岛式陈列可以使顾客从四个方面观看到，在超市内效果非常好。岛式陈列的商品应该是颜色鲜艳、包装精美的商品。在摆放整齐的岛式陈列中，适当地拿走几样产品保留陈列面缺口，就可以让顾客产生从众的心理，从而达到销售的目的。

10. 空盒陈列 空盒的立体展示，可以用透明胶将空盒黏连成不同的形状，如彩虹形、字母形，然后置于货端头，既不占货架的面积，又可以更加突出地吸引顾客注意，充分加大陈列面。但选择空盒展示所需的药品并不是随意的，而应该有针对性地选择一些热销品种。这种独特的陈列是一种巧妙而有效的产品推介方法，效果也比较明显。要注意的是，空盒和实物应放在一起或者两者的距离很近，很容易看到的地方。

六、同步训练

公司新门店装修结束，安排你完成铺货上架的任务。

要求全部店内商品以适当的形式排列展示出来，在确保药品质量和安全的前提下，做到美观、醒目、别致，便于对药品的识别、取放、整理、检查、清点和存放；既要布置合法、合理，又能便于销售。

任务2 药品保管养护

一、具体任务

对以下药品进行分类，并回答有关问题：

风寒感冒颗粒、川贝枇杷止咳糖浆、感冒通、阿司匹林、柴胡注射液、藿香正气水、皮康王、西瓜霜喷剂。

问题：在对上述药品进行保管养护时，避光措施有哪些？如何防湿降湿？如果天气炎热，如何降温？如果气温很低，如何防冻？

要求：每种药品应有完整的说明书。

二、训练目标

通过训练，使学生掌握不同性质药品的保管方法，包括药品的日常养护、重点养护品种的保管及养护方法、特殊药品的储存与保管等。

三、训练内容和步骤

1. 对药品进行分类。
2. 说出不同性质药品的保管与养护方法。
3. 学生评价或点评。
4. 教师总结。

四、考核标准

1. 对药品进行正确分类。(3 分)
2. 说出不同性质药品的保管与养护方法。(6 分)
3. 语言流畅。(1 分)

五、必备知识

（一）药品保管养护的概念和基本要求

1. 药品保管的概念　药品保管就是利用仓储场所和相关设施设备，对药品进行合理的保养、储存和管理，以保持药品质量，确保药品安全，方便药品的收发货、整理、清点、检查和养护。

2. 药品养护的概念　针对药品不同的性能、对储存条件的不同要求和实际质量状况采取相应的保养和护理措施，以确保药品质量符合国家标准。

3. 药品库房应当配备的设施设备　按照 GSP 的规定，药品库房应当配备以下设施设备：

（1）药品与地面之间有效隔离的设备。

（2）避光、通风、防潮、防虫、防鼠等设备。

（3）有效调控温湿度及室内外空气交换的设备。

（4）自动监测、记录库房温湿度的设备。

（5）符合储存作业要求的照明设备。

（6）用于零货拣选、拼箱发货操作及复核的作业区域和设备。

（7）包装物料的存放场所。

（8）验收、发货、退货的专用场所。

（9）不合格药品专用存放场所。

（10）经营特殊管理的药品有符合国家规定的储存设施。

（11）经营中药材、中药饮片的，应当有专用的库房和养护工作场所，直接收购地产中药材的，应当设置中药样品室（柜）。

（12）经营冷藏、冷冻药品的，应当配备以下设施设备：与其经营规模和品种相适应的冷库，经营疫苗的应当配备两个以上独立冷库；用于冷库温度自动监测、显示、记录、调控、报警的设备；冷库制冷设备的备用发电机组或者双回路供电系统；对有特殊低温要求的药品，应当配备符合其储存要求的设施设备；冷藏车及车载冷藏箱或者保温箱等设备。

4. 药品储存要求　企业应当根据药品的质量特性对药品进行合理储存，并符合以下要求：

（1）按包装标示的温度要求储存药品，包装上没有标示具体温度的，按照《中国药典》规定的贮藏要求进行储存。《中国药典》2010 年版贮藏项下的规定，系为避免污染和降解而对药品贮存与保管的基本要求，以下名词术语表示：①遮光，系指用不透光的容器包装，例如棕色容器或黑纸包裹的无色透明、半透明容器。②密闭，系指将容器密闭，以防止尘土及异物进入。③密封，系指将容器密封以防止风化、吸潮、挥发或异物进入。④熔封或严封，系指将容器熔封或用适宜的材料严封，以防止空气与水分的进入并防止污染。⑤阴凉处，系指不超过 20℃。⑥凉暗处，系指避光并不超过 20℃。

⑦冷处，系指2℃～10℃。⑧常温，系指10℃～30℃，除另有规定外，贮藏项下未规定贮藏温度的一般系指常温。

（2）储存药品相对湿度为35%～75%。

（3）在人工作业的库房储存药品，按质量状态实行色标管理：合格药品为绿色，不合格药品为红色，待确定药品为黄色。

（4）储存药品应当按照要求采取避光、遮光、通风、防潮、防虫、防鼠等措施。

（5）搬运和堆码药品应当严格按照外包装标示要求规范操作，堆码高度符合包装图示要求，避免损坏药品包装。

（6）药品按批号堆码，不同批号的药品不得混垛，垛间距不小于5cm，与库房内墙、顶、温度调控设备及管道等设施间距不小于30cm，与地面间距不小于10cm。

（7）药品与非药品、外用药与其他药品分开存放，中药材和中药饮片分库存放。

（8）特殊管理的药品应当按照国家有关规定储存。

（9）拆除外包装的零货药品应当集中存放。

（10）储存药品的货架、托盘等设施设备应当保持清洁，无破损和杂物堆放。

（11）未经批准的人员不得进入储存作业区，储存作业区内的人员不得有影响药品质量和安全的行为。

（12）药品储存作业区内不得存放与储存管理无关的物品。

5. 药品养护人员要求 养护人员应当根据库房条件、外部环境、药品质量特性等对药品进行养护。具体为：

（1）指导和督促储存人员对药品进行合理储存与作业。

（2）检查并改善储存条件、防护措施、卫生环境。

（3）对库房温湿度进行有效监测、调控。

（4）按照养护计划对库存药品的外观、包装等质量状况进行检查，并建立养护记录；对储存条件有特殊要求的或者有效期较短的品种应当进行重点养护。

（5）发现有问题的药品应当及时在计算机系统中锁定和记录，并通知质量管理部门处理。

（6）对中药材和中药饮片应当按其特性采取有效方法进行养护并记录，所采取的养护方法不得对药品造成污染。

（7）定期汇总、分析养护信息。

（二）药品仓库的温湿度管理

温度和湿度是影响药品质量的重要因素，温湿度管理不当常会促使药品发生分解、挥发、熔化、变形、冻结、沉淀、潮解、风化、稀释、溶化、发酵、酸败、生霉、虫蛀等变化，以致变质失效，所以应该建立仓库温湿度管理制度，严格控制仓库的温湿度。这是防止药品变质的基本条件，是做好药品养护的关键。

1. 降温措施

（1）通风降温 空气是从压力大的地方向压力小的地方流动，气压差越大，空气流动就越快。通风就是利用库内外空气温度不同而形成的气压差，使库内外空气对流，达到调节库内外温湿度的目的。

（2）设备降温　阴凉库的降温措施主要是利用空调降温，调节至适宜温度，温度一般可控制在20℃以下，以适应需在阴凉处保存的药品的储存温度。冷库或冰箱这些冷冻设备多半是利用压缩式制冷机来制冷，可以随意调节至所需要的温度，并能自动控制，一般不需手动调节。

2. 保温防冻措施

（1）在没有暖气条件的地方，库房的保温措施主要是在仓库顶棚、门窗添设保温装置（通常采用夹层窗户，门上悬挂棉门帘），并经常使门窗关闭严密，库房四周的墙用夹壁墙，内以稻糠、锯木等隔热物质填充。

（2）在有暖气条件的地方，可在库内安装暖气片，密闭门窗，使库内保持适当温度。暖气库具有散热均匀、温度容易调节、清洁、无火灾危险等优点，但应使药品离供暖管道或散热器有不少于30cm的距离，并注意暖气管、暖气片有无漏水情况。

3. 干燥防潮措施

（1）通风降潮　就是利用空气自然流动的作用，促使库内外空气加快对流，以达到降潮的目的。其方法通常是打开门窗，使室外较干燥的空气进入室内，而室内的潮湿空气被排除到室外。自然通风必须是库外天气晴朗，空气干燥，才能采用，在梅雨季节或阴雨连绵、室外空气含湿量高时则不宜采用。凡天气晴朗时可以通风；在大雾、雨后初晴时不宜通风；也可根据库内外绝对湿度的大小，决定是否进行通风，当库外绝对湿度低于库内时，才可开启门窗进行通风；反之，则应紧闭门窗，不能通风。

（2）吸湿降潮　当库内外空气湿度都很高，以致不能利用通风降潮时，可以采用吸湿剂来吸收库内空气中多余的水分，以达到降湿的目的，保持室内恒定的相对湿度。常用的吸湿剂有：生石灰、氯化钙、硅胶、钙镁吸湿剂、活性炭、降湿机等。

4. 增湿措施　若库房内湿度过低，可采取以下方法增加湿度：①在库内地面上用喷壶洒水，拖地。②可采用压缩喷雾器装水喷雾或用加湿器产生蒸汽加湿。③在库房内设置盛水容器，贮满清水，使其自然蒸发；亦可采用挂湿纱布、挂湿麻袋、铺湿草垫等方法。

（三）药品有效期的管理方法

根据《药品管理法》第49条规定，超过有效期的药品按劣药论处。

GSP规定，企业应当采用计算机系统对库存药品的有效期进行自动跟踪和控制，采取近效期预警及超过有效期自动锁定等措施，防止过期药品销售。

1. 进货部门签订药品进货合同时，应对供应药品的生产时间提出具体要求；应签订药品销售不畅时给予退换货或过期失效后与货源单位协商解决的合同条款。

2. 近期失效药品确认无法在失效前形成不可逆销售的部分，应由进货部门在失效前与货源单位联系做退换货处理。已经过期失效的药品，进货部门应与货源单位联系按合同规定承担损失。

3. 验收员在对来货验收时，应根据进货合同中明确的药品生产时间的具体要求进行验收，不符合合同条款的应予以拒收。

4. 在库药品应按批号及有效期远近依次或分开堆码。近效期库存药品货位上应有近效期标志或标牌。

5. 药品的出库和销售应严格执行“先产先出”、“近期先出”、“近期先销”的原则，以免过期失效。

6. 一般情况，距有效期截止日期不足 6 个月的药品，为近效期药品。每月应打印“近效期药品报表”，内容应包括药品名称、规格、剂型、单位、库存数量、生产批号、有效期、生产企业、储存地点等，报告质量管理、仓储、销售和进货部门，销售部门应按“近效期药品报表”所列品种及时组织销售，并随时跟踪近效期药品在相关单位的使用情况，确认在药品失效前无法使用的药品，应及早帮助办理退换货；进货部门应及时与供货企业联系，在药品过期失效前做退换货处理；以免过期失效造成本企业经济损失。养护员对近效期药品做重点养护品种，应每月进行养护检查，并记录。

7. 药品有效期期满前未销售完和供货企业未做退换货处理而过期失效的库存药品，保管员应当天书面报告养护员，养护员在到期药品货位上悬挂红牌标记，填写“过期失效药品报告确认表”，经质量管理员确认后，移入不合格药品库（区）。

8. 药品零售企业销售近效期药品应当向顾客告知有效期。

（四）不合格药品管理

凡与药品法定质量标准以及法律、法规或部门规章不符的药品，均属不合格药品。包括：经生产企业或法定监督检验部门检验不符合法定质量标准或国家有关规定的药品；药品的包装、标签和说明书不符合有关法律、法规或部门规章规定的药品；过期失效、破损以及包装污染等其他不符合法律、法规规定的药品。

药品经营企业应及时发现并正确处理不合格药品，严禁不合格药品继续流通，确保人民群众用药安全有效。

GSP 规定，对质量可疑的药品应当立即采取停售措施，并在计算机系统中锁定，同时报告质量管理部门确认。对存在质量问题的药品应当采取以下措施：①存放于标志明显的专用场所，并有效隔离，不得销售。②怀疑为假药的，及时报告药品监督管理部门。③属于特殊管理的药品，按照国家有关规定处理。④不合格药品的处理过程应当有完整的手续和记录。⑤对不合格药品应当查明并分析原因，及时采取预防措施。

（五）重点养护品种的保管及养护

对于遇光易变质的品种应置于遮光容器内，在阴凉干燥的暗处存放，防止日光照射；对于受热易变质的品种和易挥发的品种，应密闭置于凉爽处或冷藏库内贮存；对于易风化的品种，不宜贮存于干燥处，以免失去结晶水，影响剂量的准确性；对于怕冻的品种，在低温下易变质的品种，以及容器易被冻裂的品种，应在0℃以上的仓库保存；对于易吸潮引湿的品种和易霉变虫蛀的品种，应在干燥的凉处保存，梅雨季节应采取措施。

养护组织对库存药品定期进行循环质量检查，一般品种每季检查一次，对于重点养护的品种应酌情增加检查次数，并认真填写“库存商品养护检查记录”。发现商品质量问题时，应挂黄牌暂停发货，同时填写“商品质量复检通知单”，转质管部门。质管部门一般在两个工作日内复检完毕，如不合格填写“商品停售通知单”，转仓库、业务等部门。

建立健全商品养护档案，内容包括“商品停售通知单”和养护记录、台账、检验报告书、查询函件、质量报表等。

六、同步训练

说出药品养护的原则和方法。

任务3 手绘POP广告的书写与应用

一、具体任务

国庆节来临之际，某医药零售连锁公司拟开展促销活动。假如你是一名营业员，请选择一种自己熟悉或感兴趣的药品，并为其制作POP广告。

要求：制作的POP广告应使用POP汉字字体、数字。

二、训练目标

1. 通过训练，初步掌握手绘POP广告的书写技巧、设计步骤。
2. 通过训练，认识手绘POP广告的常用工具。
3. 会进行简单的手绘POP广告的设计。

三、训练内容和步骤

1. 准备工具和材料，包括油性马克笔（6mm、12mm、20mm、30mm）套装，水性马克笔（3mm），铅笔，铜版纸若干，橡皮。
2. 4人一组并选出组长（最终评奖以小组为单位）。
3. 组织制作POP广告。
4. 小组成员每人提交作品，由组长带领组员选出一副参赛。
5. 评比产生优胜小组。
6. 教师点评。

四、考核标准

1. 小组同学全员参与，每个人都有作品。（2分）
2. 作品符合书写要求和书写技巧。（5分）

3. 作品新颖、美观，具有吸引力。(3 分)
4. 优胜小组的成员每人加 2 分。

五、必备知识

（一）POP 广告的概念和类型

1. POP 广告的概念 POP 广告是许多广告形式中的一种，是英文 point of purchase advertising 的缩写，意为“购买点广告”，简称 POP 广告。

POP 广告的概念有广义和狭义两种。广义的 POP 广告，指凡是在商业空间、购买场所、零售商店的周围、内部以及在商品陈设的地方所设置的广告物。如商店的牌匾、店面的装潢和橱窗，店外悬挂的充气广告、条幅，商店内部的装饰、陈设、招贴广告、服务指示，店内发放的广告刊物，进行的广告表演，以及广播、录像电子广告牌广告等。狭义的 POP 广告，仅指在购买场所和零售店内部设置的展销专柜以及在商品周围悬挂、摆放与陈设的可以促进商品销售的广告媒体。

2. POP 广告的类型 按照制作途径不同，POP 广告分为公司印制的 POP 和手绘 POP。

公司印制的 POP 一般包括挂旗和挂幅、窗贴、柜台陈列盒、海报、货架标签和标志、柜台展示卡等。

手绘 POP 是不借助任何机械设备，以亲手使用专用 POP 书写工具绘制出色彩鲜艳、图文并茂的、表达促销之意的 POP 广告媒体。这种广告以醒目的色彩搭配，灵活多变的版式布局，易认易读的字体，幽默夸张的插图，来向顾客宣传和传递商品的特色。

（二）手绘 POP 广告的特点

1. 节约成本、省时间 利用专用的 POP 笔材通过手工绘制完成，耗材少成本低，节约费用开支，制作快捷、省时，具有很强的机动性和灵活性。

2. 刺激顾客潜在购买欲望 利用手绘 POP 广告在现场展示，可以唤起顾客的潜在意识，重新记忆起商品，促成购买行动。

3. 可以代替售货员 手绘 POP 广告有“无声的售货员”和“最忠实的推销员”的美誉。在药店中，当顾客面对诸多商品而无从下手时，摆放在商品周围的一幅引人入胜的手绘 POP 广告，忠实地、不断地向顾客提供商品信息，以起到刺激顾客购买冲动的作用。

4. 富有亲和力和亲切感 手绘 POP 广告鲜明对比的色彩，灵活多变的造型，幽默夸张的图案，准确生动的语言，可以营造强烈的热销氛围，吸引顾客的视线，引领消费，促成购买冲动。

5. 提升企业形象 手绘 POP 广告同其他广告一样，在销售环境中可以起到树立和提升企业形象的作用，进而保持与顾客的良好关系。

（三）手绘 POP 广告的常用工具

1. 笔类 油性马克笔、水性马克笔、记号笔、油画棒、毛笔、水彩笔、油漆笔、铅笔等。

2. 纸类 最常使用铜版纸，也称印刷纸。门店可以利用印制海报的背面或者申请印有图标的空白海报。

3. 胶类 透明胶带、双面胶、泡沫胶、喷胶、胶水、固体胶等。

4. 辅助工具类 橡皮、尺子、补充液、圆规、卷尺、美工刀等。

（四）手绘 POP 广告的字体书写技巧

1. 握笔不宜过高，笔与纸张成45°。

2. 动手臂不动手腕：运笔以手肘来带动，运笔要稳，用力均匀，速度一致，确保笔画完整、流畅和平直。

3. 笔画交接渗入1/2 ~2/3，字体尽量在打好的字格里面满格扩充。

4. 正体字书写技巧：粗细要一致，横平竖又直，衔接要自然。

5. 活体字书写技巧：左高右又低，上宽下又窄，活泼又可爱。

6. 连角字书写技巧：直角变圆角，连接要变圆，其他都不变。

7. 细折字书写技巧：横折要变细，转折要圆滑，其他都不变。

8. 转角字书写技巧：横折变圆角，衔接要圆滑，自然又可爱。

9. 抻口字书写技巧：下方出现口，尽量要抻长，其他可缩小。

10. 数字书写技巧：注意圆角笔画的转折和衔接处要光滑圆润。

11. 组合数字书写技巧：注意数字紧密地靠在一起可以使其看起来整体感更强。

12. 英文字母书写技巧：注意圆角笔画的转折和衔接处要光滑圆润，同时注意英文的整体结构。

（五）手绘 POP 广告的设计

1. 手绘 POP 的设计步骤 手绘 POP 制作通常需要以下四个步骤：

（1）明确诉求点 明确绘制海报的目的是什么；明确海报传导的核心点是什么。

（2）确定广告词 根据诉求点编写广告词，提炼产品卖点，进行广告词优化加工。

（3）铅笔打草稿 用铅笔在 POP 纸上定出格局，并预留出充分的空间。

（4）创作、修饰 使用马克笔在 POP 纸上进行创作；增加适当的边框、图画进行装饰。

2. 手绘 POP 内容组成

（1）主标题 主标题是 POP 海报的重心，最能吸引顾客的目光，字体一定要清晰醒目，颜色鲜艳，字数不要过多（3 ~8 个字），让顾客在两秒内看完，最好能朗朗上口，使顾客有一定的印象，吸引其往下阅读。

（2）副标题 如果主标题不能充分说明 POP 内容，则需要副标题起补充说明的作用。特别是当主标题以情感引导和利益引导的时候，通常未能直接说明业务名称，这时候更需要副标题进行补充说明。

（3）说明文　说明文是将内容、目的进行说明的文案。它的书写有以下规范：①左右无字间，上下有行距。②陈述内容应该控制在三到四项。③最有吸引力的信息写在前面，促使顾客往下阅读。④字数控制在30字以内。⑤要求简单、易懂：如药店业务繁杂，简短说明文难阐释清楚，门店可采用“详情店内咨询”的说明方式招揽顾客进厅。⑥装饰：通过一些线框、文字、插图的装饰，能让海报更具有整体感、生动，并达到使顾客过目不忘的效果。

六、同步训练

请按POP广告的书写技巧和要求，分别写10个正体字、活体字、连角字、细折字、转角字、抻口字、组合数字、英文字母。

任务4　进店顾客沟通

一、具体任务

A顾客：不知道甲产品好不好呢，看起来价格很实惠。

B顾客：应该是乙产品好一些，我们公司的同事都说其效果不错。

但店员小王在一旁极力推荐丙产品：“我们店内丙产品卖得最好了，甲和乙虽然广告比较多，但效果却不如丙，买东西不能光看广告……”

顾客B打断小王的话：“让我们再看看别的。”说完，拉着顾客A出门了。

店员小王的做法适当吗？请设计你认为可行的成功的情景对话，并模拟实施。

二、训练目标

1. 通过训练，初步掌握与顾客沟通的基本礼仪和方法技巧。
2. 会与顾客进行恰当、有效的沟通，促成交易。

三、训练内容和步骤

1. 4人一组，共同讨论店员小王的做法正确与否，并设计可行的成功的情景对话。
2. 小组派1名代表宣讲小组讨论结果。
3. 小组派2名代表模拟可行的情景对话。
4. 评比产生优胜小组。
5. 教师总结。

四、考核标准

1. 对小王的做法评价正确。(2分)

2. 设计可行的成功的情景对话。(5 分)
3. 模拟表演到位、形象。(3 分)
4. 优胜小组的成员每人加 2 分。

五、必备知识

(一)与顾客沟通的基本礼仪

1. 仪表仪态 医药产品是防病治病、康复保健的特殊商品，其销售人员应具有与其相适应的仪容仪表。目前，对医药商品销售人员的基本要求是干净得体、端庄大方、神清气爽、朝气蓬勃。

上岗前应着企业统一的工作服，保持工作服的整洁，洗涤干净，熨烫平整，纽扣要齐全扣好，穿衣要得体，这是最基本的要求。在左胸前佩戴好胸卡。同时要注意鞋与服装的搭配，不能穿式样过于休闲甚至拖鞋上岗。

药店店员在为顾客服务过程中，取物、开具票据等都要表现出训练有素，不慌慌张张、手忙脚乱，动作幅度不宜过大并始终面带微笑，给顾客以大方、亲切、健康而朝气蓬勃之感。在顾客面前打哈欠、挖鼻孔等行为都应坚决禁止。

2. 站立服务 站立要自然大方，位置适当。姿势端正，双目平视，面带笑容，嘴微闭，肩平，收腹挺胸，两臂自然下垂，手指并拢自然微屈，中指压裤缝，两脚尖张开夹角呈 45°或 60°，身体重心落在两脚正中，给人以精神饱满的感觉。女店员两手交叉放在脐下，右手放在左手上，以保持随时可以提供服务的姿态。男店员站立时，双脚与肩同宽，左手握右手，背在腰部以下。不准双手叉在腰间、抱在胸前，站立时不背靠、旁倚或手扶他物。

3. 服务用语 店员在接待顾客中，主要靠语言与顾客交流，因此要求其谈吐的措辞、语调、表情能清晰准确、快慢适度、充满诚挚善意，富有感染力和说服力，做到微笑自然、语气和蔼、情绪饱满、精神集中、姿态与语境合适。

店员应该掌握门店日常用语，并做到语言亲切、语气诚恳、用语准确、简洁生动，否则会直接影响顾客对销售服务的满意程度。商业界对店员的日常服务用语进行过总结，并归纳为简洁的“十四字用语”，即“您、请、欢迎、对不起、谢谢、没关系、再见”。

药店店员在整个销售过程中应掌握并灵活应用以下短语：

您好！对不起，请您稍等，我马上过来。

您需要什么？请原谅，让您久等了。

请您这边看看。请别客气，这是我们应该做的。

我来帮您介绍好吗？请走好，祝您早日康复。

我能看一下您的处方吗？谢谢，请多提宝贵意见。

您还需要其他药品吗？请随便参观。

药店服务中最需注意的是不讲粗话、脏话，不讲讥讽挖苦的话，不讲催促埋怨的话，不讲与营业活动无关的话。店员在销售药品时应练好语言基本功，不断提高语言应用技巧，用语言为顾客营造一个和谐、文明、礼貌的购物环境。

药店服务忌语举例：

你买得起就买，买不起就别买！

到底要不要，想好了没有？

喊什么！等会儿！

没看见我正忙着吗！

着什么急！

交钱，快点！

不知道！

谁卖你的你找谁去！

你问我，我问谁！

没上班呢，等会儿再说。

要买快点，不买站边儿上去！

（二）与顾客沟通的方法技巧

药店店员在营业中会面对很多个性不同的顾客，如何对所有顾客进行随机处理，赢得顾客，完成销售呢？以下介绍接待顾客中的方法和技巧：

1. 研究心理，区别接待

（1）理智型顾客　这类顾客进店后对所要购买商品的产地、名称、规格等都说得比较完整，在购买前从价格、质量、包装等方面往往进行反复比较、仔细挑选。

要求：接待服务要有耐心，做到问不烦，拿不厌。

适用语言："不要紧。""再请您看看这个。"或"我给您拿出几种，多比较一下好吗？"

（2）习惯型顾客　这类顾客进店后直奔所要购买的商品，并能讲出其产地、名称、规格等，不买别的代替品。

要求：尊重顾客的消费习惯，千方百计满足顾客的要求，当顾客提问时，店员要立刻回答，并轻轻点头示意，马上拿过商品，双手递给顾客看。

适用语言："您想看看这个吗？需要什么，我给您拿。"

（3）经济型顾客　这类顾客一般有两种：一种是以价格低廉作为选购商品的前提条件，喜欢买便宜货，熟悉商品情况，进店后精挑细选。对这类顾客，要不厌其烦，直到让他们挑到满意的商品为止。另一种是专买高档商品，要让这类顾客相信货真价实。

要求：店员要懂商品的适应证（功能主治）、用法用量等，同样做到问不烦，拿不厌。

适用语言："请您仔细挑，别着急。"或"价格贵点，但效果很好！"

（4）冲动型顾客　这类顾客听到有新的商品，不问价格、不看用途，到店就买。

要求：接待动作要"快"，同时还要细心介绍商品的适应证（功能主治）、用法用量，提醒顾客注意考虑。

适用语言："需要什么品种我马上给您拿。"

(5) 活泼型顾客 这类顾客性情开朗，活泼好动，选购随和，接待比较容易。

要求：多介绍，耐心解释，当好参谋，指导消费。

适用语言："请您看看这种，我建议您买这种药品，因为比较适合您的症状。"

(6) 不定型（犹豫型）顾客 这类顾客进店后面对商品拿不定主意，挑了很久还下不了购买的决心。

要求：接待要多帮助，耐心介绍商品，当好顾客参谋，帮助他们选购商品，一般顾客还是相信店员的意见的。

适用语言："这种可以吗？价格低一点，效果又较好。"或"这种商品是某药厂生产的，它的特点是……"

2. 与顾客沟通中常见情况的处理

(1) 向顾客询问，得不到回答时 顾客不回答可能有这样几种原因：第一种是问话的声音小，顾客没听见；第二种是顾客没有拿定主意要买什么；第三种是顾客专心致志地注视某种商品。

要求：这时店员不应有不满或反感情绪，而是稍提高点声音，再次亲切地向顾客询问或者拿出几种商品，以商品向顾客问话。

适用语言："您想看看这个吗？"或者"我给您拿出几种看看好吗？"

(2) 向顾客询问，得不到礼貌回答时 一般来说，这种情况并不多见。

要求：这时店员应有高度的涵养，不计较顾客的语言态度，并对问题做具体分析，区别对待。如属于脾气暴躁、缺乏修养，说者无心的顾客，应给予谅解，并以文明礼貌的语言去感染他；对于有意要笑店员或无理取闹的人，要头脑冷静，不能反击，不能以不礼貌对待不礼貌。

适用语言："如果您对我们的服务工作感到不满的话，欢迎批评指出。"

(3) 顾客挑得仔细，而其他购物的顾客又多时 要求：店员可向正在挑选商品的顾客交代清楚，语言要柔和简练，让其慢慢挑选；再接待其他顾客，要眼观六路，耳听八方，抬头售货，全面照顾，做到接一、顾二、招呼三。

适用语言："您先挑选，不合适我再给您换。"或"别着急，慢慢挑。"

(4) 两位顾客争购同一样商品，而商品又只有一件时 要求：在无法拿出第二件商品的情况下，要努力消除顾客之间的矛盾，向顾客了解情况，按先急后缓，同时对未买到商品的顾客，耐心劝说并给予预约登记，货到通知顾客。或者帮忙介绍附近的药店，让顾客去问问。

适用语言："谢谢您的合作，货到后我一定立即通知您。""前面还有一家药店，您可以去那边问问看。"

(5) 顾客代他人购买，规格型号又讲不清时 要求：应仔细询问托买人的情况。

适用语言："请保留好发票，如不合意应保持原样以便退换。"

(6) 顾客选好商品，决定购买时 要求：这时店员应打印（或开具）销售票，并交给顾客。

适用语言："请您去收银台交款后回来取药。"当顾客交款后回来，应收回顾客手中的销售票据的存根联，随后把顾客挑选好的药品包装好后交给顾客。

适用语言："谢谢您，请您拿好了，慢走。"

(7) 顾客称呼店员不礼貌，用"喂"、"哎"等称呼时 一般来说有这样几种情况，一种是顾客急于要买到某种商品，匆忙来到柜台前这样称呼店员。

要求：店员要急顾客之所急，及时接待，快速成交，满足他们的要求。

另一种是少数顾客由于缺乏修养、礼貌，用这样习惯的口头语来称呼店员。

要求：不应计较顾客的态度和语言，而要以文明的态度、礼貌的语言去接待和影响顾客。

适用语言："您一定很着急吧！好，请问您需要什么？"

(8) 接待挑剔的顾客时 要求：店员主动热情介绍商品的适应证（功能主治），引导顾客拿主意，说话既要诚恳，又要有说服力。

适用语言："请您仔细看看说明书，不合适我再给您拿。"

(9) 与顾客发生矛盾时，其他店员如何做 要求：周围的店员首先应立足于缓和矛盾，主动上前替当事店员向顾客赔礼道歉，承担责任，如解决不了要及时请示领导解决。

适用语言："我们的服务工作中还有很多不周之处，欢迎您指导，帮助我们改进工作。"

(10) 与顾客发生了矛盾，顾客确实无理时 要求：坚持"服务第一，顾客至上，顾客总是对的"思想，店员首先要有一个高姿态。正确对待顾客，在坚持原则，讲清道理的前提下要宽以待人、感化顾客。

适用语言："没关系，您到这里来，就是我们的顾客。"

(11) 顾客对店员不打招呼，在橱窗玻璃等处乱敲时 要求：碰到这种顾客，店员不能发火训斥，而应以和蔼的态度、亲切的语言去感化他。

适用语言："请您稍等，我马上就来。"或"对不起，让您久等了。"

(12) 接待老年人买东西反应慢时 要求：对老年人要更加热情、耐心，顾客多时，首先接待老年人，帮助挑选，等确认需要时开具好销售票并交代清楚，包装好药品交给顾客。

适用语言："大娘/大爷，不要着急，请您慢慢挑，我再给您拿几种。""请您到收银台交款，注意安全，交款后到我这里来取药。"

(13) 接待残疾人顾客时 要求：首先抱有同情心，不能有丝毫讨厌、歧视的表情，应该特殊照顾，分外热情，帮助挑选，顾客多时首先接待。

适用语言："您到我们药店就像到自己家一样，不用客气，有什么不便只管说，我一定尽力。""请您慢走。"

(14) 顾客听完介绍，试完仍不买时 要求：可向顾客详细介绍关联商品或同类商品的特点、配套使用的好处，争取交易成功。若顾客听完介绍、试完商品后仍不买，店员不能有不满意表示，要做到买和不买一样热情。

适用语言：“欢迎您随时光临！”

(15) 男顾客嬉皮笑脸挑这挑那，对女店员纠缠不休时 要求：遇到这种情况男店员应主动上前接待，如果由女店员自己接待，必须严肃正经，既不随便，也不开口骂人，使对方无机可乘。平时，女店员要态度稳重，不可轻浮。

适用语言：“请您自重，这样做不合适，对您也没什么好处。”

(16) 多位顾客一起来买商品意见不统一时 要求：店员应掌握顾客心理，判断谁是买主，然后根据主要服务对象，当好参谋，要以满足购买者本人或决定购买者的要求为原则来调和矛盾，尽快成交，引导购买。主要应介绍这种商品的作用特点、适应证等。

适用语言：“我看这种不错，请您再好好看一下。”

(17) 店员在记账、整理或补充商品，顾客问话时 要求：应首先微笑点头示意，如无特殊原因，应立即停止手头的工作去接待顾客。如一时走不开也应先向顾客打招呼。

适用语言：“对不起，让您久等了，我马上就来。”

(18) 顾客挑选商品时间较长又不中意，但又不好意思离开时 要求：如遇到这种情况时，店员要注意观察顾客的心理，本着对顾客负责的态度，讲究职业道德。

适用语言：“没关系，请您再到别的药店去看看。”

六、典型实例

某天，店里来了位60岁左右的老伯，一进门就说要买钙尔奇。员工李某笑盈盈地说：“好的，我马上给您拿。”在取药的过程中，员工李某和老伯聊了起来，了解到老伯已经服用钙尔奇半年多，未曾试过其他补钙产品，而且他的目的只是为了保健。于是，李某从专业的角度为老伯讲解了补钙的知识，看着老伯在频频点头，李某便适时推荐了液体钙镁软胶囊，为其详细说明该种商品的特点和优点，并指出它的实惠之处。看到顾客有意购买时，李某进一步关心老伯的其他身体情况，在得知他易疲劳、抵抗力差的时候，推荐联合螺旋藻服用，最后成功交易。

七、同步训练

中午时分，一位20多岁的年轻男性慢步走入药店，在处方药柜台前边走边看，一会儿停下来看看柜台内的药品，一会儿又抬头像若有所思，员工张某走进他身边打招呼：“您好，请问有什么可以帮到您？”他也不答话，快步离开了处方柜。

接着他又来到非药品区，目不转睛地盯着营养素。员工张某见状，又走过来打招呼：“想买一些营养素吗？”话没说完，年轻男性扔下一句：“随便看看。”就离开了门店。

员工张某的做法有无欠妥之处？她应该怎么做？

任务5 店面销售服务

一、具体任务

设计场景，模拟从顾客进店到顾客离开的整个销售服务过程。

具体要求：模拟过程应包括选择时机、初步接触、药品展示和说明、把握需求要点、劝说、成交、包装、送客。

二、训练目标

1. 通过训练，初步掌握与顾客沟通的基本礼仪和方法技巧。
2. 会与顾客进行恰当、有效的沟通，促成交易。

三、训练内容和步骤

1. 4人一组，共同讨论，设计销售服务过程。
2. 小组模拟销售服务过程。
3. 评比产生优胜小组。
4. 教师总结。

四、考核标准

1. 模拟销售服务过程完整。(2分)
2. 销售服务的每个环节服务规范，技巧恰当。(6分)
3. 模拟表演到位、形象。(2分)
4. 优胜小组每人增加2分。

五、必备知识

销售服务从顾客到来开始，随着顾客的离去而结束。店员的工作就是在接待过程中为顾客提供服务，满足顾客的需求。一名优秀的药店店员首先要了解顾客购物时心理发展过程，针对性地进行接待，并提供服务，同时遵循营业服务的基本程序，循序渐进，熟练运用营业操作技术，这样必将给顾客带来满意的服务。

（一）顾客购物的心理过程

一个普通的顾客在一次完整的购买过程之中其心理活动一般经历如下八个阶段：

1. 注视阶段 药品最能打动顾客的时候是顾客将药拿在手中，仔细阅读说明书的时候。如果顾客想买药，他就会进入店内，请药店店员拿出对症的药品，仔细观看，阅读说明书。有些情况下，顾客路过药店时忽然想起应该买点常用药，也会进入药店看一看。

2. 兴趣阶段 顾客注视药品之后，其疗效说明会激发他对药品的兴趣，这时他会注意药品的其他方面，如使用方法、价格等等。

3. 联想阶段 一旦顾客对一种药品有所确定，他就不但想看一看它，而且会联想自己服用后疾病痊愈时的情形。

联想阶段在购买过程中起着举足轻重的作用，它直接关系到顾客是否要购买这种药品。在顾客选购时，药店店员一定要适度提高他的联想力。优秀的药店店员都懂得要在这个时候让顾客转移到充分认可药品的疗效中来，以丰富他的联想，促使他下定决心。

4. 欲望阶段 如果顾客对使用某种药品后的疗效有一个美妙的联想，他一定会产生购买这一药品的欲望。与此同时他又会产生疑问："有没有比这种更好的药呢?"

5. 比较阶段 购买欲产生之后，有关药品及其同类产品的各项指标如适应证、安全性、剂型、价格、服用是否方便等等都会进入他的脑海，顾客就会多方比较权衡。这时的顾客就表现出犹豫不决，这也是药店店员为顾客进行咨询的最佳时机了。

6. 信心阶段 在经过一番权衡之后，顾客就会决定"这种药应该还可以"，这时对药品就建立了信心。这一信心可能来源于三方面：①相信药店店员的诚意。②相信药品生产厂家及品牌。③相信某种惯用药品。

优秀的药店店员应该懂得从以上三个方面全面进攻，全方位地帮助顾客建立对药品的信心。

7. 行动阶段 决心下定之后，顾客一般会认定这种药品，并当场付清货款。这时药店店员应当迅速开具销售票，在等顾客付款的过程中包装好药品，不要耽误了顾客的时间。

8. 满足阶段 在完成购买药品过程之后，顾客一般都会有一种欣喜的感觉。这一感觉来源于两个方面：一是在购买药品中产生的满足感，包括享受到药店店员优质服务的喜悦；二是联想药品使用后产生的效果从而得到的一些满足感。这一感觉直接决定了顾客下一次还会不会光临本店。

如果在购得一种药品之后，顾客能够同时获得两种满足感，那他一定会成为该家药店的忠实顾客。

（二）进店顾客的基本类型和区别接待

顾客进店的目的一般有三种：随便看看、了解信息、购买。店员的任务是有针对性的服务。

1. 观赏者

（1）观赏者特点 此类顾客进入药店，暂无购买的意图，只是为了逛一逛，但也不排除有冲动购买行为的发生，或为以后购买做些准备。他们进店后神态悠闲、漫无目的、东看西看或犹豫徘徊、行为拘谨，面对这类顾客，店员应为他们营造一个自由观赏的气氛。

（2）接待方法 一般来讲，顾客进入药店，对店员有一种戒备心理，认为不买东西就不受欢迎，因此当他们还没有准备购买而仅仅处于对商品的观赏、了解阶段时，并

不希望店员过多地注意他们，他们害怕被店员步步紧逼。店员应充分了解这类顾客心理，做出相应的接待。具体操作时，可采用以下办法：店员可继续进行自己的工作，如继续接待某位顾客，即使没有其他顾客也可以找些事做，如擦擦柜台，仅在近处用眼角的余光关注一下这位观赏者。店员也可用眼神和微笑与顾客打一个招呼以示欢迎，然后做自己的事。也可以直接用语言表示："我们的品种很多，请您慢慢看，如果有什么需要，叫我一声。"

上述三种接待方式都可起到缓和顾客紧张情绪，达到让顾客满意观赏的目的。当观赏的顾客对柜台内某个商品特别感兴趣、表现出热情时，店员应及时接待，取出样品让顾客仔细观看，这可能是一次商机来了。

2. 了解信息者

（1）了解信息者的特点 此类顾客进入药店时，暂无明确购买目的，仅仅处于一个了解信息、了解行情的阶段，他们会注意观看标价签、询问价位，会提一些与药品以及药品质量有关的问题，甚至会直接提问："某药店的药品和你们的一样，价钱比你们便宜多了，这是什么原因?"

（2）接待方法 对于此类顾客，店员不要流露出不满的表情，且不要怠慢他们。一般来讲店员对这类顾客有一种戒备心理，讨厌到处打听消息而不购买，把本企业、本商场的价位视为一种秘密，不愿意轻易告诉顾客。

接待此类顾客时，店员首先应调整自己的心态，要明白这些追根问底的顾客是一种潜在顾客，与其让其他药店把他们争取走，还不如自己努力把他们争取到。明白了这一道理，店员就应该热情地接待这类顾客，耐心地向他们介绍一些医药专业知识，告诉顾客怎么比价格、比质量、讲明价格差异的原因，甚至可以宽容地鼓励他们多看看、多比比，觉得合适再回来，店员越宽容顾客就越感动，他们会感到你是专家，你是真诚的，没有隐瞒的，因此你是可信的。

在交谈过程中店员还可抓住时机，适当地向这类顾客推荐一些本店和本柜的具有特色的商品或一些新品种、畅销品、降价品，以吸引他们的注意，创造一次成交的机会。

3. 购买者

（1）购买者的特点 此类顾客进入药店的目的性很强，他们有可能已多次访问过其他药店或本店，最后返回本店，或者他们对心目中所要购买的品种、价位都已十分明确。他们进店后直奔柜台，主动提出购买要求，或对某一些药品表现出极大的热情，或围绕某种病症提出一些很具体的问题，这是一些真正的购买者。

（2）接待方法 面对这样的顾客，店员要及时做出反应，热情接待，展开针对性服务，认真介绍药品的用途，以保证成交的实现。

（三）擅用语言交流，引导顾客购买

店员每天都要利用语言这种交流工具与数以百计的顾客进行沟通，在语言交流中了解顾客，揣摩顾客购买心理，进而在语言交流中影响引导顾客，因此药店店员必须讲究语言表达艺术，提高接待顾客时服务用语的表达技巧。

1. 商业服务用语的基本形式 商业服务中常用的口头语言形式有三种：叙述、提问、劝说。

叙述：即用陈述句的语气对事物进行客观的描述和铺陈。当店员向顾客介绍商品特点时，常用叙述性语言。

提问：即用疑问引发顾客的注意，通过发问的形式了解顾客的需求、爱好及其他信息。

劝说：即用灵活的语言形式引发顾客的联想、欲望，从而使顾客接受店员的劝解、说服等。

2. 商业服务用语的语言表达技巧

（1）叙述式语言的表达技巧

1）肯定叙述：当店员回答顾客问题时，应多用肯定叙述，慎用否定叙述。否定叙述会给人生硬、冷漠、无礼、拒人于千里之外的感觉。同时，工作中店员需学会巧妙转换语式，用肯定叙述表达一种委婉地否定。

2）对比叙述：当顾客对某件商品的质量、包装产生疑问或对自身的购买目标尚不确定时，店员可采用对比叙述的方法，介绍和阐明两种不同商品的特点或一件商品正反两方面的特点。在对比叙述中，店员应注意，当表示肯定意见时，要态度明朗，充满自信；当表示否定意见时，也要分析中肯，实事求是；否则顾客会感到无所适从，不知道哪个是对的，犹豫不决，反而影响了销售。

（2）提问式语言的表达技巧 在药品的销售中，店员应常常使用问句，通过提问了解顾客的需求、爱好等，所以店员必须学会正确的发问技巧。

1）选择性发问：店员在向顾客发问时，要学会设计问题，尽量避免让顾客在“是”与“不是”，“买”与“不买”之间选择答案。店员的提问应该让顾客感到不是要不要买的问题，而是买哪个的问题，试看下面的事例：

顾客来到消化系统药品柜台观看药品，店员的两种提问方式，得到的可能是两种不同的效果。

第一种方式：

店员：“您买胃药吗？”

顾客：“不买，看看。”

店员不再说话，顾客看完后就离开柜台。

第二种方式：

店员：“肠胃不舒服吗？有些什么症状？”

顾客：“常有溏便，用哪种药品治疗好？”

店员：“您可以看看这两种药，培菲康调节肠道益生菌，乳酸菌素价格实惠。”

顾客开始看说明书挑选、比较。

在第一种提问方式中，店员强调了“买”与“不买”，顾客回答“不买”时，如果店员不能用其他话语留住顾客，对话自然结束。第二种方式发问，店员用“问病”代替了“买”，同时提出“培菲康”、“乳酸菌素”两种方案供顾客选择，无形中顾客从

“买”与“不买”的思考中走了出来，思维转向联想，想象自己用“培菲康”好还是用“乳酸菌素”好，在这一选择性提问中，调动了顾客对自身要求的确认，从更深层引发其购买欲望。

2）主导式发问：店员把主导思想提出来，当顾客肯定这种思想后，再以引导为目的进行提问，回答是可以控制的，试看下面的事例：

某顾客到保健品柜台前观看保健品。

店员：“冬天到了，大家都喜欢冬令进补吧？身体中一年的消耗很需要冬天补养调整一下。”

顾客：“是呀。”

店员：“这是今年新到的哈士蟆软胶囊，润肺补阴美容，并很容易吸收。”

顾客：“是挺好的，广告也在做。”

店员：“您也选一种？效果肯定很好。”

在这个例子中，店员采用一系列的主导发问，在发问过程中店员强调了冬天应进补、身体需调养。主导式发问中，由于店员给予商品充分的肯定，对顾客的购买欲望产生明显的影响。

3）假设式发问：销售中店员可用“如果……那么……”“要是……那……”等假设性句式进行发问，假设性发问特别适合那些个性较强，常说“不”的顾客，例如：某顾客选中一种保健品，但仍在价钱上犹豫，这时店员采用不同的方式发问，效果可能不一样。

第一种方式：店员：“您买不买，别犹豫，买就交钱。”顾客放下东西扭头就走。

第二种方式：店员：“您真心喜欢？如果您真心喜欢我在价格上给您一点优惠。”

在第二种方式中，店员采用了假设式提问，没有强迫顾客，没有给顾客造成压力，同时还给顾客提供了一点小小的利益，顾客有可能很快决定购买。

（3）劝说式语言的表达技巧 劝说是一种设法使顾客改变初衷，心甘情愿接纳店员购买意见和建议的技巧。为使劝说发挥作用，劝说前必须注意顾客个性、心情、需求倾向等，在掌握了这些信息的基础上，进行有的放矢地劝说。

1）以顾客为中心劝说：销售中，顾客就是主角，店员应避免用驾驭他人的语言进行说话，尽量避免使用以“我”为中心的句式，如“我认为……”，“我的看法是……”一般说来，在购物中，顾客喜欢自己拿主意、下结论，不喜欢别人替他下结论或将某种东西强加于他（当顾客征求店员意见时另当别论）。因此劝说时，要用顾客为中心的语言，如“您觉得……”“您看这……”，等等。

2）以顾客所能获得的利益进行劝说：顾客购买商品时，不仅仅考虑价格，同时还是为了满足某种需要，获得某种利益。因此，店员在进行劝说时，要淡化价格，突出利益，试看下面的事例：

某顾客选中了某种保健品礼盒。

第一种方式：顾客：“包装款式不错，只是盒子小了点，有大点儿的吗？”

店员：“大点儿的有，不过价钱可不是现在这样了，要贵多了！”

第二种方式：顾客："包装款式不错，只是小了点，有大点儿的吗？"

店员："有，请稍等，我给您拿。"

顾客欣赏店员拿来的另一款稍大的礼盒。

店员："包装礼盒大点儿，就好看多了！"

顾客："多少钱？"

店员报价：……

顾客："贵了点！"

店员："您看，您拎着多气派，送给亲人朋友保证很有面子，价钱是贵了点儿，但值这么多钱呀！现在送礼讲究漂亮大方，您买大的肯定没错。"

顾客愉快地点头成交。

在第一种方式中，店员强调了价钱贵，顾客可能有两种想法，其一：可能觉得店员小看了自己，觉得自己拿不出钱来，赌气不买了；其二：可能感觉到价钱太贵了。顾客的这两种想法都可能让他们中断挑选，终止购买。而在第二种劝说中，店员把顾客的思想引导到拥有这款礼盒时可以很争面子、送得出手等一系列购买后利益上，淡化了价格，这就大大提高了成交的可能性。

（四）门店销售服务程序

根据顾客购买药品时的心理变化，药店店员必须辅之以适当的服务程序，这些基本程序一般表现为以下八个方面：

1. 等待时机　当顾客还没有上门之前，药店店员应当耐心地等待时机。在此阶段，药店店员要随时做好迎接顾客的准备，不能松松垮垮，无精打采。药店店员要保持良好的精神面貌，要坚守在自己的固定位置，不能擅离岗位四处游走，不能交头接耳，聊天闲扯。

2. 初步接触　顾客进店后，药店店员可以一边和顾客寒暄，一边和顾客接近，这一行动称之为"初步接触"。

营销专家认为：初步接触的成功是销售工作成功的一半。但初步接触，难就难在选择恰当时机，不让顾客觉得过于突兀。

从顾客的心理来说，当他处于兴趣阶段与联想阶段之间时，最容易接纳店员的初步接触行为，而在注视阶段接触会使顾客产生戒备心理，在欲望阶段接触又会使顾客感到受到冷落。

药店店员与顾客进行初步接触的最佳时机：当顾客长时间凝视某一药品，若有所思时；当顾客抬起头来的时候；当顾客突然停下脚步时；当顾客的眼睛在搜寻时；当顾客与店员的眼光相碰时。

药店店员与顾客接触的方式：与顾客随便打个招呼；直接向顾客介绍他中意的药品；询问顾客的购买意愿。

3. 药品展示和说明　所谓"药品展示"，就是想办法让顾客了解药品的详细说明。药品展示要对应于顾客购买心理过程中的联想阶段与欲望阶段之间。药品展示不但要让顾客把药品看清楚，还要让他产生相关的联想力。

药品展示的要求：①让顾客了解药品的适应证（功能主治）。②让顾客了解药品的使用方法。③让顾客了解药品的疗效。④让顾客了解药品禁忌证。⑤拿几种药品让顾客选择比较。⑥按照从高档品到低档品的顺序拿药品。

在药品展示过程中，顾客并不一定立即决定购买，常常还需要比较、权衡，直到对药品充分信赖之后，才会购买。因此，药店店员必须做好药品的专业说明工作。

药品说明即药店店员向顾客介绍药品的疗效等相关内容。这就要求药店店员对于自己店里的药品有充分的了解。同时还要注意的是，药品说明并不是给顾客开药品知识讲座，药品说明必须有针对性，要针对顾客的疑虑进行澄清说明，针对顾客的兴趣点进行强化说明。一定要在不失专业知识的前提下，用语尽量通俗易懂。

4. 把握需求要点 药店店员要善于揣摩顾客的需要，明确顾客究竟要买什么样的药品，治疗什么病，这样才能向顾客推荐最合适的药品，帮助顾客做出最明智的选择。

（1）药店店员揣摩顾客需要的方法 通过观察顾客的动作和表情来探测顾客的需要；通过向顾客推荐一两种药品，观看顾客的反应，以此来了解顾客的愿望；通过自然的提问来询问顾客的想法；善意地倾听顾客的意见。

“把握需求要点”与“药品展示”结合起来，两个步骤交替进行，从中可以了解顾客对于药品的较多需求中哪一个需求是主要的，而能否满足这个主要需求是促使顾客购买的最重要因素，而这个最能导致顾客购买的药品特性称之为销售要点。药店店员要把握住销售要点，有的放矢地向顾客做销售要点的说明，交易就易于完成。

（2）药店店员在做销售要点说明时的注意事项 利用“5W1H”的原则，明确顾客购买药品时要由何人使用（who），在何处使用（where），在什么时候用（when），想要用什么药品（what），为什么必须用（why）以及怎样使用（how）；说明要点时要言词简短；能形象，具体地表现药品的特性；针对顾客提出的病症进行说明；按顾客的询问进行说明。

5. 劝说 顾客在听了药店店员的相关讲解之后，就开始做出决策了，这时药店店员要把握机会，及时引导达成购买，这一步骤称为“劝说”。

劝说应有以下五个特点：①实事求是的劝说。②投其所好的劝说。③辅以动作的劝说。④从药品质量信誉方面的劝说。⑤帮助顾客比较、选择的劝说。

6. 成交 顾客在对药品和药店店员产生了信赖之后，就会决定采取购买行动。但有的顾客还会留有一丝疑虑，又不好明着向药店店员说，这就需要药店店员做进一步的说明和服务工作，这一步骤称为“成交”。

（1）把握成交的时机 顾客突然不再发问时；顾客的话题集中在某个药品时；顾客不讲话而若有所思时；顾客不断点头时；顾客开始注意价钱时；顾客开始询问购买数量时；顾客关心售后服务问题时；顾客不断反复地问同一个问题时。

（2）促进成交的方法 不要给顾客再看新的药品了；缩小药品选择的范围；帮助顾客确定所要的药品；对顾客想买的药品做一些简要的要点说明，促使其下定决心。

7. 包装 顾客决定购买后，药店店员就要把药品包装好。

包装药品要注意三点：①包装力求牢固、安全、整齐、美观。②包装之前要特别注意检查药品有没有破损污染。③包装时要快捷稳妥，不要拖沓。

如今，药品在生产过程中的包装技术得到了极大改进，使得销售过程中的包装操作相对简化。在顾客购药量不是很大的情况下，通常装入塑料袋即可。数量较大时，就需要考虑装入适合的纸箱，并进行必要的固定、封口。

在包装过程中，药店店员还可以向顾客提一些友好的建议，以增强店方与顾客的感情联络。

8. 送客　包装完毕后药店店员应将药品双手递给顾客，并怀着感激的心情向顾客道谢。另外要注意留心顾客是否落下了什么物品，如果有，要及时提醒。

六、典型实例

一天下午，一对年轻夫妇走进甲药店，想购买治疗脚气的药物。在交谈中，店员得知，他们准备回老家过年，打算给患有顽固脚癣的父亲买点脚气用药。在成功推荐了药品后，店员说：“现在我们药店有一款足浴盆正在做活动，两位不妨关注一下。”

“足浴盆？我们不需要。”顾客婉拒。

“我的意思是，二位可以买来送给你们的父亲，尽尽孝心。”店员说，“这款足浴盆还蛮适合老人用的，它不仅有按摩的作用，在使用过程中会产生臭氧气泡，溶解于水中，用含有活氧的水泡脚，可有助于消灭脚上的细菌。配合脚气药，效果比较好。而且天气这么冷，睡前泡脚能缓解疲劳，活络经脉，一夜都能睡得暖和、踏实。”

“但是，这么大的体积，我们家在外地，不方便拿回家呀！”

“这个你们放心。我们药店在年末特地推出快递服务，只要单笔消费金额满 300 元，我们就包邮。一台足浴盆的价格通常在 300 元以上，符合包邮条件。”店员见顾客还在思索中，继续说道：“这附近就有一家快递公司，只要你们结账了，我马上跟你们一道去那里办理快递手续，这个你们放心。”

听罢，两个年轻人稍做商量，便接受了店员的推荐。

任务 6　顾客异议和抱怨的处理

一、具体任务

1. 一天，王女士发现家里的“家庭药箱”该补充货源了，于是就拿起笔写了一份采购清单，来到附近的一家药店。

值班的店员小张笑容可掬地接待了王女士：“您好，想买点什么？”

“我想充实家庭药箱，这张纸上的药品能帮我配齐吗？”王女士把采购清单递给她。

“当然可以。等我一一拿给您！”小张笑着从货架的一边拿起购物篮，对照清单开始往篮子里装货。

“稍等！”王女士看她拿药的时候，只看药名，不看厂家，就制止了她，“这个复方丹参片，我要A厂的，而不是这种！”

“不好意思，我们没有卖过A厂的。”

“那个品种我就不要了！”王女士是一个对品牌依赖感很强的人。

“那就接着选其他品种吧！”小张没有解释，继续照单取货。后来，王女士发现有好几种药不是自己指定的规格或厂家，便将产品淘汰掉。

最终，一共买了八种药，居然三种都不是指定品牌。“你们的缺货品种太多，都没法选购了！”王女士质问店员。

“不好意思，我也没办法。这是采购部门的事情！”小张两手摊开，很无辜地说。

如果你是小张，你会怎么做？

2. 在一个风和日丽的下午，某药店店长王晓正在药店值班，忽然闯进来一位40多岁的女顾客。她怒气冲冲地走到王晓面前，把一盒药摔在柜台上，大声说道：“我只知道菜市场卖肉有缺斤短两的，怎么你们药店也有这种事情？”女顾客看到药店还有其他顾客，又说：“大家都过来评评理，我昨天在这个药店买了这包冲剂，今天早上才发现药品的外包装已经被拆开，而且里边少了1包药，没想到你们卖药这么不地道！”听到她的话，店里几个看热闹的顾客马上围了过去。

假如你是王晓，你将如何处理顾客的此次抱怨？

二、训练目标

1. 通过训练，初步掌握处理顾客异议和抱怨的方法、技巧。
2. 会运用处理顾客异议和抱怨的技巧妥善处理顾客的异议和抱怨。

三、训练内容和步骤

1. 4人一组，共同讨论处理顾客异议和抱怨的方法与措施。
2. 小组派1名代表宣讲小组讨论结果。
3. 小组派代表模拟处理顾客异议和抱怨的情景。
4. 评比产生优胜小组。
5. 教师总结。

四、考核标准

1. 处理顾客抱怨的方法和措施得当。(4分)
2. 处理顾客抱怨的方法和措施新颖。(2分)
3. 模拟表演到位、形象。(3分)
4. 小组同学团结协作。(1分)

五、必备知识

在对顾客的服务过程中，常常会遇到顾客因对商品或服务不了解或有异议而提出咨询、查询、抱怨或投诉，作为药店店员，妥善回答顾客的咨询、热情地答复顾客的查询、恳切地回应顾客的抱怨、真诚地受理顾客的投诉，是提高自己服务水平、提升药店品牌形象的重要环节。

（一）答复顾客异议和查询

1. 基本概念 顾客提出问题，表明顾客需要更多信息或更多保证，以证明自己的购买决策是正确的，这是一个潜在的商机，因为顾客的问题告诉你“顾客正在想什么”。这恰恰能向你提供信息，因此处理咨询和查询无非就是与潜在的顾客进行沟通，需要认真接待。对于知识性的咨询和购销业务上的异议，要善于运用接待技巧和专业知识，科学、正确地回答顾客的询问，以创造商机；对于质量查询，则要认真做好记录，分析原因，妥善处理。

（1）咨询 通常是顾客对不明白的问题提出询问，需要药店店员给予知识性、专业性的解答、指导和帮助。

（2）查询 通常发生在购销业务关系之后，是顾客针对不明白或者有异议的具体问题进行查证和询问，需要药店店员给予明确具体、客观真实的答复。其目的是要得到合理的解释，搞清问题，化解疑虑，解决异议。查询处理不好有可能转化为投诉。

对知识性的咨询，给予针对性的解答和指导即可；而对查询的倾听和答复，则需要更多技巧。

2. 处理原则

（1）倾听顾客提出的问题 销售本身就包含着信息的交流，交流就是相互理解的过程，这一过程需要你微笑地倾听，先让顾客把话说完，不要打断他的话。

（2）证实你理解了顾客的问题 重复一遍这个问题的大致内容，这样一方面可以保证你的理解与顾客所说的相一致，而且也让你有更多的回旋余地。

（3）不要争论 当顾客提出查询时，一定要尊重顾客意见，要对顾客表现出同情心，说几句表示理解的话，表明你很重视他提出的问题，这些积极反应反过来会促使顾客对你产生信任感。

（4）回答问题 对一个问题做出反应可运用多种技巧，但在回答之前应有短暂停顿，这可以给你一个机会考虑回答问题的适当方式，也有助于让顾客更加认真地听取你的意见。在回答时要抓住重点，以顾客的主要疑问为中心，全面给予澄清。为了弄清顾客是否明白你的意思，在回答完毕后，你可以说：“您对我的回答满意吗？”

（5）努力成交 在整个销售过程中达成交易的机会有很多次，特别是圆满处理了顾客的咨询后，要努力把握好这一机会。有时顾客仅仅是为了健康或治病用药进行咨询，并没有明确的购买计划，对这类潜在的顾客，更要热情提供知识性服务，因为可能他就是你下一个忠实的顾客。

3. 回应顾客异议的方法 药店店员要掌握回应顾客异议的技巧，顾客提出的每一个问题都有其具体的情况和背景，有的问题需要详细说明，有的三言两语即可解决，不能采取千篇一律的方法来处理。一般说来，回应顾客的异议有以下几种方法：

（1）“是，但是”法 这是一个回答顾客异议时广泛应用的一种方法。它的特点是简单而有效。“是，但是”法的核心是：一方面药店店员要对顾客的意见表示同意；另一方面药店店员又要解释顾客产生意见的原因及顾客看法的片面性。

大多数顾客在提出对药品的不同看法时，都是从自己的主观感受出发的，往往带有某种偏见。采用“是，但是”法，可在不与顾客发生争执的情况下，委婉地指出顾客的看法是错误的。

例如：有一顾客走进了一家药店，仔细浏览维生素药品柜台。顾客对药店店员说：“我一直想买一盒复合维生素给小孩吃，但又听同事说给孩子吃没有什么效果。”药店店员和颜悦色地解释说：“是的，您说得很对，很多人给孩子服用复合维生素后，效果并不明显。但是，如果您按照营养专家的要求去做，肯定是有效果的。我们这里准备了一份维生素问与答手册，它将告诉您怎样判断孩子是否缺乏维生素以及如何正确补充。”

这位药店店员先用一个“是”对顾客的话表示赞同，再用一个“但是”解释了效果不佳的原因。这种方法可让顾客心情愉快地纠正对药品的误解。

(2)“高视角，全方位”法　顾客可能提出药品某个方面的缺点，药店店员则可以强调药品的突出优点，以弱化顾客提出的缺点。当顾客提出的异议基于事实依据时，可用此法。

例如：一对年轻夫妇走进一家药店，他们想为老人买降压药，女顾客看了北京降压0号，但显然还有一些顾虑。药店店员连忙解释道：“这种降压药是一种复方制剂，降压效果很快。”女顾客终于道破天机：“是很快，但是降压是否平稳呢?”药店店员不慌不忙，信心十足地解释道：“我知道您为什么这么想，其实您放心，我们咨询过这方面的专家，经过大量临床证明，它降压效果很平稳。”

(3)“直接化解”法　采用这种方法，实际上是把顾客提出的缺点转化成优点，并作为他购买的理由。

例如：一位顾客正挑选一种小儿复合维生素，看了很久仍未下定决心，最后坦率地对药店店员说：“这种复合维生素效果很好，可就是价格有点贵了。”药店店员理解顾客的忧虑所在，就对他说：“这种复合维生素含有儿童生长发育所必需的多种维生素和微量元素，而且酸酸甜甜的水果口味特别受小朋友喜欢。这一瓶刚好是一个月的用量，仔细算一下，每天才花一元钱，就能给孩子带来健康的身体，这难道还贵吗?”

顾客对药品提出的缺点成为他购买药品的理由——这就是“直接化解”法。这种方法能把销售的阻力变为购买的动力。

(4)“问题引导”法　有时可以通过向顾客提问题的方法引导顾客，让顾客自己解除疑虑，自己找出答案，这可能比让药店店员直接回答问题效果还好些。

例如：一位顾客走进药店，对药店店员说：“我想买一盒白天不困的感冒药。”药店店员说：“这种白加黑，白片无嗜睡配方，适合于白天吃，黑片让你保证充沛的休息，这种比较适合。”顾客踌躇片刻，不太情愿地说：“我想是不是吃起来有点麻烦。”药店店员耐心地解释道：“可是，它能保证您白天有非常好的精神状态呀，不是吗?”顾客的疑虑渐渐消失。

通过提出问题，药店店员让顾客自己比较药品的不同优势，顾客自然而然就会同意药店店员的建议。采用这种方法，要求药店店员对药品知识非常熟悉，以帮助顾客进行客观的比较。

(5)“示范”法 示范法就是操作商品的表演，通过示范表演来证明顾客的看法是错误的，而不用你直接指出来。

例如：在某大型药店的医疗器械柜台前，有位顾客上前问道：“这种红外治疗仪效果好吗？会不会用几天就坏了？”药店店员颇有信心地说：“不会的，这种治疗仪的外壳是用高新材料制作的，并具有热疗、脉冲按摩、微波治疗等多种功能，效果很好，我试给您看。”说着，药店店员给顾客演示，让她亲身感受了一会儿，结果这位顾客信服了，买了一台。

具体的示范表演是消除顾客疑虑的最好方法，比单纯的语言说服更能让顾客信服。

(6)“介绍他人体会”法 这种方法就是利用使用过药品的顾客的“现身说法”来说服顾客。一般说来，顾客都愿意听使用者对药品的评价，所以那些感谢信、表扬信等，都是说服顾客的活教材。

例如：一位女顾客正在观看一种祛斑药，她把祛斑药拿在手上，将信将疑，向药店店员问道：“我用过很多种祛斑药，似乎没什么用，这种效果好吗？”药店店员很体贴地说：“您的心情我理解，几个星期前有位吴小姐买了一瓶这种祛斑药，开始也担心不起作用。可前几天，她又来买了一瓶，说使用这种祛斑药，她脸上的黄褐斑明显减轻了。您先看看说明书。”

实践证明，这种方法是有极强的说服力，是店员应当积极采用的。当然，这种情况必须实事求是，不能杜撰。

(7)“直接否定”法 当顾客的异议来自不真实的信息或误解时，可以使用“直接否定”法。

例如：一位顾客正选购感冒药，仔细看了说明书后，仍有些迷惑不解，就问药店店员：“这种感冒药中含的氢溴酸右美沙芬，是不是所说的PPA呀？这类药品不是已经不允许卖了吗？”药店店员要否定他的看法，直截了当地说：“我明白您说的意思，的确在国家食品药品监督管理局公布的暂停使用和销售的药品名单中有数个复方右美沙芬制剂，致使不少消费者误认为右美沙芬是禁药。事实上，右美沙芬不是PPA。导致复方右美沙芬制剂被暂停使用的原因，是因为这些药品中含有PPA，PPA的全名是苯丙醇胺，根据药监局的规定，现在所有的抗感冒制剂中都已经不含PPA了，这请您放心！”

由于“直接否定”法是直接驳斥顾客的意见，所以药店店员只有在必要时才能使用。而且采用此种方法时，一定注意语气要柔和、婉转，要让顾客觉得您是为了帮助他才反驳他，而不是有意要和他辩论，这样他的自尊心才不会受到伤害。

（二）处理顾客抱怨和投诉

1. 概述 抱怨，通常是顾客面对直接提供服务的人员反映问题和不满，是顾客对商品或者服务不满意最直接的情绪化反应，但是还没有达到极度不信任或者明显对立的程度。抱怨有的纯粹是一种情绪的释放和意见的表达，希望今后引以为戒，得到合理的回应和改善；有的则希望当下解决问题，得到纠正或者补偿。顾客的严重抱怨，随时可以演变成投诉。

投诉，则是顾客带着不同程度的抱怨和不满，认为服务提供者有违规或者不合情理的地方，自己的合法权益受到了侵害，并没有得到直接提供服务人员的合理重视和处理，向直接提供服务人员的上级管理者或者第三方提出申告和诉求。其目的是要解决问题，维护自己的权益。对于查证属实的投诉，解决方式是道歉、纠正、补救乃至赔偿。如果投诉得不到合理解决，就可能引发司法诉讼案件。

在咨询、查询、抱怨、投诉中，顾客由希望得到指导和帮助变为希望深入了解具体情况、解决问题、表达不满，直到向上级或者第三方据理力争，主张自己的合法权益。

顾客抱怨或投诉的类型主要有两种：

（1）对商品的抱怨和投诉　对商品的抱怨和投诉主要集中在：①商品本身的质量问题。②价格过高。③商品缺货。

（2）对服务的抱怨和投诉　对服务的抱怨和投诉主要集中在：①药店店员的服务态度粗暴、顾客被冷落、答话方式令人难以接受、根本不会回答顾客的提问，或者不遵守约定等。②在收款时弄错了钱物说不清楚。③服务项目欠缺，或原有的服务项目取消。

2. 顾客抱怨和投诉的处理

（1）处理顾客抱怨和投诉的基本原则和程序　顾客抱怨和投诉处理的基本原则是：妥善处理每一位顾客的抱怨和投诉，并且情绪上使之觉得受到尊重。

处理顾客投诉时，应遵循如下程序：

第一，保持心情平静。就事论事，对事不对人，心平气和地保持沉默，用微笑和善的态度请顾客说明事情的原委。

第二，有效倾听。诚恳地倾听顾客的诉说，并表示你完全相信顾客所说的一切，要让顾客发泄完不满的情绪，使心情得到平静，不要试图辩解。

第三，运用同情心。要不带任何偏见地站在顾客的立场来回应顾客的问题。

第四，表示歉意。不论顾客提出的意见，其责任在谁，都要诚心地向顾客表示道歉，并感谢顾客提出的问题，这是顾客衡量该企业对自己是否尊重的重要因素。

第五，记录顾客抱怨和投诉内容。无论是通过电话还是直接上门投诉都要填写“顾客投诉记录表”，按“4W1H”原则记载清楚，并向顾客复述一次，请顾客确认。

第六，分析顾客抱怨和投诉的原因。仔细分析该投诉事件的严重性，有意识地了解顾客的期望，抓住顾客的投诉重点，确定责任归属。

第七，提出解决方案。对所有抱怨和投诉都应有处理意见，都必须向对方提出解决问题的方案，并尽量让顾客了解，你对解决这个问题所付出的诚心和努力。找出折中的方式来满足顾客的要求。

第八，执行解决方案。如果双方都同意解决方案，应立即执行。让顾客满意，不能当场解决的，应告诉顾客原因，特别要详细说明处理的过程和手续，双方约定其他时间再做出处理，并将经办人姓名、电话告知顾客，以便事后追踪处理。

第九，后续处理。将处理过程仔细记录在案，定期分析产生抱怨和投诉的原因，从而加以修正，并及时以各种固定的方式向员工通报抱怨和投诉产生的原因、处理结果、处理后顾客的满意情况以及今后的改进方法。

(2) 接受顾客抱怨和投诉时与顾客交谈的方法

1）与顾客谈话时的距离在1m以内。进行谈话时，相互的位置关系有着微妙的心理影响。1m以内可以看清对方的动作，是保持势力范围和个人自由的距离。

2）看顾客的眼睛以表示自己的诚恳。在与顾客交谈时切忌左顾右盼，表现得心不在焉，或者不礼貌地上下打量顾客，盯视顾客身体的其他部位，这些都会加重顾客的抵触情绪，极其容易导致顾客愤怒，使问题解决的难度加大。

3）应当有意识地了解顾客的兴趣和关心的问题，这样交谈容易切入顾客感兴趣的话题，使顾客产生认同感。

4）应当问顾客“您怎么看……”以注意其反应。首先把顾客的主张提出来作为话题，然后说：“集中到您的意见上来考虑一下吧。”这样，对方的主张从个人的观点变成了存在于两者中间，有了客观性，然后稍稍进行启发，问顾客“您怎么看?”以使对方理解，这对解决双方矛盾是有效的。

5）在适当的时候详细询问事实情况，特别是在顾客愤怒时，若首先询问事情的经过情形，容易造成顾客的愤怒情绪更加不易控制。因此，应使用种种方法使顾客的愤怒情绪平息后，再询问事情经过。

6）经常插进轻松俏皮话以缓和紧张情绪。配合顾客的讲述，适当的时候插进轻松俏皮话，可以迅速有效地缓解顾客的紧张情绪。

7）使顾客知道谈话的全貌及背景。在顾客的叙述结束时，客观地将事件的全貌及发生时的背景详细描述出来，以使顾客冷静后能清楚地解决是非所在。

8）准备好劝顾客的最佳理由。三点内容最容易留在人的记忆里，因此在劝导顾客时，最好举出三个理由来说明。

(3) 依照不同原因处理顾客抱怨和投诉

1）处理药品质量造成的抱怨和投诉：向顾客诚恳地道歉；替顾客退货或换货，奉送给顾客一份礼品；如果因药品对顾客造成的损失（包括人身伤害和精神损失），店方应该适当给予一定的赔偿和安慰；仔细调查发生药品质量问题的原因，并杜绝该类事故的再度发生。

2）处理顾客使用药品不当造成的抱怨和投诉：诚恳地向顾客道歉，承认是自己交代不周而造成了对顾客的损失；如果药品因店方的责任受损，应予退换；如果顾客不接受退换，店方应给予一定的补偿和安慰；药店店员要多方掌握相关的药品知识，以便在以后的销售过程中向顾客做详细交代。如确由顾客使用药品不当而造成，切忌“得理不让人”。

3）处理由于药店店员服务态度不佳产生的抱怨和投诉：这类抱怨一般都没有确凿的证据，同时也与顾客的不同心理感受有关，所以这类抱怨处理起来比较困难。但有一点必须明确，正常人不会无缘无故地抱怨，所以只要产生了这类抱怨，药店就必须承担，并要做出如下处理：分管经理在听完顾客的陈述之后，向顾客保证今后一定加强对药店店员的教育，杜绝类似情形再度发生；分管经理陪同当事人向顾客赔礼道歉，以期获得谅解；加强对药店店员优质服务的教育，并建立相应的监督机制。

（4）处理顾客抱怨和投诉时的注意事项　处理顾客抱怨和投诉时应注意：①克制自己的情绪。②要有自己代表公司的感觉。③以顾客为出发点。④以第三者的角度保持冷静。⑤倾听。⑥迅速处理。⑦诚意是对待顾客抱怨的最佳方案。⑧是顾客的错也要以顾客满意为目标解决问题。⑨必须恢复顾客的信赖感。⑩绝对不要与顾客为敌。

（5）处理顾客抱怨和投诉的忌语　处理顾客抱怨和投诉的忌语主要包括：①这问题连孩子都知道。②你要知道一分价钱一分货。③绝对不可能有这种事发生。④请你找厂家，这不关我们的事。⑤嗯……我不大清楚。⑥我绝对没说过这种话。⑦我不知道怎么处理。⑧公司的规定就是这样。⑨你不识字吗。⑩改天再通知你。

六、典型实例

某药店搞促销活动，组织店员到某小区派发传单。店员梁红把传单发给一个老顾客说："阿姨，我们药店明天搞活动，记得过去看看喔。""搞活动有什么用，你们那里的药一点效果也没有。"老顾客丢下传单不满地说。

这时，她的话吸引了周围众多人的注意。"阿姨您为什么要这样说呢?""我是不会再去你们那里买药的，给我推荐治疗皮炎的药一点效果也没有，全是质量不过关的假药。"梁红一头雾水，但心里估计阿姨是受了委屈。"阿姨，您能和我讲讲具体的情况吗?"老顾客先是对梁红一顿指责，没想到梁红并未生气，而是一个劲儿地劝顾客先消气。原来，顾客不知何种原因患上了皮炎，痒得难受，于是来到药店购买"皮炎平"，可店员向她推荐了另一种产品，并且治疗效果并不理想。

"阿姨，您在用药期间是否用热水洗澡，或吃辣椒、鸡蛋、牛奶等食物呢?"梁红问。"什么！牛奶不能喝吗？我每天早晚都喝一瓶，你们的员工也没告诉我。"经梁红提醒，老顾客恍然大悟。"这可能真是我们员工的失职，但一定不是药品质量问题，不然我们早就被查封了，不是吗?"梁红认真的态度让老顾客愤怒的内心平息下来，随后梁红将一张宣传单重新送到她的手中。

七、同步训练

1. 社区的郑奶奶是药店的常客。这天一大早，她就急匆匆地跑进药店，找到值班店员小王："我要一盒血塞通胶囊！家里的药吃完了，都无以为继啦!"

"这是您要的药，郑奶奶。"小王从货架上取下一盒药，递给她。郑奶奶到收款台结算的时候，一看结算单，又跑过来找到小王："不对呀，小王。"

"不对？请问有什么问题吗?"小王疑惑地问。

"这药我记得是卖 11.8 元的，怎么你们卖 12.5 元，是不是弄错了?"郑奶奶诧异地问。

“怎么会弄错呢，我们一直都是这样卖的，肯定错不了！”小王拍着胸脯说。

“那一定是你们定价高了，其他药店才没这么贵！”郑奶奶接着说，“能不能优惠点呢？不看僧面也要看佛面，咱们好歹是邻居！”

“价格不是我定的，我可做不了主！”小王说。

“那我不要了！”郑奶奶说完便离开药店。

如果你是小王，你会怎么做？

2. 假如你是一名药店营业员，在你上班时，有顾客进来对你说：“前段时间，我在你们药店买了某药，吃了后没什么疗效，和我先前在某医院买的同样的药不一样，我怀疑你们的药是假的。”

面对顾客的此次抱怨，你将如何应对？

模块六　医院营销

任务1　医务人员的拜访与沟通

一、具体任务

某知名制药企业一种新药品已于2010年10月进入某医院临床科室使用，为扩大该药品在医院临床的处方量，业务员王兴决定拜访目标临床科室的刘医生。

假如你是业务员王兴，请模拟拜访的过程。

要求：模拟拜访的过程中应包括自我介绍、产品介绍、与药品相关临床治疗知识介绍等。药品可以自拟。

二、训练目标

1. 通过训练，使学生熟悉拜访的流程，掌握拜访医生前应做的准备工作。
2. 通过训练，使学生学会在融洽的沟通气氛中完成拜访，提高沟通能力。

三、训练内容和步骤

1. 4人为一组，一人出演医生，其余学生讨论拜访的准备工作及流程。
2. 模拟拜访的过程。
3. 描述各自作为医药代表访谈时的心理过程。
4. 讨论总结在访谈过程中出现心理波动时，应如何更好地运用沟通技巧，提高沟通效果。
5. 老师扮演医生，选择学生扮演医药代表，模拟拜访情景，加深学生对存在的问题的理解和印象。
6. 写出心得或总结。

四、考核标准

1. 拜访医务人员前的准备工作做得仔细、充分。(2分)
2. 拜访过程中语言清晰，语速适当，把产品介绍得清楚、透彻，沟通效果好。(5分)
3. 小组同学之间团结协作。(1分)

4. 心得或总结客观、深刻。（2 分）

五、必备知识

（一）正确认识医药代表

1. 医药代表的概念 医药代表是指受过医药学专门教育，具有一定临床理论知识及实际经验，经过市场营销知识及促销技能的培训，从事药品推广、宣传工作的市场促销人员。简单来讲，医药代表就是一个商品促销员，就是要动员一切手段，把产品推销出去。复杂来讲，药品是特殊商品，是指导性商品，药品推销员应该对该药品了如指掌，能对该药品的研发来源、历史背景、市场发展、药理作用、临床效果、同类比较，以及相关的政策、法规、方针、管理等，有自己独到的见解认识，能在大堂上侃侃而谈地讲课，也能与人面对面地细说渊源，有理论有知识，是药品商品的专家。

医药代表是一种正当职业，《医药代表行为准则》对医药代表的准入条件、医药代表的行为等做了明确规定。

传统的销售员只有送货和签合同等功能，而现代医药代表是企业与医疗机构的载体，公司产品形象的大使，产品使用的专业指导，企业组织中成功的细胞。

2. 医药代表的岗位职责

（1）熟悉每一个产品的产品信息，准确无误地向客户传达产品信息，树立、维护和提升公司的形象。

（2）积极参与产品知识、销售技巧等培训，掌握每一种产品的有效销售技巧，处理销售工作中的疑难问题，使医生乐于使用公司的产品。

（3）拜访分管区域内的客户如医师、药师、经销商等，与客户建立并保持良好的合作关系。

（4）制订并有效执行所辖区域的行动计划，在目标医院和科室开展各种推广活动，完成或超额完成销售指标。

（5）执行地区经理或业务主管的要求，在分管区域内策划、组织和开展促销活动，稳定和提高公司产品在各个医院的覆盖率。

（6）进行市场调研，特别是掌握竞争对手的资料。

（7）如实填写工作报告、销售报表，完善医院档案。

（8）协助公司开展大型推广活动。

（二）医药代表应具备的素质

一个专业的医药代表应该具备三方面的知识和能力，一是产品方面的知识，以医学和药学背景为主；二是市场营销方面的知识；三是情商方面的要求。

1. 医药代表应具备的知识 医药代表应充分了解所售产品的知识，能够在医生面前专业地讲解产品的适应证、不良反应、产品起效的原理、作用的机制、和同类产品相比的优势等，同时应具备相应的营销知识及心理学知识、法律知识等。具体包括：

（1）药事法规　通过对法规的学习，了解药品作为商品的特殊性，了解药品包装和说明书的基本条款等。

（2）药物商品的基本知识　包括药品的概念、作用、分类、常用药品的名称及作用，药品的生产、运输、储存的基本要求。

（3）医学基础知识　掌握基本的医学知识可以更深入地了解药品的作用、药理和药代学的基本原理，便于更好地与医生交流。

（4）基本的销售知识　药品的销售是商品销售的一个分支，了解药品的销售知识并针对药品的特殊性可以总结出药品销售的一些方法。

（5）其他相关的法规和法律　作为商品流通的药品，要服从国家各项法律的约束，基本的民法、税法和刑法（如刑法修正案第 163 条内容）的相关条款也应有相应的了解。

2. 医药代表应具备的技能　探询、呈现、成交、观察、开场白、聆听、处理异议、跟进、思考、总结等各种技巧都是医药代表应具备的技能。医药代表尤其要掌握的技能包括：①具有良好的销售技巧，能够组织区域内各种促销活动，如面对面拜访、幻灯演示、区域推广会等。②具备研究客户的知识，针对客户需求使用有效的推销方法和技巧。③掌握必备的沟通协调能力，建立与维护同客户的良好关系。④掌握必备的社交礼仪知识，成功进行医院拜访。⑤掌握电脑操作知识且能熟练应用。

3. 医药代表的敬业精神　医药代表的成功，很大一部分来源于敬业精神，敬业体现在以下几个方面：

（1）勤　包括脑勤、眼勤、手勤、腿勤、嘴勤。

（2）诚　诚意、诚信。

（3）礼　礼节、礼仪。

（4）智　智慧。

（5）信　信誉、自信。

（三）拜访概述

1. 拜访的目的

（1）确定医生对本公司产品的需求程度。

（2）确定医生对已知同类产品的了解程度。

（3）确定医生对本公司产品的满意度与吸引力。

（4）查明医生对本公司产品的顾虑。

2. 拜访的类型

（1）开放式拜访　开放式拜访的一般方式为：①问什么。②问谁。③为什么。④在哪儿。⑤何时。⑥如何。

例如：

代表：您通常首选什么镇痛药治疗中重度疼痛？

代表：对您临床上治疗疼痛疗效不明显的病患，您为什么不试一下磷酸可待因的复方制剂呢？

代表：您认为这类复方药物的临床前景如何呢？

代表：您怎样评价磷酸可待因复方制剂在减轻中重度疼痛方面的疗效呢？

（2）封闭式拜访　当医生不愿意直接发表自己意愿的时候，或者重要事项不确定时，为确定对方的想法，锁定医生，要选择封闭式拜访。封闭式拜访一般有以下几种沟通方式：①是不是。②好不好。③行不行。

例如：

代表：您的病人服用磷酸可待因复方制剂后，是不是起效很快？

医生：是的。

代表：您下周三还是下周五出门诊？

医生：下周三。

代表：下次您出门诊时我再来拜访您好吗？

医生：好的。

3. 拜访前的准备　在拜访医生前应明确目的，储备相应的产品知识、销售沟通技巧，清楚地掌握产品的卖点，了解同类产品的优缺点，熟悉和医生沟通同类产品时应掌握的方法与分寸。具体为：

（1）充分了解拜访对象　拜访前，应通过各种渠道了解医生的兴趣、爱好、性格、业务水平、用药习惯等，为拜访打好基础，做到有的放矢。

（2）预约拜访　贸然拜访工作繁忙的重点医生如科室主任，会干扰医生的工作计划，也会招致医生的反感，给其留下浪费别人时间的不良印象。所以，对于重点客户要尽可能预约拜访。

（3）明确对每位医生拜访的目标和介绍产品的目标　每位医生对产品的需求和理解程度都不同，医药代表如果带着同样的资料对医生做同样的介绍，就想说服不同的医生接受自己的产品是不可能的。因此，医药代表应提供个体化服务，针对每一位医生的特点区别对待，才会获得医生的认同。

（4）计划好介绍主要产品和搭车产品的重点和次序　一些医药代表同时负责几个产品，每次拜访都试图全面介绍，但通常10分钟的拜访时间非常有限，结果几个产品都讲到了，医生可能一个重要的特点都没记住。

（5）认真准备拜访所需资料及物品　拜访资料应依拜访医生的不同而进行归类，建议医药代表为每一位医生准备一个专用的文件夹。如果医生看到你的文件夹上有他的名字，就会知道你对他的重视，也会尊重你的工作了。

4. 拜访的技巧

（1）使医生有兴趣与你交谈　拜访的技巧首先要使医生感兴趣，愿意与你交谈。如果没有激起医生的兴趣，那么你就不能从医生的口中得到你想要的信息，也就不能制订下一步的行动计划。

（2）获取所售药品与竞争同类药品在使用、治疗方面的相关专业知识和信息　医药代表只有通过与医生的对话，才能真正了解药品治疗使用的情况及竞争药品的一些重要信息。现在的竞争很大程度上取决对信息的了解程度，医药代表了解的信息越多，成功的几率越大。

（3）及时发现时机　首先，医药代表进行说服以满足医生的需求；其次，通过医药代表的探询，更清晰地了解医生的需求。医生需要解决的问题是医药代表发现卖点的时机，在探询的过程中可以了解医生的需求，也就为医药代表创造了产品讲解的时机和拜访的气氛。

（4）把握时机进行药品的利益展示　当医药代表发现医生需求时，医药代表就要开始呈现产品，将产品的属性转换成产品的利益，以满足医生和患者的需求。

药品的属性就是药品的特征。药品的疗效性、副作用、服用方法、化学成分、外观、色泽、剂型、包装等都是药品的特征，每一项药品的特征，都可以转换成一个或多个不同的利益，而这个利益一定是针对医生和患者的，所以医药代表必须明确药品的每一具体特征，在向医生做产品介绍时把它们转化成卖点。

药品的利益就是指药品和服务的好处，即如何改进患者的生活质量或医生的治疗水平，这是药品带来的最大利益。安全性、方便性、经济性、持久性都是药品的利益。例如，如果某一药品的血药浓度可持续 24 小时，则说明该药品每天只需服用一次，带来的利益是简单方便的用药次数就能带来稳定的疗效，药品的利益可能转变为药品卖点。

进行药品的利益展示时，应注意以下几点：

1）多种表述与展示：药品的特性是不可以想象的，但药品的利益是可以想象的，医药代表的介绍必须使医生或患者的心理获益，去充分想象它能够给医生或患者带来的益处。而益处是需要语言去渲染的，所以在展现药品的利益时需要用多种表述与展示，使得药品的利益形象化，使医生能够感觉到利益的真实存在，以达到拜访的目的。

2）反复强调：在展示药品的利益时需反复强调，让医生能系统明确地认识你所售产品可能会带来的好处。只说一次可能不足以引起医生心中的共鸣，所以需要反复多次的强调药品的利益，以使医生从内心主动地接受并在开具处方时使用你所推荐的产品。

3）要有侧重点：医药代表在呈现药品利益时，一定要根据销售对象和科室的特点，结合药品的优缺点进行呈现。

4）避开对手的优势：不同的药品会有它的优势和局限，不要拿自己药品的劣势和同类产品的优势做比较，在和同类产品的比较过程中，要承认其他产品的优点，同时展现自己产品的优势。

5）不威胁竞争对手，争取立足：在知识经济和人格经济时代，传统的“你赢我输，我输你赢或共输”的竞争模式正步入“共赢”的时代，从对抗到合作，从无序到有序，从短暂的生存到永久的矗立已成为趋势，所以医药代表在拜访的过程中一定要有共赢的心态，靠诋毁同类产品是不能长远生存的。

6）展现药品时尽量用商品名：药品既有商品名，也有化学名，同类产品可能有多个商品名，但化学名只有一个，所以为了加深医生对某产品的记忆，一定要用商品名。

5. 拜访的障碍

(1) 使探询变成盘查 如果在和医生的沟通中，代表反复地询问医生，会使医生感觉到医药代表咄咄逼人，让医生觉得探寻问题像盘查，从而对医药代表反感。如果你的拜访让医生觉得烦，那么你的拜访就失败了。

(2) 使拜访失去方向 如果在拜访中，你的问题太宽泛，所提问题目的不明确，不简洁，那么医生会对你的问题无所适从，失去方向，那么从医生的口中就无从得到想要的信息，使拜访失败。

(3) 使拜访关系变紧张 如果在拜访中你的语气、语调、语速或态度、方式不够礼貌，医生就会反感，从而使拜访的气氛变紧张。

(4) 使时间失去控制 由于医生的工作性质繁忙，给予你的拜访时间非常短，所以在拜访前一定在心中模拟拜访的过程，掌握好时间，用有效的拜访时间达到拜访的目的。

六、典型实例

某公司的业务员小刘在一次拜访医生时很不成功，究其原因是因为在拜访医生的时候，他把自己的产品说得好上天，但没有说到点上，没有具体地把自己的产品特性说出来，同时把同类产品诋毁得一无是处，而且对医生提出的质疑没有用科学的理论去解释，而是一味的用我们公司是大公司，我以人格担保等等去搪塞，以至于使医生觉得小刘不实在，说话水分大，最终导致医生对小刘的不信任，也对其所售药品产生了怀疑。

七、同步训练

某企业的一种止痛药物在某医院的临床销量一直不高，为了增加医生的处方量，业务员小张决定对医院的骨科医生进行拜访。请你根据药品的特性和科室的特性模仿小张对该科医生进行拜访。

任务 2 管理人员拜访

一、具体任务

国内某知名制药企业生产的磷酸可待因复方制剂是国内首屈一指的中重度止痛药，该制药企业现准备开发新的市场——曙光医院。假如你是该制药企业的业务员，领导安排你去拜访该医院的药剂科主任，任务是通过拜访，使药剂科主任认可并答应购进这种新的药物。

你应该如何去拜访才能够完成任务？请设计相应的拜访流程，并模拟拜访的过程。

二、训练目标

1. 通过训练，使学生掌握拜访前应做的准备工作。

2. 通过训练，使学生会设计相应的拜访流程，学会拜访不同的目标客户。

三、训练内容和步骤

1. 4人左右为一组，制订拜访流程。
2. 小组派代表模拟拜访过程。
3. 小组讨论、总结，在课后写出心得。
4. 教师点评、总结。

四、考核标准

1. 拜访流程具有可行性、实际操作性。(3分)
2. 模拟拜访的过程完整、流畅，注重细节。(4分)
3. 小组同学有团队协作精神。(1分)
4. 总结客观、深刻，并能总结出拜访管理人员与拜访医生的不同。(2分)

五、必备知识

（一）拜访前期需要做的准备工作

拜访前期需要做的准备工作为：有关本公司及业界的知识，本公司及其他公司的产品知识，有关本次客户的相关信息，广泛的知识，丰富的话题，名片，电话号码簿以及通过其他途径了解到拜访对象的其他相关信息。

（二）初次拜访流程设计

初次拜访，应该让拜访对象当主角。拜访对象出任的角色是一名导师和讲演者；而医药代表的角色定位是一名学生和听众。

具体的拜访流程为：

1. 打招呼 在拜访对象未开口之前，以亲切的语调向其打招呼问候，如："早上好!"

2. 自我介绍 说明公司名称及自己姓名，并将名片双手递上；在与他（她）交换名片后，对拜访对象抽空接见自己表达谢意。如："这是我的名片，谢谢您能抽出时间让我见到您!"

3. 破冰 营造一个好的气氛，以拉近彼此之间的距离，缓和拜访对象对陌生人来访的紧张情绪。如："我是您医院的某科张主任介绍来的，听他说，您是一位很随和的领导。"

4. 说好开场白 开场白的结构为：①提出议程。②陈述议程对拜访对象的价值。③时间约定。④询问是否接受。如："今天我是专门来向您了解医院对某产品的一些需求情况，通过知道你们明确的计划和需求后，我可以提供更方便的服务，我们谈的时间大约只需要5分钟，您看可以吗?"

5. 巧妙运用询问术，使拜访对象开口

(1) 设计好问题 通过询问来达到探寻拜访对象需求的真正目的，这是医药代表最基本的销售技巧。在询问时，问题要采用由宽到窄的方式逐渐进行深度探寻。如："您能不能介绍一下贵院使用某类产品的情形？"

(2) 结合运用扩大询问法和限定询问法 采用扩大询问法，可以让拜访对象自由地发言，以便知道更多的东西；而采用限定询问法，则让拜访对象始终不会远离交谈的主题，限定了问题的方向。在询问时，医药代表经常会犯的错误就是"封闭话题"。如："贵院的产品需求计划是如何报审的呢？"这就是一个扩大式的询问法；"张主任说我们的某产品很有临床推广意义，但是需要通过您的审批后才能有推广的可能。"这是一个典型的限定询问法。医药代表不要采用封闭话题式的询问法，来代替拜访对象作答，以免造成对话的中止。

(3) 对客户谈到的要点进行总结并确认 根据交谈过程中记下的重点内容，对所谈到的内容进行简单总结，确保清楚、完整，并得到拜访对象一致同意。如："今天跟您约定的时间已经到了，很高兴从您这里听到了这么多宝贵的信息，真的很感谢您！您今天所谈到的内容一是关于……二是关于……三是关于……是这些，对吗？"

6. 结束拜访时，约定下次拜访内容和时间 在结束初次拜访时，医药代表应该再次确认本次来访的主要目的是否达到，然后向拜访对象叙述下次拜访的目的，约定下次拜访的时间。如："今天很感谢您用这么长的时间给我提供了这么多宝贵的信息，根据您今天所谈到的内容，我回去会好好的准备更详细的资料，然后再来向您汇报。我下周二上午将资料带过来让您审阅，您看可以吗？"

（三）二次拜访流程设计

二次拜访的目的是尽力满足客户需求。二次拜访时，医药代表自己的角色应是：一名专家型方案的提供者或问题解决者；拜访对象出任的角色应是：一位不断挑刺、不断认同的业界权威。

二次拜访时应做的准备工作：整理上次拜访对象提供的相关信息，做一套完整的解决方案或应对方案；熟练掌握产品知识、本公司的相关产品资料；名片、电话号码簿等。

具体拜访流程为：

1. 电话预先约定及确认 如："您好！我是某公司的小周，上次我们谈得很愉快，我们约好今天上午由我带一套资料来向您汇报，我9点整准时到您的办公室，您看可以吗？"

2. 进门打招呼 第二次见到拜访对象时，仍然在其未开口之前，以热情和老熟人的口吻打招呼问候。如："上午好啊！"

3. 再次破冰 再度营造一个好的会谈气氛，重新拉近彼此之间的距离，让拜访对象对你的来访产生一种愉悦的心情。如："您办公室今天新换了一幅风景画啊，看起来真不错。"

4. 说好开场白 开场白的结构为：①确认理解客户的需求。②介绍本公司产品的重要特征和带来的收益。③时间约定。④询问是否接受。如：“上次您谈到使用某产品可能碰到的几个问题，分别是……这次我们根据您所谈到的问题专门准备了一套资料，这套资料的重点是……通过这套资料，您看能不能解决这些问题。我现在给您做一下简单的汇报，时间大约需要 15 分钟，您看可以吗？”

六、典型实例

小李是某药学院毕业的高材生，因为他的专业知识学得非常扎实，而且能言善道，聊起天来有说不完的话，所有的人都说小李是做销售的一把好手。一次，公司领导安排小李去拜访某医院的药剂科主任，目的是说服该医院的领导购进本公司的某药品。小李凭着对该药品的全面了解和平时侃侃而谈的口才，胸有成竹地去拜访了医院的药剂科主任。结果却出乎意料，他并没有完成任务。小李在拜访时并没有提前从侧面对该主任进行了解，不清楚其喜欢什么样的谈话方式（该主任也是药学专业毕业，而且学识渊博，对药品一点就通，平时就喜欢别人聆听自己讲解药学方面的知识），一见到主任就迫不及待地把自己和某药品做了详细的讲解，根本没有注意主任的反应，也没有预约下次拜访的时间。最后主任就一句话：“看看吧。”拜访了几次（都是贸然去拜访）结果都是如此。

七、同步训练

某药品生产企业正在开发一所医院，在该医院药剂科主任拜访成功的前提下，需要拜访该医院主管药品的副院长。请你为企业设计拜访该医院副院长的流程。

任务 3 学术推广会议的组织

一、具体任务

某制药公司的某产品准备在某医院组织召开一次产品学术推广会议，目的是通过此次会议，使医院上下对这一产品有全面的了解，并对公司留下深刻的印象，达到提升公司影响力的目的。

假如你是该制药公司的业务员，请策划和组织此次推广会。

要求：

1. 制订学术推广会议方案。
2. 模拟此次学术推广会议。

二、训练目标

1. 通过训练，使学生学会如何有效组织一个产品的学术推广会。
2. 通过训练，培养学生策划、组织、团队协作等方面的能力。

三、训练内容和步骤

1. 8 人为一组，制订关于某产品在医院的学术推广会议方案。
2. 各小组模拟推广会议。
3. 小组讨论、总结。
4. 评选优胜小组。
5. 教师总结、点评。

四、考核标准

1. 学术推广会议方案合理、可行。(4 分)
2. 模拟推广会的过程完整、有序。(2 分)
3. 学生的语言表达能力及沟通能力强。(2 分)
4. 小组成员参与度高，献计献策，团结协作。(2 分)
5. 优胜小组的成员加 2 分。

五、必备知识

(一) 学术推广会议的特点

学术推广会议是医药代表进行工作的主要手段，是最有效的医药产品群体销售方法之一。

学术推广会议的目的是详细介绍企业的产品，强化临床医生的用药意识，使医生给予处方时有充分的心理依据，提高科室用药量，并逐渐与处方医生建立良好的个人关系。学术推广会议具有以下特点：

1. 集中有限投入，获得迅速产出。
2. 在短时间内（15~30 分钟）提供完整产品信息系统，教育客户。
3. 从视觉、语言两方面激发客户主动评价产品，给客户留下深刻印象。
4. 有助于树立专业化的代表形象、公司形象。
5. 专业水准的产品演讲可以帮助医药代表获得客户的尊重和认可。
6. 医药代表借此容易获得与客户深入合作的机会。

(二) 产品学术推广会议举办技巧

专业的产品学术推广会议对于医药产品的销售帮助作用非常明显，但成功组织实施这样的会议却非易事。下面，我们将重点介绍如何保证产品学术推广会议获得预期效果的方法：

1. 会议前期 周密准备行动计划。

第一步：设定会议目标：产品学术推广会议作为群体销售方法的一种形式，它的根本目的在于销售产品。如何利用产品学术推广会议的信息传达影响医生处方，医药代表必须清楚每一次会议的预期结果，即是影响医生做出尝试用药的决定，还是推进医生的处方层次。这就要求医药代表必须清楚在自己的区域中影响医生处方的关键障碍是什么，然后根据区域市场策略设定产品学术推广会议目标。

设定会议目标应该符合公司既定的市场策略，因此医药代表与市场部的有效沟通十分必要。优秀的医药代表知道如何把自己的区域策略与公司整体策略结合起来，这样在申请有限的市场支持（专项费用，宣传物料如资料、促销礼品）时，自己的报告就容易通过产品经理的批准。

第二步：收集客户背景资料：医药代表合理设定产品学术推广会议的目标时，需要参考的客户基本信息包括：①医院进药情况。②关键人物：医务科、药剂科、目标科室主任、学术带头人等。③科室状况：目标医生、适应证患者潜力分析。④公司产品使用情况：销售量、产品覆盖率。⑤竞争产品使用情况：销售量、产品覆盖率。⑥医生对产品的需求及了解程度。⑦医生使用产品过程中的主要问题。

第三步：听众需求分析：做出举行产品学术推广会议的决定之后，需要首先解决三个基本问题：

(1) 听众是谁　包括人数、年龄范围、男女比例、他们的背景如何，相关专业经验等。

一般科室会议的人数在 10 ~ 20 人为宜。参加的人过多会影响沟通的效果，而且不易控制，也容易额外增加会议成本。

不同年龄、性别的医生，交流的方式、关心的重点不同，事先了解有助于决定你的沟通方式。

专业产品演讲不同于普通的公开演讲，熟悉医生的教育背景和专业经验，就能判断需要讨论的范围与深度。

(2) 听众是否对会议主题有兴趣　问自己以下问题，如果所有问题都能找出答案，你就会找到吸引医生兴趣的方法：①你为什么吸引他们了解你的演讲内容。②你的演讲对听众是否重要。③你的演讲是否能够提供超出听众期望的信息。④医生对你的信任度和接受程度如何。⑤听众能否听懂你的演讲。⑥听众手中的材料是否会转移其注意力。⑦你能否表现出自己了解听众的工作经验。⑧你能否举出实例引起听众共鸣。

(3) 听众将会有怎样的反应　为保证实现你预期的效果，事先需要明确：①演讲前听众的观点是什么。②你的演讲能带给听众最大的利益是什么。③听众可能的反对意见有哪些。④能否列出至少两个听众可能提出的挑战性问题。⑤如何处理听众的不同反应。

第四步：确定演讲内容：在对目标听众的需求分析之后，就可以确定演讲主题了。例如，为了突出一种最新的抗生素的改良优势，你可以利用公司提供的相关资料向医生介绍抗生素的发展史，这些有说服力的引证资料包括：多中心临床试验结果、权威专家意见、统计资料等等。表达方式为：文字、图形、图表、照片、录像、多媒体动画等。

第五步：熟悉会场情况：有经验的医药代表会发现举行学术会议的会场的效果影响非同小可。有时尽管其他的准备工作很到位，如漂亮的横幅、重要的幻灯片等，但到了会场才发现会场找不到悬挂横幅的地方，也没有播放设备，可能室内的光线过亮，听众甚至看不清投影的文字。只有事先熟悉会场的情况，才可能避免影响会议效果的问题出现。

应该了解的会场情况包括：①会议时间，比如是上午、下午，还是晚上。②地理位置：在闹市区还是郊外，医院的学术报告厅还是科室的示教室。③会场内：空间大小，室内外环境。④现场可利用的设施：如电源、电话、空调、窗帘、灯光。⑤声像设备的位置：投影屏幕的大小，放映角度。⑥现场可提供的援助物品：备用电脑、投影仪等。⑦座位安排。⑧会议助手。不要忘记如果自己是推广会议的演讲者，至少需要一位助手的帮助，因为你如果忙于处理各种会议细节，就可能影响演讲的效果，结果得不偿失。

第六步：准备视听设备：一次好的产品学术推广会议就是一次大型的产品宣传活动，办会的目的就是为了给与会者留下深刻的印象，运用各种视听辅助设备，可以从声音、图像两方面激发目标客户的感受。

高速公路旁醒目的路牌广告，车速每小时100km时乘客依然对画面文字一目了然。好的视听设备如果达到这种效果一般符合下列原则：①图形、文字简洁，醒目。②色彩明快，赏心悦目。③画面只有一个主题。④符合KISS原理：keep it simple and sure。

当然，作为一次专业推广会议的演讲者，“你”是最明显的视听焦点，尽管配备了最好的视听设备，仍然需要演讲技巧的训练，医药代表必须深谙“好马才值得配好鞍”的道理。

第七步：预约：每一次产品学术推广会议对医药代表的销售都关系重大，一旦其他工作准备就绪，你还必须和医生事先预约，因为工作忙碌的医生并不会认为制药企业的产品宣传对自己有多重要，很可能会忘记推广会议的活动时间，结果你希望来的医生可能很多没有到，白忙一场。

预约时医药代表要注意：①找一个可靠的支持者来帮助你安排、组织其他医生参与。②至少提前一天再次确认会议议程。③确认内容勿忘三个W：when（什么时间开会）、where（在什么地点开）、who（谁将参加）。

第八步：赴约：医药代表依靠自己的知识、经验改变医生的观念并不容易，所以会前与支持自己工作的专家的沟通十分重要。你需要提前将演讲的主要内容与专家交流，征询他们的意见。只要你对自己的产品能为医生、患者带来解决问题的利益充满信心，你就应该提出希望专家能表达出支持意见的想法，这同样是对支持你的客户的尊重，也可以帮助你赢得对方的尊重。

会场布置也是非常重要的一环，会场布置应注意：①应该至少提前半小时到场。②按照不同的目的摆好座位。③布置好讲台。④调试幻灯机位置，获得最佳的投影效果。⑤检查音响效果。⑥再次提醒参会人员的会议时间。

第九步：预演排练：预演排练是准备工作中最关键的部分，是避免紧张情绪的最有效办法。

演讲成功的95%决定于开始之前，你必须重视下面的练习（以幻灯演讲为例）：①熟悉每一张幻灯片的内容。②根据演讲题目安排好幻灯片的组合。③先分段练习，然后整篇练习。④使用录音机。⑤大声朗诵。最后请记住：医药代表对自己产品知识的熟悉是演讲成功的关键。

第十步：避免摩菲效应：在结束一次专业的产品学术推广会议准备工作的介绍之前，如果你认为终于万事俱备了，你就可能应验了一个让人难忘的规律："摩菲定律"。

"摩菲定律"即凡是可能出错的事必定会出错。指的是任何一个事件，只要具有大于零的几率，就不能假设它不会发生。也可以这样理解：如果以为没有出错的可能，就会出错。老资历的医药代表都曾经有过这样的经历：演讲前已经调试过的幻灯机在刚讲到一半时突然不亮了，而自己又没有备用灯泡；你和助手带着大包小包的设备、资料来到医院，却发现没有医生知道这个会议，因为主任忘了通知……

"摩菲定律"提醒我们，如果你要避免问题的发生，只有反复的准备，想到任何可能导致严重后果的问题。

2. 会议中期 精心组织演讲内容和结构。优良的演讲，能从听众的水平出发，逐步引导他们接受演讲者的观点。

准备演讲内容时先问自己三个问题：我到底想让听众听完后做什么？想什么？感觉到什么？然后仔细审视听众，了解他们是谁，想要什么，对你的目标的态度，你必须如何做才能使其朝向你的目的。

（1）开场白 开场白由致意、自我介绍、提出演讲内容主题组成。进行开场白时，演讲者突然成为万众瞩目的焦点，这时演讲者表达的内容必须引起观众的兴趣，如设计特别的声音、图像刺激、与主题相关的幽默趣闻等，但要注意这些内容必须是演讲内容相关的引导部分。

（2）正文

1）演讲的逻辑思路：正文内容编排的原则是：有逻辑性；承上启下；重点突出；内容最多4～5点。好的演讲内容就像讲一个笑话，搞笑者知道引导听众的顺序，他们总是盯着听众，引其入胜，观众参与度越大，效果越好。组织演讲内容时问自己，如果我是在讲一个精彩的笑话，我期望什么结果？我怎样才能让听众按照我想要的方式做出反应。

2）特性（利益）时刻不忘：成功销售的关键在于能否把产品的特性转换成客户需要满足的利益。在演讲中这一点尤为重要，很多产品经理在专业产品学术推广会议上常犯的错误就是以为只要把产品的性能讲清楚，医生自然会理解它的好处，所以他们总是不厌其烦地详细讲解药品的基因特点、作用机制的步骤，却不讲这些特点最终为医生解决临床问题有何好处，或者只说提高安全性、使用更方便等一般性利益，但提高的是哪方面的安全，应用过程中什么环节更方便却只字不提。

3）用画面展示内容：做这样一个试验，闭上眼睛想象窗外你最喜欢的一幅景象。你会有怎样的发现呢？无论你眼前浮现的是小桥流水，还是蓝天白云，你的脑海中出现的都是一幅幅画面。这就告诉我们，人们用画面记忆，而不是文字。如果能在演讲中将演讲内容如画面一样展示，将获得听众的更深理解。通过演讲者的视线，把听众的注意力聚集在主题上，把演讲变成一次听众借你的眼睛了解新世界、新知识的机会，这就是一个成功的演讲内容的秘诀。

4）生动表达正文：生动表达正文的方法主要有：①运用多媒体的影画效果。②适当地幽默。③讲述人性化故事。④典型案例分析。⑤形象比喻。⑥科学证据。⑦操作示范。⑧现场实验。⑨互动游戏。

（3）结束语

1）演讲总结：演讲的目的是要改变客户的想法，争取他们的行动，所以在致谢结束前不要忘记总结整个演讲的要点，对可能存在疑问的地方要求提问，再次展示资料，建议客户采取行动，并以有吸引力的结束语达到前后呼应的效果。

2）结束的方式

①完美落幕：一气呵成的演讲，结尾部分要达到高潮。例如经过一个著名临床试验的介绍，讨论后得出：某产品是目前治疗急性酒精中毒的标准用药。

②冰山浮现：对于一个受人关注的治疗难题，通过演讲层层解析，终于得到大家认同的答案。如 NSAIDS 药物治疗类风湿关节炎的临床效果分析，可以从消炎、镇痛、改善微循环等不同方面分析，最后得出积极的结论。

③期末考试：以问卷调研或者有奖问答的方式，帮助客户主动记忆演讲的要点。如您认为治疗绿脓杆菌感染最应首先考虑哪种抗生素，理想的抑酸剂应该具有的标准等。

3. 会议后期　评估效果，紧密跟进。

（1）对会议效果的评估　每一次专业产品学术推广会议结束后都应该进行效果评估。评估不仅可以发现解决问题的程度，而且可以确定下一次活动的目标和主题。

首先演讲者自己要做个人总结。可以从活动的组织和过程控制两个方面分析得失之处；也可以通过问卷，或者面对面拜访征询医生的意见；还可以通过客观指标的变化反映会议效果，比如医生处方的改变、医院进药量的增加等等。

（2）运用会议结果紧密跟进　会议结束后及时回访关键人物，既能够体现医药代表的专业精神，又能加强医生刚获得的正面印象。紧密跟进可以针对计划中要解决的目标，借助通过会议达成的共识要求医生尽早解决。同时可以促使医生帮助进药或用药，提高销售业绩，展开深层次的推广。

（三）组织学术推广会议的注意事项

1. 参会人员最好是本医院 1 ~ 2 个科室的主要医生，医药代表应在其中选定将来的目标医生。

2. 会议主持人应是科室主任，会议应主要依托科室来进行，给人感觉应是科室自己组织的学术会议。

3. 会议时间最好是该科室的业务学习时间。

4. 会议地点应是医院或科室的会议室。

5. 会议开始时应由医药代表进行产品介绍并对本公司做简单描述，然后由主持教授引导并展开讨论。

6. 会议发放资料应是产品详细介绍、论文集和国内外临床进展等，应附有小礼品。

六、典型实例

某公司的医药代表要在某医院召开学术推广会议，已经和科主任、医生预约，但公司配备的礼品没有到位，会议室的租赁费用也没有交清。该医药代表权衡再三，觉得既然已经约好，就去开吧，礼品和租赁费用以后再补。所以就领着产品经理、助手，带着资料，背着视听设备兴冲冲地到了医院。结果一进医院就遇到主管药品的副院长，副院长问道："做什么？"医药代表说："开科会。"副院长又问："会议室的租赁费用交了吗？"医药代表说："没有交呢，明天再交。"副院长生气地说："租赁费用没交开什么会！下次吧！"所以说一个成功的产品学术推广会议必须把每一个细节做到位，一个小小的失误就会坏了大事。

七、同步训练

某公司要开一个小型的学术推广会议，主题是推广一种适用于各种手术后疼痛、癌症疼痛、骨病痛、神经痛等中度疼痛药物，该产品是磷酸可待因与非甾体抗炎镇痛药复方制剂，是国内首家上市产品。

请你为这个推广会议做会前准备以及演讲内容准备。

模块七 OTC 渠道终端促销

任务 1 终端拜访

一、具体任务

某制药厂是国内知名医药企业，不久前新推出药物一粒清胶囊，该药物取代了该制药厂原来生产的感冒清胶囊。为了认知新推出的一粒清胶囊的市场反应情况，该制药厂决定在某市区内拜访大型药店和连锁店，以掌握第一手资料，并以此推断是否达到新品种改革的目的。

假如你是本地区的业务经理，请你制订 OTC 终端拜访计划，并模拟此次拜访。

二、训练目标

1. 通过训练，使学生掌握 OTC 终端拜访的技巧，学会运用 OTC 终端拜访的相关知识处理药店事务，为今后的 OTC 实务打好基础。

2. 通过训练，提高学生的语言沟通能力。

三、训练内容和步骤

1. 5 ~8 人为一组，制订 OTC 终端拜访计划。
2. 撰写 OTC 终端拜访方案。
3. 模拟拜访过程。
4. 小组互评。
5. 教师总结、点评。
6. 撰写实训报告。

四、考核标准

1. 制订的 OTC 终端拜访计划合理、可行。(3 分)
2. 小组同学团结协作。(1 分)
3. 模拟过程语言表达及沟通能力体现良好。(4 分)
4. 实训报告语言流畅，内容完整。(2 分)

五、必备知识

（一）OTC 终端拜访的概念

OTC 终端拜访是指 OTC 医药代表根据公司产品的特性和目的有效拜访辖区药店，去建立与药店店员的客情关系，以提高销售量和扩大销售的行为。

（二）OTC 代表拜访的目的

1. 铺货：拜访及时，时刻掌握销售情况，以免断货。
2. 产品介绍：主要是推广新品种，加强老产品的知识推广。
3. 公司介绍。
4. 理货（货架陈列）：可根据公司产品的特点，帮助药店货架陈列，充分展示所售产品。
5. 提配订货。
6. 促销计划的落实：每一次促销都会有花费，看效果才知道投入值不值。
7. 盘查库存：为了及时补货和催售近期产品。
8. 本公司产品销售情况。
9. 竞争对手促销情况：知彼知己才能认识自己。
10. 竞争对手产品销售情况。
11. 消费者购买行为：了解消费习惯才能制订有效的促销策略。
12. 小宣传展架：这是日常工作不可或缺的部分。
13. 店内广告促销机会：拜访的目的之一就是获取信息，利用信息。
14. 联谊：增进友谊，培养感情，才能在你不在店里的时候店员帮你促销产品。
15. 店员教育：良好的店员教育是药店销售的关键。

（三）最佳拜访时间的选择

拜访目的决定拜访时间，选择什么样的时间去拜访药店要考虑到以下因素：

1. 要根据药店的状况　如果药店坐落在写字楼中，肯定要避开中午的时间，最好选在早晨或者晚上去拜访；假如这家药店开在商圈，晚上营业的时间会比较晚，可以充分利用这个时间去拜访药店，去了解状况，甚至利用这个时间开展一些促销活动；要了解药店的轮班时间，尽可能照顾到更多的店员；了解药店的午休时间，如果在夏季的午休时间做一些客情方面的建设，不妨带一些冷饮去拜访，给他们一些夏日的清凉。

2. 要考虑到补仓时间　补仓时间可直接跟踪药店的订单情况，落实客户服务的情况；了解药店的盘点时间可以让 OTC 代表直接了解到效期库存的数量，了解库存等数据是否与账面的数据完全相符；核账的时间比较方便去跟药店经理或者库管、财务谈一些有关回款方面的问题；OTC 代表也可利用药店本身业务会议去介绍自己的产品，因为这个时间所有的店员都在。

（四）拜访计划制订

1. 制订拜访计划的主要目的

（1）提高效率　提高工作效率是做好拜访计划的第一个目的。每一次拜访都是有目的的，不是去药店闲聊。

（2）设定优先　做好拜访计划能够帮助 OTC 代表设定优先。OTC 代表肩负着市场部、销售部、主管、药店乃至自身的各种要求和责任，有很多事项要在药店完成。

根据轻重缓急的原则，做好拜访计划可以帮助 OTC 代表分清主次，使其拜访能够取得应有的成效。

（3）利于跟进　做好拜访计划能够方便 OTC 代表跟进。每次拜访前看一下上次拜访实现了什么样的目标、答应了客户什么，这次拜访要跟进什么，这样才能让客户觉得你是真的能够给客户带来信息和帮助。

（4）自我激励　OTC 代表每天去药店，周而复始，很容易丧失工作热情。而每一次的拜访计划能够给 OTC 代表设定新的目标，激励其带着一种不同的心情、不同的热情投入到新的拜访之中，所以拜访计划也能起到自我激励的作用。

2. 目标设定的 SMART 原则　目标设定的 SMART 原则就是一个目标必须是明确的、可以量度的、可以达到的，同时也是比较实际的、可操作的，另外一定要有时间限制。根据这 5 点原则制订的目标才易于跟进，才能让这个目标成为自身工作的一个指引、一个方向，而不仅仅停留在纸上。

3. 依据目标确定　拜访计划要依据目标来设定，具体需要确定的内容有：拜访的对象是经理、库管、财务还是柜台的营业员；确定沟通的内容、方式；确定拜访的时间；确定拜访需要的资源，可能是一份产品的宣传材料，可能是客户需要了解的药品手册，也可能是药店陈列方面要用的一个陈列模型盒。同时在拜访计划里也要列出预计的达成时间。

（五）拜访前的准备

拜访的核心目标是对先决因素扬长避短，将可控因素利益最大化。以下内容是拜访前的准备：

1. 内容准备

（1）客户状况　要了解客户的状况，尤其是客户在近阶段的经营状况，需要做透彻的了解，甚至具体到要拜访的个人在拜访时间内是否在药店、是否方便接受拜访等等。

（2）需求认知　需求认知既包括药店对其客户、OTC 厂商、OTC 代表的需求，也包括 OTC 代表对药店的需求，需要药店提供什么样的资源，需要药店配合做什么样的活动，需要药店提供什么样的陈列空间等等，还要了解双方的需求是否配合。

（3）拜访计划　拜访计划的具体内容包括进入药店以后如何表述，甚至进入药店后做事的轻重缓急的次序都要提前计划好。

(4) 角色预演 再优秀的 OTC 代表在每一次拜访客户时，仍要在心中模拟一遍客户会想什么，客户会对他提出什么要求，他应该如何去回应客户，这就是角色预演，是一个优秀的 OTC 代表必备的素质。

2. 工具准备 拜访药店需要做许多事情，例如铺货、陈列、产品推荐等，由此也需要准备许多工具来帮助达到拜访的目标，具体的工具准备有：

(1) 客户档案 客户档案是指 OTC 代表向客户做产品介绍或者向客户推荐计划的时候，有时需要呈现的一些销售数据。客户档案可以帮助 OTC 代表展现相关信息。

(2) 拜访计划 OTC 代表需要拜访的客户很多，而且每个客户的拜访时间都不相同，所以需要一份拜访计划来实现有条不紊的销售拜访，避免出现混乱，所以拜访计划主要供 OTC 代表自己使用。

(3) 访销记录卡 访销记录卡便于每个 OTC 代表在完成销售拜访后，对整个销售拜访的成果做一个记录。同时也可以对销售拜访中引申的一些事先没有预计到的问题做一个记录，更重要的是在记录卡上需要记录下一步的工作如何进行。访销记录卡也可以为 OTC 代表的主管提供了解 OTC 代表工作成果和进展的机会。

(4) 理货用品 理货必备的用品有抹布、POP、剪刀、双面胶等工作用品。这些工具主要用来维护整个品牌在药店中的形象，所以这些工具都是必备的。

(5) 产品目录 产品目录能够为 OTC 代表随时向药店店员提供有关产品价格、产品特性或者使用报告方面的信息，使 OTC 代表能够在任何场合下为客户提供专业的培训。

(6) 市场简报 市场简报包含了市场部的活动，比如在未来一个季度某一品牌会投放到哪种媒体；可以为药店店员向顾客介绍同样的信息提供方便，也有利于帮助药店店员建立对这一品牌的信心。

市场简报的另一个重要内容就是一些促销计划，这些促销计划能够向客户介绍某一阶段内究竟要做什么样的促销，促销的细节奖品是什么，甚至把一些奖品呈现在简报中。

市场简报相当于 OTC 代表的战斗工具，既能给客户信心，也能给自己信心，可以推动市场计划在药店里取得最大的效益回报。

(7) 记录工具 当和客户商谈一个比较复杂的事项，商谈类似于年度的合作协议时，很难全部记录下来，这种时候就可以借助录音笔的帮助。照相机能够使每一种新陈列以相片的形式反映到市场部。照相机、录音笔都能帮助 OTC 代表在药店里记录工作。

(8) 名片、笔记本等 名片、笔记本也是不可缺少的工具。名片是与客户初次见面时首先需要递上的"工具"，是客户对你的第一认识。笔记本在现在的客户拜访中发挥着越来越重要的作用，因为笔记本在向客户展示产品、演示资料方面有着天然的优势，而且笔记本还可以存储大量的信息，可以迅速调出客户需要的资料，给客户留下良好的职业印象，从而使客户对企业、对产品有信心。

3. 个人形象准备

(1) 仪表 OTC 代表是代表公司与药店店员进行业务合作的，所以 OTC 代表的仪表就显得非常重要。仪表主要包括头发、耳、眼、鼻、口、须、手各个方面的整洁情况。以头发为例，即使是在炎热的夏季，OTC 代表也应该保持一种比较清洁整齐的发型。同时要注意时时修剪指甲，因为 OTC 代表经常要向客户递交宣传材料，递交礼品，如果是一双不够整洁的手，很容易给客户留下不好的印象。

（2）服饰　对 OTC 代表而言，服饰主要指西装（套装）、衬衫、领带、鞋袜。

一般来说，在气温允许的前提下身着职业装会显得更加郑重，在日常拜访中也可以穿着休闲服饰，但是不能太随意。当和药店经理商谈年度协议或者为药店店员进行培训的时候，最好身着职业装。

（3）礼仪　在礼仪方面一定要注意坐姿和立姿，因为在客户面前一定要表现出对客户足够的尊重；递交名片的时候必须用双手，商谈的时候应该全神贯注地注视客户，要尽量把手机调至振动，这些都是对客户尊重的表现。

（六）店内拜访的步骤

1. 问候

（1）问候的态度　步入药店后要用非常热情的态度去问候每一位与你业务相关的店员，不要因为职位的尊卑，只问候药店经理而忽略其他人；也不要因为他们对你业务的重要性不同，只问候售卖你的产品的店员，而不问候其他人。最好能细致和周到一点，主动走到后面的库房去问候一下库管。

（2）问候的对象　步入药店后，药店店员都应该是问候的对象，值得注意的是，问候应该有重点、有次序地进行，最好是从药店经理依次进行问候。

（3）问候的称谓　称谓也非常重要，假如你直接称呼某经理，相信对方肯定能感受到你对他的尊重。如果你与某位店员非常熟，而其年龄差不多四五十岁，你可以称呼刘姐、王姐之类，这样更显出你与她不单纯是客户跟客户的关系，而且还是朋友关系。这些特殊的称谓在有些时候往往会切实地帮助你。

（4）问候的内容　OTC 代表可能不止一次对同一家药店进行店内拜访，所以问候的内容最好不要每次都是“您好”，这样很容易让人觉得乏味。不妨去设计一下问候的内容，使它既不显得僵硬又不失热情。

2. 陈述和问询

（1）陈述和问询的时机　开始陈述也要注意时机，应该挑选药店经理闲暇的时候，假如药店经理正忙着指导事情，这时你开始陈述，结果往往会适得其反，无法收到预期的效果，说明这不是开始陈述计划的恰当时机。

（2）陈述和问询的方式　一旦问候结束，就要进入目的陈述阶段了。但是要掌握一定的表达方式，最好不要单刀直入。一定要有一个导入的阶段，将你的目的自然地引出，使你与药店店员的谈话自然地进入销售的主题。

（3）陈述和问询的内容　必须要确认你所陈述的内容是能够与药店店员目前的兴趣点配合起来的，如果不配合，你可以通过一系列的问题介绍，慢慢地把他们引到问题上。这时再开始你的陈述或问询。

陈述和问询是拜访的一个主要部分，但是不能在一开始的时候就单刀直入，不顾及对方的时间、兴趣所在，而是以我为主地去开展，这是一个很大的错误，一定要尽量避免。

3. 理货 理货是整个药店拜访中仅次于陈述和问询的第二个重要环节。

（1）理货的对象

1）产品：理货的第一类对象就是产品，要看一下在货架上你的产品是否出现了短缺，是否摆正放好了，是否在主陈列位上。

2）POP：看售点广告有没有破损，有没有被灰遮盖，摆放的位置是不是已经被移动或者已经被别人拿走了。

（2）理货的位置及内容 理货的位置非常有讲究。占据最佳理货位置，选用适合产品特点的理货方式，能够发挥促进产品销售的作用，因此这就需要OTC代表熟悉药店，熟悉货物的特点。理货的内容包括补货、清理、整理，同时千万不要忘记检查备柜中货物的有效期，提醒药店店员要先进先出。

4. 点库（核账） 要了解药店的销售数字，每个月至少要去点库两次。点库的内容首先是点前柜、备柜以及药店的仓库。然后要看实物，要点货架和陈列的包装箱里新进货和效期货的数量；点实物以外还要看台账，即每位药店店员在桌面上的台账中记录的当天的销售情况；了解当天主要的顾客类型、顾客购买产品的原因和取得信息的渠道。此外还要查总账，因为总账是最为准确的，总账是考核OTC代表表现的一个重要依据。具体要查进销存、效期货，同时还要查有必要退换的货品以及竞争对手的情况；点库也要点一下订单，了解最近一次的发货情况、订货的数量，以此来提醒药店增加或者减少订单的量，同时查订单的目的还在于了解这家药店的批发商是否已经更换。

5. 缔结确认

（1）缔结确认的时机及对象 在拜访结束之前，要把拜访取得的成果确定下来。缔结确认要选择时机。通常在差不多完成了所有的细节事项，药店经理或其他店员有时间与你交谈的时候，你可以自下而上开展缔结确认工作。先与其他店员缔结，然后去找药店经理。最后一个告别的对象其实就是药店经理，所以缔结的对象当然也是药店经理。

（2）缔结确认的内容

1）需传达的信息：需要传达的信息包括已经传达的信息药店店员是否已经了解；药店店员究竟同不同意等。

2）已达成的协议：达成的协议内容有：OTC代表何时给药店回复；药店何时能给OTC代表回复等。

6. 告别 告别的时机应在所有的事情已经确认，完成无误时。告别的对象应是所有店员。告别的内容包括未尽事项、回复时间、下次拜访时间及致谢。如：“我下次大概20号左右再来拜访，下次我会把新产品的样品给您带来。”“您刚才问的问题，回到公司后，我立即给您回复。”告别时一定要注意感谢所有店员给予的帮助。

7. 完成访销记录卡 拜访七部曲的最后一步就是走出药店去做访销记录卡。如果在药店内填写访销记录卡，很可能会令药店店员感觉不自然，因为你把其工作情况的好坏都记在记录卡上，同时你很可能忙于记录而不能及时答复店员的提问，这会让他感觉到被冷落。所以，完成访销记录卡应该是在走出药店的时候，把所有的问题在脑中回想一遍，然后再把这家药店的陈列、铺货、查销的数据情况统一记录在访销记录卡上，尤其要记录是否达到了拜访目的、何时给药店答复、下次拜访要做的事情。

（七）销售拜访技巧

1. 聆听 聆听可以帮助你了解客户确切的需求是什么，能够帮助你探询到客户背后的很多信息。只有当你听完整了，了解清楚了，才能向客户传达你的想法。聆听的时候要全心全意，不能分神。

2. 探询（提问） 探询的方式包括开放式的提问和封闭式的提问两种。开放式的提问可以鼓励客户多说，让客户一步一步把心中的话讲出来，让你对他的想法了解得更具体；封闭式的提问是向客户确认，有时甚至是一些引导。例如“您觉得这三个问题里面是不是第一个最重要?”或者“您刚才讲的几点里面，我觉得第一点和第三点是您觉得最重要的地方，对不对?”这样的问话限定了客户回答的方向，能够把客户的回答引导到你需要的方向上。

封闭式的提问也是缔结的一个非常重要的工具，比如“您完全清楚了这个促销计划对您是有利的，对吗?”“那么这个促销计划没有问题，我们下星期在您这边就可以开展了，是吗?”

六、典型实例

四川某药业集团终端人员有效拜访 OTC 药店

四川某药业集团 OTC 药品销售的品种主要是心达康系列产品，河南销售部通过总结以往经验，在一次省区开会讨论后，制订出代表的有效拜访模式，现总结后分享如下：

首先是准备工作。需要准备的内容有：①回顾路线、客户资料。②回顾上次拜访承诺。③问题以及解决的方法。④月/周工作重点。⑤POP 和宣传品。⑥本次工作重点。

第二步：打招呼。需要注意的是：①保持微笑，精神饱满，语言充满热情、自信。②察言观色，主动提问，明确决策人。③对前期承诺的要兑现。

第三步：店情查看。查看的内容有：①公司产品的种类。②公司产品陈列位置、陈列面积和 POP 张贴情况。③库存情况，建议药店始终保持安全库存。④产品的价格情况和当前产品有效期情况。⑤竞争对手相关情况。

第四步：陈列改善。主要要做的工作是：①显眼的位置和尽可能多的陈列面。②集中陈列，让公司产品尽量齐全。③张贴 POP 和摆放宣传品。④公司产品要保持清洁。⑤公司产品的价格牌要清晰，能看清楚。

第五步：产品推广。需要推广的内容有：①结合市场部要求，进行产品卖点、定位的店员教育。②新产品介绍。③促销活动的推广和跟进实施效果。

第六步：促进购买。主要包括：①回顾客户销售记录。②结合当天库存，建议客户进货，保证安全库存。③品种推广。

第七步：回顾与总结。主要内容有：①回顾拜访计划以及实现的情况。②当日拜访目标效果。③本次问题处理结果。④前期承诺的解决情况。⑤促销活动的效果。⑥跟进，制订下次拜访计划和安排。

第八步：行政工作。主要工作有：①填写拜访记录。②竞争对手品种情况汇总。③客户情况汇总。④问题的汇报。

当然实际工作中不是严格按照这几步去做，这种拜访模式只是对实践的一个指导，要根据实际情况解决问题，最终的目的是把工作做好，有效率，提高销售量，圆满完成辖区任务。

七、同步训练

某药业公司在全国建立了分销网络，在某省会城市对药店的覆盖率已经达到了100%，公司的广告规模很大，广告效果在业内认为也是一流的，但是实际销售业绩并不理想。于是公司决定加强渠道终端的建设和管理，有效启动终端市场，使省会城市100%的覆盖率都能有效启动。请你为该公司能有效的拜访 OTC 终端客户制订方案。

任务2　店员教育

一、具体任务

北京某连锁药业有限公司因产品质量优、销售技巧先进、服务优质等而闻名全国。如今，该公司为了提高药店行销的方法和销售量，计划对全国的连锁药店进行一次店员培训，一方面让店员正确销售公司产品，另一方面使店员能为广大顾客提供良好的售前、售中、售后服务。

假如你是该药业公司连锁经营的市场部经理，为了使这次培训达到良好的效果，请制订 OTC 店员教育的内容。

二、训练目标

1. 通过训练，使学生明确 OTC 店员教育的重要性，掌握 OTC 店员教育的各种技巧。

2. 通过训练，提高学生的语言表达能力和组织协调能力。

三、训练内容和步骤

1. 5~8 人为一组，制订 OTC 店员教育内容。

2. 撰写 OTC 店员教育后的总结和感想。

3. 小组派代表向全班同学汇报。

4. 教师总结、点评。

四、考核标准

1. 制订的 OTC 店员教育内容符合实际，具有可操作性。(5 分)
2. 小组同学能很好地分工合作。(1 分)
3. 制订的 OTC 店员教育内容新颖，方法上有一定的突破。(2 分)
4. 总结和感想全面、深刻。(2 分)

五、必备知识

(一) 店员教育的概念和类型

1. 店员教育的概念 店员教育是指 OTC 代表将药品的相关信息传递给终端店员，丰富店员的产品知识，以期在终端销售中增加产品推荐率的一种教育培训活动。

2. 店员教育的类型 店员教育类型中的一般培训包括新品上市培训、产品知识培训、促销计划培训、销售技能培训、药店专业培训和柜面示范。

(二) 店员教育的目的

1. 建设客情 在整个药店工作中除了陈列和理货以外，店员教育最主要的目的就在于建设客情。店员教育是一种非常好的手段，因为在教育过程中，OTC 代表本身展示的就是一种专业的形象，这种形象能让药店店员产生更多的信服。同时，因为店员教育可以采用很多形式，比如游戏、竞赛等，这些形式能够拉近与药店店员的关系。在日常的拜访中并不是每一位 OTC 代表都能走到柜台后与店员肩并肩地交流。所以，店员教育能够在形式方面提供给 OTC 代表更多的机会和空间去展示自己。

2. 让药店店员掌握产品的特点及品类知识 店员教育的第二个目的是让药店店员掌握产品的特点。以销售一种皮肤科药为例，可以非常简单地告诉药店店员皮肤类疾病有哪几类，这样能够让其在为顾客推荐产品时，体现出一定的专业知识，同时也有利于做出准确的推荐。这样可以提高顾客对药店的信赖度，当然也会增强顾客对产品的信任。

3. 提高销售技能 在很多店员教育中，销售技巧的培训也是很重要的一项内容。因为药店经理希望 OTC 厂商给他们带来的不仅仅是销售额，也能够给整体人员带来素质的提升和售卖技能的提高，最终能为药店创造更多的价值和利润。如果 OTC 代表能够为药店店员提供各种形式的销售技巧培训，相信其在药店店员心目中不仅仅是供应商，而是药店的一个合作伙伴。

4. 传递公司的专业形象 店员教育的另外一个重要目的就是传递公司的专业形象。一些 OTC 代表在进行店员教育前，往往不注重形式，只注重结果和内容，认为只要把产品知识讲完就可以了。其实，每一项跟店员发生接触的活动都无时无刻不在传递公司的整体品牌形象，好的形象能够给药店店员足够的信心。

（三）店员教育活动的特点

1. 以店员的需求为出发点 目前许多药店店员本身所接受的医药方面的培训并不是非常充分，但是就某一个领域而言，其了解的知识可能并不是特别少，所以在进行店员教育的时候，一定要弄清店员对某个品类、某种产品掌握到了何种程度，否则培训内容过细店员会不耐烦，讲得过于粗糙就无法达到培训的效果。

2. 选择两班，轮班接受培训 店员教育需要将店员集中起来，所以这种培训在很多情况下是不可行的。在店员教育的时间选择方面，一般会选择两班，让店员轮班接受培训。培训时间有时候也要根据培训的内容和培训学员的情况来确定。

3. 以柜台作为主要的教育场所 作为店员教育的场所，用得比较多的还是柜台。OTC代表对售卖产品的柜台店员做及时的产品教育辅导，或者在午休时间把全体店员召集起来做10～15分钟的简单演讲介绍产品，也可以进行一些大型的店员教育活动，从形式上有所突破，给他们留下深刻的印象。

4. 注意内容的更新及趣味性 纯粹的产品知识教育，经过几次之后可能就无法引起店员的兴趣了。所以，在进行产品知识培训的时候要注意内容的更新，注意内容的趣味性，让店员在培训过程中始终能够把注意力集中在培训内容上，能够一次又一次地深化所学内容，能够不断地在头脑中累积产品知识。

5. 教育形式多样 对店员的教育在店外找一个场所以课堂式的演讲方式进行，或在某些时候把店员教育放到郊外，并与旅游活动相结合。在不同的场所店员可能有不同的心境。此外，在时间方面也可以做一些突破，通常所做的教育都在午休时间或在早上8点半到晚上5点半这些拜访的时间，这些时段已经司空见惯，而且每个店员又非常忙，所以可以尝试在下班前的半个小时，带着一些点心等具有慰问性质的礼物，在柜台前进行生动的产品介绍。

例如进行维生素产品教育，那就可以在每天早晨开店的时候，带着样品去，请每位店员一起服用一粒维生素，以关注一天的健康，只有这样才能精力旺盛地投入到每一天的工作中去。所以，店员教育可以采取很多形式，无论是场所、内容，还是时间的安排都有发挥的余地。

（四）店员教育的内容

店员培训的目的是为了密切医药企业与终端药店的关系，使店员熟悉产品知识，以提高产品的店员推荐率，特别是第一推荐率。所以，店员教育的内容应包括：

1. 公司介绍。

2. 相关的医药学知识。

3. 产品介绍：如产品最突出的卖点；产品与竞争品牌的比较优势（尤其是优于竞争品牌的特性和售后效益）；产品的正确使用方法及注意事项；产品可能的副作用及解释；顾客可能问到的问题及回答等。

4. 与药店服务有关的内容：如怎样增强推荐的信服力；怎样进行产品陈列；怎样

让进店的顾客都有消费等。

（五）与顾客互动

在店内开展工作，除了做好店员的工作之外，也可以在药店的范围内与顾客进行很多沟通，向他们传递品牌的信息。

1. 药店内

（1）张贴宣传海报/单页：张贴宣传海报/单页，这是最容易做到的互动媒介。

（2）设立专科柜台：有的药店会专门设立一个柜台，如设立胃肠道疾病柜台、糖尿病柜台等等，在糖尿病柜台上除了可以摆放低糖食品和糖尿病药物外，也可以考虑摆放必要的维生素矿物质制剂。

（3）开展药师咨询活动。

（4）建立会员制度及消费者档案：可以做一些会员制度、消费者的档案，以此和顾客进行更多的互动。

（5）开展基础体检活动：假如一些顾客长期购买你的产品，除了给他折扣以外，也可以提供一些基础体检，以此作为额外的增值服务，从而体现整个公司的服务理念。

（6）提供送货服务：应该鼓励药店为一些定期的顾客或者销售额比较大的顾客提供送货服务。

2. 药店外

（1）社区讲座　进入社区或社区居委会、街道或小区中心举办讲座是常见的与顾客进行互动的方式，这种方式有利于拉近药店与顾客的距离，促进药店的销售。

（2）早锻炼健康咨询　在公园、社区的健身点，可以和药店、社区的医生配合做一些早锻炼的健康咨询。但是介绍的产品一定是针对特定人群的，因为参加早锻炼的通常都是一些老人，而且在早锻炼的时间里大家都比较悠闲，人也比较多，相互之间容易形成一定的影响，易于建立口碑。而且老人作为家庭的一分子，能够把相关的信息带到整个家庭中去，从而影响更多的人。所以，早锻炼健康咨询也是一种不错的互动形式。

（3）派药　在目前的政策环境下，OTC产品是不允许派药的。希望将来有机会能够把这种形式做得更为活跃。

（4）社区医院联合体检　可以去当地的社区医院聘请几名退休的医生，共同推出以公司的品牌或者以公司的名字命名的体检服务活动，这既是一项公关活动，用来推荐公司的品牌，提高知名度，同时也是一个非常好的现场售卖机会。假如把药店也结合进来，通过从体检中发现的问题，为社区居民提供健康的指导，以及保健品和OTC产品的购买建议。

（5）社区医疗咨询服务　聘请一名或者两名退休医生，利用药店和地区顾客档案，通过电话的形式提供医疗咨询或者上门医疗咨询。

六、典型实例

某制药企业区域代理商对药店店员的培训

（一）店员集中授课培训法

这类教育培训活动区域代理商可一年组织两次，并且大部分是亲自组织、亲自上台讲授，具有效果好、效率高、容易让店员记住企业及产品的特点。

店员集中授课操作细节如下：

1. 店员集中培训目的

（1）高效率向店员传播产品知识。

（2）增强企业、OTC 代表与店员的关系。

（3）向店员介绍企业的 OTC 代表。

2. 联系 可以直接与医药公司总部、连锁药店总部的人事部门或者专门管理各门店营业的部门负责人联系。联系时最好是通过其业务部门引荐，这样做一是可以提高成功率，二是可以加强与业务部门的关系。当然，送给店员的小礼品也要送给业务部门。

3. 培训内容 培训内容主要包括产品知识（自己产品的特优利、同类产品的比较、顾客可能对产品的反应）；厂家的历史和未来；厂家的经营理念；促销活动的操作办法等。应特别注意的是，培训的内容一定不要仅仅陈述企业的产品，最好把培训和社会热点、公益知识、医药知识联合起来，店员会比较容易接受。比如，OTC 普及知识培训、《药品管理法》宣传培训、妇科病防治知识讲座培训、药品销售技巧培训等。

培训的关键是让店员记住产品的相关知识，要做到这一点，在培训时创造性的讲授可以帮助店员加强记忆。例如：①把产品知识编成顺口溜，在培训时进行现场记忆比赛。②把药品疗效通过图片来进行说明。③通过与店员一起分析中成药的理、法、方、药和君、臣、佐、使，说明产品的药效和产品的特点、优点，最后把产品卖点（利益点）总结出来，关键是用顾客能明白的语言来说明产品的卖点（即顾客购买的理由和购买后得到的利益）。

4. 培训地点

（1）选择一个公共场所如会议室、宾馆、学校教室等作为培训地点，选择的地点应该尽量让所有连锁店的店员都不要在途中花费太多的时间，即选择居中的位置。如果是夏季，场地最好有空调，以免天气太热，店员心绪不定，影响培训效果。

（2）连锁药店总部提供场所。这样的场所一般只要总部通知，各个药店店员都会知道具体地点。

需要注意的是，如果是区域代理商选择地点，应遵循以下两点：一是选择的场地便于店员寻找，二是必须通知到每个药店，告诉每个药店店员培训具体地点在什么地方、场所叫什么名字、附近有哪些明显标志性建筑，从所在的药店到这个培训地点应该如何走，最好要求店员记下来。在场地外要布置指路牌，以便于店员找到具体的培训场所。

5. 场地布置 具体有五项要求：

（1）门口以及楼外有指路牌和欢迎标语及条幅，同时门口要有一个简单的签到登记本，签到时顺便发放资料。

（2）场地布置温馨舒适是基本要求，以增加店员的好感。

（3）培训场地要布置得有气氛，四周全部用各种 POP 广告布置，条幅、横幅、立牌、吊旗、招贴画等越多越好，让店员记住。把场地布置成企业的专柜，在有限的时间内，店员尽可能接受企业产品的信息。

（4）场地一定要打扫干净，否则，一是店员感觉不好，降低培训和企业的档次；二是迟到者会因为擦拭座位，产生噪音，影响其他人。

（5）现场一定要有产品实物样品，让店员现场看得到产品。

6. 培训时间

（1）培训时间最好控制在 2 小时以内，一般是 1～1.5 小时。

（2）一般应该安排上午和下午两场培训，上午尽量避免在接近 12 点的吃饭时间，下午尽量避免在接近下班的 5 点钟以后授课。这两个时间段店员急着吃饭和进行下一步的私人活动或者工作，因而听课的效果较差。此外，一旦延时店员提出安排用餐的要求，会令主办者很尴尬。

（3）培训应选择一周中店员最为空闲的时间，避免在周一和双休日，一般来说周二、周三、周四都是较好的时间。

7. 授课方式

（1）生动、活泼、有趣是首要条件。培训者医药知识应较丰富，能回答店员提出的医药知识与工作中遇到的疑惑。

（2）最好是用手提电脑配上投影仪，把授课内容编排成幻灯软件。编排生动有趣，可提高店员兴趣。

（3）可选择展板式讲座，把要讲的图文内容刻字或者喷绘在轻质塑料板上，在现场展示并讲授。

（4）注意互动，适时提出问题要店员回答。可穿插一些有趣的测验、演练、故事、幽默、笑话、脑筋急转弯、游戏等内容，但要尽量设计得与内容有关。

8. 现场有奖问答 为了进一步加强对产品知识的记忆，可把产品知识设计成各种问答题，在培训期间或者结束时现场进行有奖抢答，答对者即可获得礼品一份。提问时，尽可能事先弄清各药店售卖企业产品的店员的名字，让他们来回答，并发给奖品。

注意：店员的回答一般不可能十分准确，主办者要大声重复正确答案，以便经过多次重复使店员记住产品知识。

有奖问答应由 OTC 代表来完成，一是加深店员对 OTC 代表的印象，二是奖品由 OTC 代表派发，店员会感激 OTC 代表，以后终端拜访工作就容易进行了。

9. 准备小礼品结束后发放 小礼品是加强 OTC 代表和店员关系的一个重要方法，不可或缺，否则会影响以后参加培训的积极性。培训完毕，凡是参与者每人发放小礼品一份。记住不可在培训前发放，否则个别人会提前退场。

小礼品的选择标准有两条：新颖有趣和实用，价值不一定很高。

（二）产品知识有奖竞赛答卷法

1. 目的 通过有奖答卷，让店员熟悉产品知识。店员要正确回答答卷上的问题，就会阅读企业的宣传资料，而且要找到正确答案就必须认真看，然后把答案填写在答卷上。通过这两个过程，店员对企业宣传信息的无意注意转化为有意注意。从而让店员记住产品的“特优利”。

2. 有奖答卷设计

（1）答卷内容 产品组方中的君、臣、佐、使知识；治疗疾病的理、法、方、药等各方面的知识；疾病的知识；产品“特优利”知识；服用方法、周期、适应证；顾客投诉处理方法技巧；向顾客推荐产品的技巧等。

（2）答卷图案设计 有趣、有吸引力，店员拿到手即不愿放下。最好是彩印。

（3）答卷问题设计 题型为填空、选择、问答题三种。可以设计成双面印刷，一面是产品知识说明，一面是问卷。

3. 有奖答卷法操作技巧

（1）产品知识宣传资料必须与有奖答卷同时发放，如是双面印刷，则一面是产品知识，一面是答卷，一次发放即可。

（2）有奖答卷只发给销售本企业药品的柜台店员，以及因倒班而销售本企业产品的其他柜台店员，不可药店所有人员都发放答卷。

（3）答卷发放后3天到1周内，OTC代表要督促店员填写，并一再说明肯定都有奖品或礼品。并且要在1周内派人员亲自收回，时间长了店员可能忘记或者弄丢答卷。也不可让店员自己寄回，否则回收率很低。如果没有专人去一家一家收回，区域代理商则要购买信封，写上邮寄地址，贴好邮票，随同答卷一同发给店员，不可不填写地址，否则信封、邮票都可能被店员移做他用。

（4）回收时相同字体的答卷视为无效，未完成答卷的无效，防止一人填写多份答卷的现象。

4. 奖励兑现

（1）奖励面要广，可设置3~5个奖励标准，奖励以价值相等的实物为主，这样相同数目的奖励金额可以得到更多的物品。此外，凡是认真填写了答卷的店员，每人都有一份礼品。

（2）颁奖最好在公共场所集中进行，场地布置可以参照店员培训的方式来操作，通知店员地址时也可按照店员培训的方式进行，一定要到位。

（3）现场还可以再次讲解产品知识和进行现场有奖问答活动。

（4）颁奖时可以做些技巧处理，一是尽量把大奖颁发给销售本企业产品多的药店以及相应柜台的店员，以促使其更卖力。避免把大奖发给其他柜台店员。二是尽可能颁发给到场的店员，这可以通过预先把到场人员的答卷另放来控制，否则会产生相反的效果。

七、同步训练

作为世界范围内避孕和生殖领域的先驱，欧加农早在 1923 年就开始从事生殖内分泌和激素药物的研究和发展。1981 年，新型低剂量避孕药片妈富隆研制成功。经过多年的努力，2005 年 9 月，妈富隆获得了 OTC 证书，从此获得了和其他竞争产品同场竞技的机会。由于习惯了医院的销售模式，缺乏 OTC 销售经验，欧加农公司为了取得药店的合作，让药店知道这个品牌和企业，决定除了了解 OTC 销售的其他方面外，着重对合作的药店进行店员培训，让他们了解公司、了解产品、了解与其合作带来的好处和掌握正确的销售妈富隆的方法。请你为欧加农公司制订 OTC 药店店员培训方案。

任务 3　终端促销

一、具体任务

某药业公司生产的心达康胶囊临床效果很好，受到医生和患者的一致好评，在零售市场尤其是药店销售方面也为企业创造了较高利润。2012 年 9 月，为了进一步提高心达康的销售量，该药业公司准备在某地区大的连锁药店开展终端促销活动。

假如你是本地区的业务经理，为了做好这次促销活动，请制订 OTC 终端促销方案。

二、训练目标

1. 通过训练，使学生掌握 OTC 终端促销的技巧，学会运用 OTC 终端促销知识开展促销活动，为今后药店工作打下良好基础。

2. 通过训练，提高学生组织协调、交流沟通和团结协作等方面的能力。

三、训练内容和步骤

1. 5 ~ 8 人为一组，制订 OTC 终端促销方案。
2. 撰写 OTC 促销方案计划书。
3. 小组派代表向全班同学汇报。
4. 教师总结、点评。

四、考核标准

1. OTC 促销方案具有可操作性，能运用到实践中去。(6 分)
2. OTC 促销方案具有创新性和新颖性。(2 分)
3. 小组同学团结协作。(2 分)

五、必备知识

（一）OTC 终端促销的概念和类型

1. OTC 终端促销的概念 促销就是以合适的时间，在合适的地点，用合适的方式和力度加强与消费者的沟通，促进消费者的购买行为。

OTC 终端促销就是通过信息传播和说服活动，在终端与个人、组织或群体沟通，以直接或间接地促使其接受某种产品。

2. 终端促销的类型

（1）药店（店员）促销 药店促销最为常见的是订货奖励。订货奖励包括新品订货、主流产品订货和滞销产品订货三种。可以以销售 10 箱、20 箱为界，给予奖励的折扣，也可规定满若干货品奖励礼品，比如订 10 箱奖励一台电水壶，订 20 箱可奖励一台微波炉，50 箱可奖励一台小小的音响。这样可以鼓励药店超出其正常的订货水平，不断增加。

1）新品订货：新品上市订货很常见，因为药店经理对于新品上市的销售没有把握，所以要用一些手段去鼓励订货尝试。

2）主流产品订货：主流产品订货通常是为了配合一些促销活动，甚至是为了打击竞争对手。因为药店的流动资金是有限的，客户一旦订了公司的货，就可以灵活调配，而竞争对手那部分货的资金量就会受到挤压，会比较有限。

3）滞销产品订货：药店对于滞销产品的兴趣都比较低，没有信心，恶性循环只会使这些产品永远都滞销，为了打破恶性循环，就要开展一些活动去鼓励药店经理订一些滞销的产品，然后去做一些尝试。

其他药店促销还包括产品推荐竞赛、陈列竞赛、销售竞赛，这都是针对一些药店店员包括药店俱乐部的活动。

（2）消费者促销 针对消费者的促销主要是降价，包括给折扣、直接给现金、给优惠券；消费者的促销还包括买赠（小包装、小礼品、新产品），更有各种各样的抽奖、名人促销。另外还有采取次数不多的联合促销，药品和消费品联合促销，在品牌的取向、价值的取向方面比较配合，可在一定程度上争取到许多原有的消费群体以外的购买力。

（二）终端促销的作用

1. 提供信息情报，促进信息交流 无论药品正式进入终端市场之前或进入之后，企业都需及时向市场介绍药品特点、疗效、规格、价格等信息。对消费者，信息情报起着引起注意和激发购买欲望的作用。

2. 扩大药品需求，加速流通 有效的终端促销活动在诱导和激发需求方面的作用是显而易见的，不仅如此，在一定条件下还可以创造需求。终端促销可使市场需求朝着有利于企业药品销售的方向发展。

3. 突出药品特点，树立产品形象 医药市场上同类药品竞争激烈，药品之间存在的细微差异，消费者往往难以辨别，终端促销可以借助商标、药品特征、价格和效能而克服人们在购买药品时的犹豫不决，使消费者明确对差别的理解，形成对本企业产品的偏好心理，建立与众不同的产品形象。

4. 稳定销售，巩固市场 医药市场环境的复杂性常使企业的终端销售量波动很大，企业如能有针对性地开展终端促销活动，使更多消费者了解、熟悉和信任本企业的药品，这对稳定销售乃至扩大企业的终端市场份额，巩固企业的市场地位均有重要作用。

（三）促销成功的要素

1. 目的正确 促销的目的一定要正确，促销不是去弥补广告投入的不足，不是帮助获得短期的利益，促销必须和整个市场品牌的策略相符合，所以它的目的必须正确。

2. 策略可行 策略必须可行，这种可行性包括必须和品牌策略符合，同时也包括整个方案必须在现实中是可操作的。

3. 执行良好 执行良好这一点非常重要。就算是一般的计划，假如有一个好的执行也可能得到一个好的结果。促销执行是 OTC 代表最大的自身价值在终端的体现。

（四）促销计划

1. 年度促销计划

（1）年度促销计划的主旨　年度促销活动应与全年的品牌策略、媒体计划配合，协调各项营销组合因素，发挥整合的效应。比如每年有两批电视广告，分别在春季和秋季播出，那么整个促销就应该跟这两批电视广告配合。如果每年都计划在 10 月份开展新品上市的活动，那么整个促销也应该和这些活动配合，这样才能协调各项营销组合的因素，发挥整体效应。

（2）年度促销计划的注意事项　年度促销计划应该列明每个促销活动的具体目的。要解释这些活动如何去配合既定的目标，同时有必要在活动中非常详细地列出促销的时间、内容和促销预期达到的目标。无论是促销的销量还是在整个促销阶段事前和事后品牌知名度的对照，或者客户购买比率的提升，消费者平均单人每次购买多少金额的产品，这些都可作为促销的量化目标。更为重要的是，整个促销还有许多预算和资源需要列明，比如有多少家药店参加这个促销活动、A 类药店将会被分配几名促销代表、将会得到多少 POP 的支持、将会有多少进场费可以供给使用等等。

（3）年度促销目标的设立原则　年度促销计划要有一个年度的促销目标，即年度促销预期应该保证达到这样的目标，或者是提升销量，或者是提高产品的知名度，或者是提高客户对产品购买的取向性。

1）设立目标必须与整体市场开发策略保持一致：设立目标必须与整体的市场开发策略保持一致。例如如果企业将 2013 年定为新品上市年，在这一年，品牌策略是需要传递给客户企业品牌的价值，即提供给客户一种健康、完美的生活。所以，整个促销的目标都应该与企业品牌策略以及全年的重心配合。

2）促销目标同时也是整体市场计划的一部分：例如年度促销目标是鼓励消费者试用新品，那么年度策略就是配合广告投入鼓励非现有消费者使用新品。促销计划就是针对那些非现有消费者，采取联合促销、名人促销等形式，有效实现在现有的消费群体以外招募新的消费者。

如果公司的主流品种已经在市场上存在很长时间，那么对主流品种的促销目标就是鼓励消费者去再次购买，以此巩固其对品牌的忠诚度。这些都可以成为年度促销计划的目标。

2. 短期促销计划

（1）短期促销计划的主旨　相对于年度促销计划来说，短期促销计划关注的是营销元素中的一项，更关注的是短期销售的增长，它对品牌的顾及相对来说少一点，但是有更大的自主性，更符合当地消费者的口味。短期促销计划在计划和执行的过程中具有更大的不确定性和偶发性，所以短期计划更需要各部门的协调。

（2）短期促销计划的制订原则　短期促销计划有一定的自主性、不确定性，一个短期的促销计划有以下几项原则可以把握：

1）是否配合年度目标：短期促销更多地是为了配合某个市场在特殊阶段达到一些短期目标，甚至于在某些营销元素的组合方面会偏重于个别的元素。但短期促销不能脱离年度目标，应根据年度促销目标制订短期促销计划，两者之间应该是相辅相成的关系。

2）是否配合品牌形象：短期促销计划的内容和策略应与品牌形象相符，否则会破坏品牌形象。如高档产品送低品质礼品，这就与品牌的形象相悖了。

3）是否能与年度计划形成整合：所谓整合就是指对于品牌形象的诠释是否能产生呼应，尤其是在安排时段方面，能否与品牌促销计划形成互补，避免在同一时段开展活动，形成冲突。

4）是否有好的产出效益：短期促销计划更多地会看重短期的产出效益，年度促销计划主要用来提升品牌形象。有很多内容是没有办法量化的，所以在估测年度促销计划时，就要把品牌价值的提升作为市场回报的一部分，而不像短期促销计划那样直接去关注销售的增长。

（五）促销频度及目标

1. 促销频度及目标的决定因素　促销的频度和目标是由许多因素决定的，如果把握不好促销的频度，会对品牌的形象造成很大的损害，决定促销频度的因素有：

（1）品牌成熟度　通常，一个品牌越成熟，促销活动应该越少、越精致。

（2）市场成熟度　当消费者的行为相对来说已经非常固定，其对品牌的倾向度也相对固定的时候，促销活动应该做得更少一点。因为促销对消费者的影响已经很小了，只能起到一个提醒的作用。

（3）市场规模及份额　假如产品市场推广做得够大，份额够大，促销活动也应该更少。

(4) 竞争状况　竞争越激烈，促销活动越要多。你不做竞争对手会做，需要在终端这个层面直接给对方一种抑制。

(5) 通路渗透情况　所谓通路的渗透情况是指究竟在一个地区有多少家药店已经有本企业的产品，才能做促销活动；究竟有多少个城市有本企业的产品和零售网点的销售，才能进行全国的电视广告投入。推广的城市越多，越应该去做品牌的全国促销活动；在一个城市中，零售网点铺货越多，越值得去做一些短期促销计划。对于新品上市来说，有一个比较基本的原则，那就是在一个城市中至少有 70% 以上的零售网点有铺货的时候，才能考虑媒体广告投入。

(6) 消费行为特点　假如一个城市的消费者或者一个品类的消费者都有这种习惯，那就是比较容易受到电视媒体的影响，受到广告、促销的影响去改换品牌，那就应该考虑采用促销的手段来引导消费者。

2. 年度促销计划的促销频度及目标　年度促销计划的促销频度应以每年 2 次为宜。应以提升品牌认知及品牌价值、推荐新产品、招募新消费者和巩固现有消费者的忠诚度为目标。

3. 短期促销计划的促销频度及目标　短期促销计划的促销频度以每年不超过 4 次为宜。应以提升销量，提升市场份额，打击竞争对手为目标。

（六）促销预算

1. 根据过去的促销预算份额进行计算　假定去年共有 1000 万元的市场预算投入，大约安排了 10% 的市场预算用来促销，今年假如有 2000 万元的投入，那就要有 200 万元用来做促销。

2. 依据目标市场的占有率计算　例如对整个市场预算是 2000 万元，市场占有率是 10%，以此推算，促销预算就要拿出 200 万元。

3. 依据竞争对手的市场投入结合市场占有率计算　例如竞争对手的市场占有率是 30%，其投入 100 万元，而本企业产品的市场占有率是 60%，那么大致就可投入 200 万元去抗衡。

4. 以品牌组合中的份额计算　在整个咳嗽感冒药中，本企业所占的市场份额大约是 20%，如果这个品类整个的广告投入是 1 亿，那么相对于这个产品来说，企业就应该按照市场份额来推算应该投入多少，结果是至少应该投 2000 万元的促销预算。

（七）促销评估

1. 评估目的　促销评估非常有助于判断促销计划究竟是否有效，尽管这只是一种事后的判断，但是也能为下一次促销的执行找出一些机会点、问题点加以改善。所以，评估的目的在于比较促销目标与实际达成的状况，在于建立一个连续的记录，在于积累经验。同时，在对促销进行评估的时候，每个人都应该保持一种开放的心态，要意识到这一次的促销方法未必最佳，可以做一些探寻，看看针对这次促销出现的一些问题是否已处理好，或者是否没有把握好一些机会，是否有其他的方式可以改进。通过促销评估还可以改善以后的促销活动计划。

2. 评估内容

（1）零售终端的满意度　促销结束后要去征求零售终端的意见，即征求药店店员的意见，了解他们对于促销活动是否满意，因为他们可以站在一个更为广阔的立场上来看待这件事。药店店员可以对 OTC 产品和消费品进行比较，可以对这个品牌和其他 OTC 品牌进行比较，作为分析销售增长、进货增长、陈列空间增长、POP 增长和拒绝参加促销的原因的参考。

（2）销售量增长　考察销售量增长可以从以下角度入手：

1）与去年同期比较：与去年同期比较可以获知今年比去年增长了多少。

2）与当年平均比较：与当年的平均水平比较，可以获知当年和今年没有促销的时候与进行促销之后能够额外增长销售量是多少，这是促销力度评估的有效指标。

3）与促销前 3 个月的平均比较：有些产品有季节特性或者正处在铺垫的阶段，如果看得过远，既没有足够的铺货点可以用来考察，也没有那么多的药店店员了解这个产品，所以和促销前 3 个月做比较，才能够大致比较及时、公平地看出促销在短期内对终端销售的影响。

4）与促销后 3 个月的平均比较：通常做完一次促销后，都会给药店和品牌吸引到更多的消费者和客户，之所以要与促销后 3 个月的平均做比较，是因为通常在促销后，消费者的购买力被提前预支，在促销结束后的 1～2 个月，整个销售量往往会低于平常时间。与促销后 3 个月的平均做比较可以判断出这次促销是仅仅把现有消费群体两个月的购买力前置了，还是真的招募到了部分新的消费者，真的使额外的购买力加入到了现有的消费群体中。

5）与其他促销计划进行比较：与其他的促销计划比较可以看出哪种促销形式在这个城市、这个市场、这个品类中更为有效，这样做有助于积累经验。

（3）消费者实际购买量

1）零售终端的满意度与消费者接受度有差异：零售终端的满意度其实跟消费者的接受度存在差异，零售终端觉得只要能够有大量的产品卖出去就非常满意，甚至认为促销执行最好不要给他们增加额外的工作。

消费者会因为兑奖的程序过于复杂而不满意，或者因为一次购买要求的金额太高而承受不了，即使买了产品也拿了奖品，但心里也会很不舒服。

要想评估消费者的实际购买量，就要评估消费者的满意度和零售终端满意度的差异。

2）市场占有率能反映其他因素对最终结果的干扰：一个促销阶段销售量的增长不能完全决定一次促销的成功与否，还要考虑其他市场的综合因素，也要考虑到促销期间自己产品在市场的占有率的升降情况。

假如在促销期间进行的是买二送一活动，销售量增长了 30%，这应该是个非常不错的数字，但是假如在同一阶段有一个直接竞争对手也在进行促销活动，而且其销量增长了 80%，这就使你在市场份额中的百分点下降了。由此可见，虽然你的绝对销售额上去了，但是相对销售份额却下降了，所以这次促销活动可能就未必是一次成功的促销，至少有值得检讨的地方。

3）对竞争对手的影响：评估消费者的实际购买量还要考虑到对竞争对手的影响。通常在一个促销计划里，除了要提出自己的销售增长要达到多少，也会提出要把竞争对手的市场份额降低到多少。在促销阶段，这是一个相辅相成的目标。

(4) 投入产出比　投入产出比受到促销效率和检讨成本控制的影响。所谓促销效率就是究竟投多少钱才会获得销售增长，最好进行多个促销计划的连续比照。如果促销频度过密，促销的效率就会越来越低，单位人民币带来的销售增长会越来越少。同时，在投入产出比的分析中更重要的是需要减少成本控制。

（八）促销执行

1. 促销前沟通　促销前的沟通也就是促销前一个信息的发布，零售商和批发商是第一类沟通对象。

与零售商和批发商沟通的内容有：让他们备货，保证促销期间不发生断货；给零售终端和批发商一些折让，鼓励他们加入促销；与他们沟通促销的内容、时间和预计的销售增长目标，同时在执行方面还要向他们提出售点的陈列要求，确定进场时间；沟通对现场促销人员的管理、现场执行的安全因素和应付意外情况的备选方案；同时也要沟通如何应对与自己同期促销的竞争对手。

沟通的第二类对象就是促销人员，主要沟通内容就是培训。

2. 促销前准备内容　促销前的沟通结束之后就要进行促销前的内容准备。准备内容包括促销信息的发布；促销前与零售终端的沟通；促销执行人员的培训；促销物品的质量、数量、派发；零售终端备货；售点陈列布置、价签更改；现场执行安全因素；监管规定确认和备选方案（人员/物品/方式）。

3. 促销执行控制

(1) 促销执行控制的内容　在促销执行过程中，要控制的内容包括销量、库存、礼品以及售点陈列，最重要的是促销人员推荐。要考察促销人员如何去推荐，是否非常热情主动地向每一位顾客推荐，是否非常有效地把促销计划的内容，包括能够给顾客带来的利益介绍给顾客，是否有很好的技巧能够打动顾客。促销人员的推荐是整个活动中非常重要的一环，同时促销执行控制内容还包括不时地去收集药店的反馈意见。

(2) 促销执行控制的方法

1）现场的督导：在促销期间无论对于自己的销售代表还是广告执行公司，都要设置专门的人员定期地在各个零售终端做督导。督导的目的是检查促销人员在岗位的工作表现、工作质量，同时提供一个必要的销售支持和协调。所谓的销售支持和协调就是在促销岗位上直接对促销人员进行二次培训，也可以帮助促销人员去跟药店协调一些问题，甚至于协调礼品等等。

通常主张在促销阶段至少每 2～3 天开一个促销小结会，最长不得超过 1 周，利用促销小结会来回顾促销当中出现的问题，同时做二次培训，来巩固促销人员对于产品和促销内容的了解。

2）促销简报：假如整个促销活动跨度比较大，通常就要以周为单位推出促销简报，以此来鼓励促销人员，让他们向表现好的药店和零售终端学习，向那些表现好的促销人员学习。同时对于整个促销计划中有调整的部分，也可以通过促销简报使促销人员了解。

4. 促销前信息发布 促销前的信息发布包括大众媒体和售点发布。其中售点发布包括邮报、海报等 POP、促销主题陈列（堆头等）和促销人员/店员。

5. 促销人员管理

（1）促销人员培训 促销人员的培训包括许多内容，如产品知识培训、促销执行内容培训、上岗纪律、促销礼品管理/发放登记、销售记录、与药店沟通要求、报告/会议制度、考核标准、售点陈列标准/维护要求和对干扰促销的应对（稽查/竞争对手/药店）。

（2）其他 包括宣传、售点陈列、促销物品管理、促销数据记录、售点事宜协调和意外事件协调。

六、典型实例

OTC 终端促销活动策划案例

（一）策划背景

OTC 市场针对终端的促销活动主要有三种：一是针对消费者的活动；二是针对经销商的活动；三是针对内部员工的活动（包括销售奖励和销售优惠两种方式）。

针对消费者的活动又分为以下三种：①利益刺激型：利益刺激型主要通过返利、赠送消费者感兴趣或很实用的物品，以及其他能刺激消费者购买的方式，来促进产品的销售。这种活动的目的是短期刺激销售。这种促销活动，企业一线的市场人员都能够策划并组织实施，这一类活动不是企划部门的工作重点。企划部门策划的主要是借题发挥型和出位造势型的活动。②借题发挥型：为了宣传企业、产品的某种优势或特色，策划一个主题促销活动，借主题活动，巧妙地宣传企业的优势或特色。这种活动兼顾品牌、产品优势宣传和销售促进，以优势宣传为主。③出位造势型：在市场上，不同企业、不同产品的促销活动五花八门，很平淡的买赠活动往往被大品牌或有创意的活动所淹没。这时，企划部门就必须策划与众不同，能吸引消费者眼球的促销活动，使自己的活动出位、抢眼，从而维持或提升品牌、产品的曝光率。

中秋国庆期间，为了宣传公司的最大优势——正宗泰和乌鸡资源，强化公司的产品竞争优势，企划部策划了“纪念泰和乌鸡扬名世界 90 年”乌鸡精买赠活动，这是典型的借题发挥型促销活动。

企业、产品的优势需要持续的宣传，才能积累。为此，企划部将继续围绕正宗泰和乌鸡资源优势，策划一系列的促销活动，如送乌鸡精、送“首届中国泰和乌鸡节暨明星演唱会”VCD、泰和（井冈山）三日游等。

从季节特点分析，受秋冬进补传统观念的影响，滋补类产品已进入销售旺季。公司的主导产品属补益类中成药，在元旦春节有较大的市场需求。

从历年节日市场的表现来看，许多人购买阿胶益寿口服液用于礼品馈赠。

本方案将复方乌鸡口服液、阿胶益寿口服液列为元旦、春节礼品市场重点推广产品。

（二）策划思路

继续借“泰和乌鸡扬名世界 90 年”和“首届中国泰和乌鸡节”的东风，利用杂志、自办媒体和宣传资料，扩大泰和乌鸡的知名度、认知度，提升公司正宗泰和乌鸡系列产品的形象，以“首届中国泰和乌鸡节暨明星演唱会”VCD 和乌鸡精为节日促销赠品，推动复方乌鸡口服液、阿胶益寿口服液在节日市场的销售。

（三）活动主题

送新年好礼，与明星同乐。

（四）活动时间

（略）。

（五）活动内容

（略）。

（六）操作区域

自营市场各专职促销终端，预计某个终端。

（七）行销策略

1. 产品策略

（1）产品定位　（略）。

（2）功能定位　（略）。

（3）目标人群　（略）。

2. 价格控制策略　为保持产品的价格稳定，对价格偏低的平价药品超市原则上不再给予节日市场的促销支持。详见下表：（略）。

3. 竞争策略

（1）复方乌鸡口服液

1）主要竞争对手：（略）。

2）优势分析

药材地道——唯一采用活杀正宗泰和乌鸡入药，药效有保证。

独家生产——国家中药保护品种，中国乌鸡之乡唯一制药企业独家生产。

技术先进——国家级新药，乌鸡白凤丸更新换代产品。

品质卓越——入选《中华人民共和国药典》。

3）竞争优势：（略）。

(2) 阿胶益寿口服液

1）主要竞争对手：（略）。

2）优势分析

名称好：阿胶是传统的名贵中药材，可以说是家喻户晓；"益寿"二字吉利，在中国消费者中有极大的吸引力。从名称上分析，产品非常适合中老年人，适合送礼。

药材好：内含人参、阿胶，产品档次高。

配方好：阿胶补血，人参补气。气血双补，能治疗各种贫血。

疗效好：阿胶补血历史悠久，中药补血标本兼治。

包装好：产品名称好、包装喜庆，非常适合送礼。

价格适中：（略）。

4. 宣传、促销策略

（1）借"泰和乌鸡扬名世界90周年"和"首届中国泰和乌鸡节"的东风，让消费者认识到正宗泰和乌鸡的珍贵，增强正宗泰和乌鸡精赠品的价值感和吸引力。

（2）结合"援助贫困母亲，构建和谐社会"公益活动，提升品牌美誉度。

（3）优惠方案：（略）。

5. 宣传方式 （略）。

6. 操作要求与考核、奖惩 （略）。

（八）费用预算及销量预测

（略）。

（九）操作流程及注意事项

（略）。

（十）重点工作推进计划

（略）。

七、同步训练

某中外合资制药有限公司OTC药品销售部门主要负责维生素补充剂系列产品在各大卖场和连锁超市的销售工作。某个时期准备在省会一些大的连锁药店做促销活动，请你为该公司的此次促销活动制订方案。

模块八　医药商品经济指标核算

任务1　医药商业通用经济指标核算

一、具体任务

1. 某药店全年商品销售额为2000万，年初商品资金为250万，一季度末为220万，二季度末为200万，三季度末为180万，年末为210万（均按售价确认），假设综合进销差价为10%，试计算药店年商品资金占用率、商品资金周转次数、年商品资金周转天数。

2. 某药店10月份当月销售统计达到40万元，按销售额，应摊间接费用8000元，查得“柜组费用登记簿”10月份汇总直接费用为11000元，计算药店10月份实际费用率。

3. 某药店6月份销售额为105000元，销售成本为88200元，试计算药店本月实际毛利率。

4. 某药店上半年销售额为594000元，核定毛利率为20%，费用率为10%，税率为4.92%，计算药店上半年营业利润。

5. 某药店月初库存品种900个，本月进货750个，销售639个，计算药店本月动销率，并分析指出本药店可能存在的商品结构问题。

6. 某药品出厂价为12.5元，省级代理公司批发价13.9元，零售药店定价17.93元，计算省级代理公司出货扣率和毛利率。

二、训练目标

1. 通过训练，使学生能够全面掌握门店经营中通用经济指标的计算公式。
2. 能依据计算结果大致分析、对比门店经营状况。

三、训练内容和步骤

1. 学习计算商品资金占用率、商品资金周转次数、商品资金周转天数。
2. 学习计算费用率、毛利率和营业利润。
3. 学习计算和分析商品动销率。

4. 学习计算价格扣率。

四、考核标准

1. 商品资金占用率、商品资金周转次数、商品资金周转天数计算结果正确。(3 分)
2. 费用率、毛利率和营业利润计算结果正确。(3 分)
3. 商品动销率计算结果正确。(2 分)
4. 价格扣率计算结果正确。(2 分)

五、必备知识

(一) 商品库存指标的计算

1. 商品存货核算

(1) 期初库存　期初库存就是上次盘点后的库存数量。

(2) 期末库存　期末库存就是本次盘点前的库存数量。

通过盘点和养护检查，发现商品短少、多出、过期失效、破损、被污染、其他不合格商品等情况的，应根据企业管理制度规定，做出责任人包赔、报损、报溢、与上游客户协调解决等相应的处理，直到账货相符。因此，期末库存应该是：

期末库存 = 期初库存 + 本期购进 - 本期销售 - 报损 + 报溢

在实际经营活动中，还会发生与购进、销售相反的过程，即购进退出和销售退回，在对应项目下做相反的处理即可。

(3) 存销比　存销比是指在一个周期内，商品日均库存或本周期期末库存与周期内总销售的比值，是用来反映商品即时库存状况的相对数。而更为精确的法则是使用日均库存和日均销售的数据来计算，从而反映当前的库存销售比例。

越是畅销的商品，需要设置的存销比越小，这就能更好地加快商品的周转效率；越是滞销的商品，存销比就越大。存销比就是反映用多少个单位的库存来实现 1 个单位的销售，反映资金利用效率。

存销比一般按照月份来计算，计算公式是：

存销比 = 期末库存数/期间销售数

计算单位可以是数量，也可以是金额。

例如：这个月末的库存是 900 (万元)，而这个月总计销售了 300 (万元)，则本月的存销比为 900/300 = 3。

存销比一般是针对单品的计算指标，目的是对库存商品进行解剖，具体分析哪些商品存在问题，我们一般按照存销比小于 1、1 ~ 3、3 ~ 6、大于 6 四个层面进行分析。

2. 商品动销核算　动销品种数，即门店中所有商品种类中有销售的商品种类总数。

动销率 = 动销品种数/有库存的商品的总品种数 × 100%

例如：月初库存品种 1000 个，本月进货 800 个，销售 800 个，动销率 80%。

这个比率是评价各种类商品销售情况的指标。通过对动销率进行分析比较，对于低动销率的商品予以关注。动销率过低会对经营造成以下影响：浪费货架资源；占用资金；顾客购物满足率递减。但是动销率也不是越高越好。

动销率可能会出现的三种情况：

（1）动销率超过100% 说明在某个时段内有销售的品项数高于当时库存品项数，说明出现了品项数流失的现象。造成这种现象的原因有商品严重缺货、商品停进停销、存在虚库存（实际有货，但库存数为0）等。

（2）动销率等于100% 表面上说明所有品项数都有销售，所有商品都符合商圈内消费需求，店铺的商品品项数还存在待发展的空间。但造成这种现象很大程度上是因为有错误的数据或特殊原因长期没有维护缺少的品项，动销的商品长期缺货或结构性商品缺货，存在虚库存等。

对于动销率过高甚至超出100%的类别，要加强对这些类别中商品缺货的管理，特别是一些畅销、常销商品和结构性商品的缺货管控；另外对虚库存商品进行调整，保证数据的准确性。

（3）动销率低于100% 说明在某个时段内存在一定比例的滞销商品。

动销率低于100%而且处在一个较低的水平，管理主要是对不动销商品的管控和调整。在处理不动销商品问题时首先要以类别为单位进行，要先找到商品不动销的原因。

商品不动销的原因主要为：①是否是结构性商品或季节性商品。②商品的价格是否高于市场价、高于竞争店或高于同类商品。③该类别的同质、同类、同价格带商品是否过多。④商品的陈列位置或促销活动情况。

不动销商品的处理：①淘汰：通过数据分析加大淘汰力度。对于1～3个月内不动销的商品按类别进行淘汰，除去必须要保留的结构性、季节性商品等因素外，对零销售的单品进行大力度淘汰工作。引进新品的同时要保持好各类别品项数的均衡，在新品过渡至成熟期后必然要对该类别中陈旧的、过期的、衰退期的商品及时进行淘汰。②调整：对于必须要保留的结构性商品或季节性商品充分调研其价格，调整不动销商品的定价；调整不动销商品陈列，更换不动销商品陈列位置，增加商品陈列量；加大不动销商品的促销力度，改变不动销商品的营销策略。

3. 商品缺货核算 库存缺货率用缺货量的百分比来表示，即：

$$库存缺货率 = 缺货量/需求量 \times 100\%$$

计算单位可以是品种数，也可以是金额。

缺货率一般是用来考核采购人员的商品的有效库存的重要指标。

库存缺货率也反映了物流仓储部门因货物存储不足对门店需求的影响程度的信息，数据越大，说明服务水平越差，是衡量仓储服务部门水平的一个反指标。必须千方百计降低库存缺货率，以提高仓储部门的服务水平。

库存缺货对门店利润影响极大。比如，一个门店的日缺货率在5%，其营业额为每天10000元，假如平均毛利率为24%，那么每店每天的损失就是：$10000 \times 5\% \times 24\% = 120$元，每年的损失就是43800元，如果该企业有50家这样的门店，那么每年的损失就将会在200万元以上。所以说：缺货猛于虎。

4. 商品周转核算

(1) 存货周转率　存货周转率或称存货周转次数，是企业一定时期销货成本与平均存货余额的比率。用于反映存货的周转速度，即存货的流动性及存货资金占用量是否合理，促使企业在保证生产经营连续性的同时，提高资金的使用效率，增强企业的短期偿债能力。

存货周转率＝销货净额/［（期初存货＋期末存货）/2］（以零售价计）

其中，（期初存货＋期末存货）/2 也被称作平均存货余额。

存货周转率比率越高，表示经营效率越高或存货管理越好；比率越低，表示经营效率越低或存货管理越差。

(2) 存货周转天数　存货周转天数是指企业从取得存货开始，至销售完成为止所经历的天数。周转天数越少，说明存货变现的速度越快，存货管理工作的效率越高。

存货周转天数＝计算期天数/存货周转率（次数）

或　　　　存货周转天数＝计算期天数×平均存货余额/销货成本

存货周转分析指标可用于会计季度和会计月度等的存货周转分析。将 360 天对应的计算数值转换为 90 天和 30 天分别对应的计算数值即可。

存货周转天数这个数值是越低越好，越低说明公司存货周转速度快，反映良好的销售状况。该比率需要和公司历史上的数据及同行业其他公司对比后才能得出优劣的判断。

存货周转分析指标是反映企业营运能力的指标，可用来评价企业的存货管理水平，还可用来衡量企业存货的变现能力。如果存货适销对路，变现能力强，则周转次数多，周转天数少；反之，如果存货积压，变现能力差，则周转次数少，周转天数长。提高存货周转率，缩短营业周期，可以提高企业的变现能力。

例一：甲公司 2012 年度产品销售成本为 2000 万元，期初存货为 500 万元，期末存货为 300 万元。则：

存货平均余额＝（500＋300）/2＝400（万元）。

存货周转率＝2000/400＝5。

存货周转天数＝360/5＝72（天）。

例二：乙公司 2012 年 6 月的销售成本为 80 万元，存货期初额为 150 万元，6 月当期存货 130 万元。则：

存货平均余额＝（150＋130）/2＝140（万元）。

存货周转率＝80/140＝0. 5714。

存货周转天数＝30（因为只有 6 月一个月）/0. 5714＝52. 5（天）。

一般来讲，存货周转速度越快（即存货周转率或存货周转次数越大、存货周转天数越短），存货占用水平越低，流动性越强，存货转化为现金或应收账款的速度就越快，这样会增强企业的短期偿债能力及获利能力。通过存货周转速度分析，有利于找出存货管理中存在的问题，尽可能降低资金占用水平。

（二）营业费用指标的计算

费用是商品流通费用的简称，指企业在商品经营过程中发生的各项耗费。可以分为间接费用（不变费用）和直接费用（可变费用）。

1. 间接费用（不变费用）　间接费用一般不随着商品流转额的变化而变化，所以又叫不变费用，如工资、折旧费、租金等费用，相对比较稳定。

2. 直接费用（可变费用）　直接费用是指在商品流转过程中发生的，随着商品流转额增减而增减的费用，如运杂费、包装费等。

3. 费用率　费用率又称为费用水平，指完成每百元商品销售额所需要支付的费用。费用率越低，则经营绩效越高。

费用率 = 商品流通费用额/商品销售额 ×100%

例：某营业柜组本月完成销售额 80 万元，企业分摊费用率为 4.3%，柜组本月发生直接费用 1.06 万元，试求该柜组的费用率。

解：柜组应摊间接费用 = 80 ×4.3% = 3.44（万元）

柜组费用率 = ［（本期间接费用 + 本期直接费用）/本期商品销售额］×100%

= ［（3.44 + 1.06）/80］×100%

= 5.63%

（三）营业利润指标的计算

1. 营业利润　营业利润是一定时期内销售收入减去进价成本、经营费用、销售税金后的净值。营业利润是商业企业经营成果的集中体现。

营业利润 = 商品销售收入 – 销售商品进价成本 – 经营费用 – 销售税金

2. 毛利　销售收入与进价成本的差额就是毛利。

毛利 = 商品销售收入 – 商品进价成本

3. 毛利率　毛利率是销售毛利占商品销售额的百分比，即每百元商品销售额所实现的毛利。

毛利率 = 毛利/商品销售额 ×100%

例：某营业柜组本月完成商品销售收入 31200 元，这些售出商品的进价成本为 28000 元，试求该柜组本月实际毛利率。

解：毛利 = 31200 – 28000 = 3200（元）

毛利率 = 3200/31200 ×100% = 10.26%

该柜组本月的毛利率为 10.26%。

4. 营业利润率　营业利润率是企业在一定时期内实现的营业利润占同期商品销售收入的百分比。营业利润率越高，则经营绩效越高。

营业利润率 = 营业利润/销售收入 ×100%

例：某药店本年度实现商品销售额 1580 万元，所销售商品的进价成本为 1310.14 万元，间接费用为 60.38 万元，发生直接费用 40.27 万元，缴纳各种税金 74.52 万元，试求该柜组本年度的毛利、毛利率、费用额、费用率、营业利润和营业利润率。

解：毛利 = 1580 - 1310.14 = 269.86（万元）

毛利率 = 269.86/1580 × 100% = 17.07%

费用 = 60.38 + 40.27 = 100.65（万元）

费用率 = 100.65/1580 = 6.37%

营业利润 = 毛利 - 费用 - 销售税金

= 269.86 - 100.65 - 74.52 = 94.69（万元）

营业利润率 = 94.69/1580 × 100% = 5.99%

（四）价格扣率的计算

价格扣率是指实际交易价格占基准价格的百分比，是销售商品时在基准价格基础上计算实际销售价格所使用的一个比率。

比如，药品批发企业向零售药店供应药品，其基准价格应该是批发价。但是，如果某药店成为某批发企业的协议客户，该药店就可以享受一定的价格优惠，按基准交易价——批发价的一定扣率作为实际供货价。

厂家、总经销商、分销商向不同类型的下游客户供货时，通常以批发价作为基准价格，将供货价用价格扣率的形式来表示。下游客户在不同的进货批量、付款方式等条件下进货，可以享受不同的价格优惠。这时，用价格扣率来描述不同条件下的价格优惠差别，非常简便有效。

价格扣率 = 实际交易价格/基准价格 × 100%

例：某分销商向总经销商按 85% 的价格扣率（简称 85 扣）购进某药品，再按 95% 的价格扣率（简称 95 扣）向下游客户供货，可以取得 10 个百分点的进销差价。其毛利率 = （95% - 85%）/95% × 100% = 10.53%。

对于经销商来讲，进价和销价的扣率，就是进价和销价的另外一种表述方式，直接决定毛利率的高低。为了取得较高的毛利，企业总是追求以较低的价格扣率取得货源，以较高的价格扣率供给下游客户。

（五）资金利用效率指标的计算

一般分为商品资金占用率和商品资金周转率两个指标。

1. 商品资金占用率

商品资金占用率 = 商品资金平均占用额/按进价计算的商品销售额 × 100%

商品资金平均占用额 = 每天结存的进价库存金额之和/天数

在计算机管理条件下，可以方便地计算一个月、一个季度、一个年度的商品资金平均占用额。

例：某药店本月商品销售额为 160 万元，根据计算机提供的数据，本月每天按进价计算的商品资金平均占用额为 17.814 万元。假设该药店的综合进销差价为 12%，试求该药店的本月商品资金占用率。

解：该药店本月按进价计算的商品销售额 = 160 ×（100% - 12%） = 140.8（万元）（该数据如果直接在计算机中按每种商品的进价 × 销售数量之和取得，将更加准确）。

本月商品资金占用率 = 17.814/140.8 × 100% = 12.65%。

在目前复杂的市场经济条件下，购进的商品入了自己的库，可能并不需要占用商品资金；销售给客户的商品，虽然出了自己的库，由于客户没有付款，随时都有退回来的可能，其实与在库商品差不多，在一定时期内，不但不能真正实现销售，还要部分或全部地占用商品资金。从这个意义上讲，把已经支付货款购进而没有收回销货款的全部商品，当做商品资金占用，把本期收回的销货款转换成按进价计算的金额，用二者的比率计算商品资金占用率，应该更加客观和真实。

2. 商品资金周转率　商品资金周转率是反映资金周转速度的指标。比率越高，表示资本经营效率越高；比率越低，表示资本经营效率越低。一般要求资金周转速度可以用资金在一定时期内的周转次数表示，也可以用资金周转一次所需天数表示。

商品资金周转次数 = 本期按进价计算的商品销售额/本期商品资金平均占用额

商品资金周转天数 = 本期天数/本期商品资金周转次数

企业资金在经营过程中不间断地循环周转，从而使企业取得销售收入。企业用尽可能少的资金占用，取得尽可能多的销售收入，说明资金周转速度快，资金利用效果好。即资金占用率越低越好，周转次数越多越好，周转天数则是越少越好。

例：试分别求上例中的本月商品资金周转次数和本年度商品资金周转天数。

解：本月商品资金周转次数 = 140.8/17.814 = 7.90（次）

本月商品资金周转天数 = 30/7.90 = 3.78（天）

该药店占用的商品资金，本月周转近 8 次，每 4 天周转一次，说明其利用效率很高。

在市场经济条件下，许多企业采用代销商品，销完付款、压批付款等方式，延迟购进商品的付款期限，占用上游客户资金参与本企业的经营周转，大大降低了本企业的商品资金占用率；另一方面，下游客户占用企业资金的问题，又提高了本企业的商品资金占用率。

（六）同比与环比

1. 环比　与上一统计段比较，例如 2012 年 7 月份与 2012 年 6 月份相比较，叫环比。

环比 = 本统计周期数据/上统计周期数据 × 100%

环比的发展速度是报告期水平与前一时期水平之比，表明现象逐期的发展速度。如计算一年内各月与前一个月对比，即 2 月比 1 月，3 月比 2 月，4 月比 3 月……12 月比 11 月，说明逐月的发展程度。

环比增长率 = [（本期数 - 上期数）/上期数] × 100%

意义在于反映本期比上期增长了多少百分比例。

2. 同比　与历史同时期比较，例如 2011 年 7 月份与 2012 年 7 月份相比，叫同比。

同比增长率 = [（本期数 - 同期数）/同期数] × 100%

同比主要是为了消除季节变动的影响，用以说明本期发展水平与去年同期发展水平对比而达到的相对发展程度。

任务2　药品零售门店专用经济指标核算

一、具体任务

1. A药店经营面积340平方米，租金、工资等各种经营成本全年统计为289万元。全年计划商品销售额2200万元，实际完成销售2000万元，其中非药品销售860万元。药品平均毛利14.7%，非药品平均毛利36.11%。计算机统计全年销售小票322580张。

2. B药店经营面积120平方米，租金、工资等各种经营成本全年统计为153万元。全年计划商品销售额850万元，实际完成销售790万元，其中药品销售495万元。药品平均毛利15.23%，非药品平均毛利32.16%。计算机统计全年销售小票132500张。

试计算上述A、B两个药店全年平均客单价、平米效益、营收达成率、非药品大分类构成比及非药品毛利贡献率、损益平衡点等经营指标并分析对照两家药店经营质量状况。

二、训练目标

1. 通过训练，使学生能够全面掌握门店经营中专用经济指标的计算公式。
2. 能依据计算结果大致分析对比门店经营质量状况。

三、训练内容和步骤

1. 学习计算客单价、平米效益、营收达成率、非药品大分类构成比及非药品毛利贡献率、损益平衡点等经营指标。
2. 学习应用上述指标评价门店经营质量状况并写出分析报告。
3. 向全班同学讲解自己的分析报告。
4. 学生评价或点评。
5. 教师点评。

四、考核标准

1. 客单价、平米效益、营收达成率、非药品大分类构成比及非药品毛利贡献率、损益平衡点计算结果正确。(3分)
2. 写出分析报告，内容详尽准确。(3分)
3. 讲解分析报告时语言流畅，指标使用正确，分析观点正确全面。(4分)

五、必备知识

(一) 收益率分析指标的计算

1. 交易次数　交易次数就是销售的笔数，或称为成交数量，是用来评价门店对于顾客吸引力变化的指标，交易次数的变化会直接反映门店聚客能力的变化情况。如今，这个数字来自 POS 机的收款小票，门店所有 POS 机收款小票的数量之和就是门店的交易次数。

2. 客单价 客单价是指药店每一个顾客平均购买商品的金额，也即是平均交易金额。

客单价 = 销售总金额/成交总笔数（交易次数）

这是客单价通用的计算方法，主要用来评价门店周边顾客消费能力高低的重要指标，也是店铺业绩提升的关键指标。

门店的销售额是由客单价和顾客数（客流量）所决定的，因此要提升门店的销售额，除了尽可能多地吸引进店客流，增加顾客交易次数以外，提高客单价也是非常重要的途径。

一般情况下门店每周应该计算一次客单价，用一周的销售额除以小票数量得出客单价。比如，A 店周销售额：32000 元（800 人 ×40 元）；B 店周销售额为 32000 元（1600 人 ×20 元）；C 店周销售额：36000 元（600 人 ×60 元）；D 店周销售额 50000 元（1000 人 ×50 元）。从以上数据可以发现：C 店和 D 店的平均客单价比较高，B 店虽然成交的顾客比较多，可是平均每个顾客购买均价只有 20 元，如果每个顾客的购买单价能达到 C 店的 60 元/人，那么 B 店的业绩就可以提升至 96000 元。所以说客单价是门店业绩提升的关键指标。

3. 品单价 品单价是所销售商品的单位平均价格，单位时间商品的销售总金额与单位时间内商品销售总数量的比值。

品单价 = 销售额/期间销售商品的总数量

品单价可以作为市场消费水平高低的评判依据之一，品单价越高说明市场消费能力越强，反之越弱；同时亦可以作为对已知消费水平市场中商家品种价格配置与陈列的指导依据。药店一般按照月度进行计算，主要用来评价本店、本区域、本公司商品结构的调整导致商品价值的变化情况。

品单价分析也被称为品效分析，对于药店管理，品效越高，表示商品开发及淘汰管理越好；品效越低，表示商品开发及淘汰管理越差。

4. 损益平衡点 损益平衡点又称盈亏平衡点、零利润点、保本点、盈亏临界点、损益分歧点、收益转折点。指销售数量在某一数额时，无利益之获得，也不发生损失，收入恰等于成本费用，损益为零。销售量如超过此点则有利益可得，销售量如低于此点，即可能发生损失，该点即为损益平衡点。损益平衡点越低，表示获利时点越快；损益平衡点越高，表示获利时点越慢。

损益平衡点 = 门店总费用/毛利率

损益平衡点还衍生出另外两个概念：

(1) 损益平衡点与营业额比 损益平衡点/营业额。

意义：比率若小于 1，表示有盈余，比率越小，盈余越多；比率若大于 1，表示有亏损，比率越大，亏损越多。

（2）经营安全力　1－损益平衡点/营业额。

意义：点数越高，表示获利越多；点数越低，表示获利越少。

5. 面积效率分析　面积效率分析即所谓坪效，就是指每坪的面积可以产出多少营业额。1坪约等于3.3平方米（台湾习用），但我们实际操作中习惯以平方米为单位，故也做平效或平米效率。这是连锁药店经营者普遍关注的一个经营指标，是一个准确反映店面经营效益的显性指标。

面积效率分析＝营业收入/经营面积

药店里不同的位置，所吸引的顾客数也不同。如一楼入口处，通常是最容易吸引目光的地方，就是坪效最高之处，在这样的黄金地段一定要放置能赚取最大利润的专柜，所以你会发现药店的一楼通常都是保健品专柜。

面积效率分析的意义：

（1）通过平米效率计算，就会清楚地看到：有的店面空间虽然比较小，但是效率却高；而有的较大店面效率反而低迷。这对于判断某一店铺在某商场或某地段是否还有存在的必要提供了对比参考数据。

（2）平米效率还可以在确定销售目标之后，检查这一店面是否可以实现制订的目标，方便指导销售目标或者是店面商品展示空间的调整。

（3）站在公司整体的角度、不同区域的角度、商品种类的角度等分别计算平米效率，可以掌握不同的药店效率，指导正确数据分析，从而制订正确的调整政策。

6. 大分类构成比　大分类构成比的意义在于分析各大分类产品占销售净额的比例。

大分类构成比＝大分类销售净额/总销售净额

7. 贡献率　贡献率即是某品/品类/部门对其上一级管理单位的毛利与销售贡献程度。即毛利率越高，销售占比越高，那么贡献率也就越高。

贡献率＝毛利率×销售占比

8. 日均销售额　日均销售额即平均每天的销售额，通常是指含税的销售额，此指标是评价一个店面、一个区域、一个公司营业能力的指标。

日均销售额＝期间门店销售总额/天数

许多的企业目前还停留在月度销售额的管理，其实一般情况下，总部的管理应该追踪到周的管理，店面的管理至少要细化到日销售的管理，如果有条件，可以进行班次的管理。

9. 店均日销售　一般通过每个月的店均日销售来评估公司整体的单店销售能力的变化。当然，最好是公司的门店基本是一个业态的标准，便于衡量；如果有几个业态，最好按照不同的业态进行统计，比如把门店根据商圈结构、店面商品品项、面积、销售额等因素来分类，可以分为社区店、商业店、店中店、医院店等。

店均日销售＝月总销售额/（销售天数×门店数量）

（二）成长达成率分析指标的计算

1. 达成率　达成率也称目标达成率，是指营业实际完成的数值与期初既定目标性数值的比率。如：营业额达成率是指实际营业额与目标营业额的比率，净利额达成率是指实际税前净利额除以目标税前净利额所得的比率，等等。意义在于这些比率越高，表示经营绩效越高；比率越低，表示经营绩效越低。

营收达成率＝实际营业收入/目标营业收入×100%

毛利达成率＝实际营业毛利/目标营业毛利×100%

营业净利达成率＝实际营业净利/目标营业净利×100%

2. 成长率 成长率也称增长率，是企业本年营业收入、利润增长额与上年营业收入或利润总额的比率，反映营业收入的增减变动情况。当季节性的影响并不大时，成长率也可跟上月比。

营业成长率＝本期营业收入/上期（去年同期）营业收入×100%

毛利成长率＝本期营业毛利/上期（去年同期）营业毛利×100%

净利成长率＝本期营业净利/上期（去年同期）营业净利×100%

营业成长率是衡量企业经营状况和市场占有能力，预测企业经营业务拓展趋势的重要指标。该指标反映了企业营业收入的成长状况及发展能力。该指标大于0，表示营业收入比上期有所增长，该指标越大，营业收入的增长幅度越大，企业的前景越好。该指标小于0，说明营业的收入减少，表示产品销售可能存在问题。一般来说，营业成长率要高于经济成长率。

模块九　客户关系维护

任务 1　会员管理

一、具体任务

目前，药店竞争在进一步白热化，药店的经营者要想尽快地得到发展，在竞争中立于不败之地，就要使自己的经营管理适应现代竞争的需要。概括来说就是不断开发新顾客，并维护老顾客，使单个顾客创造的利润达到最大化的一个不断循环的过程。这个过程不能像过去那样指望几个奇思妙想的“点子”来实现，而是要将它纳入系统的管理当中。会员制就是将这个过程进行制度化、系统化，使其对顾客进行有效管理的一种好方法。

假如你经营着一家药店，你将如何进行会员管理？请在调研分析的基础上，撰写药店会员管理的方法和措施。

二、训练目标

1. 通过训练，使学生掌握会员管理的相关概念及分类，掌握会员管理的内容。
2. 理解会员管理的实施步骤和费用控制，会进行会员管理。

三、训练内容和步骤

1. 5~6 人为一组，每组分别跟踪调研一家会员制管理的药店，撰写调查报告，并分析评价该药店会员管理的方法和措施。
2. 撰写药店会员管理的方法和措施。
3. 小组派代表向全班同学汇报。
4. 教师总结、点评。

四、考核标准

1. 做出的调查报告符合实际情况，并能恰当地进行分析评价。(3 分)
2. 制订的方法和措施科学，具有可操作性。(4 分)
3. 制订的方法和措施新颖，有创新性。(2 分)

4. 小组同学团结协作。(1 分)

五、必备知识

(一) 会员概述

1. 会员 会员是指通过正式手续加入某个会社或专业组织的人。

会员可分成两种，一种是消费会员，一种是协会会员。会员卡属于特定人群持有的区别于非会员的凭证。

消费会员，是指某一类志趣相同、取向一致的消费人群，被商家归类梳理，冠以特定的称谓，并投其所好研发产品、完善服务。在本节若无特别说明，均是指消费会员。

2. 会员管理 会员管理是对企业会员基本资料、消费、积分、储值、促销和优惠政策透过信息管理，使商家和客户随时保持良好的联系，从而让客户重复消费，提高客户忠诚度，实现业绩增长的目的。

会员管理包括会员资格获得，资格会员管理，会员奖励与优惠，会员分析与保持。

(二) 会员管理系统

通过会员管理系统，企业就可以记录所有会员客户的资料，了解用户的兴趣爱好、消费特点、意向需求等；同时针对客户的需求，为其提供优质的个性化服务；会员管理系统还能为企业的产品开发、事业发展提供可靠的市场调研数据。

会员管理系统能够提供的功能主要包括：

1. 会员分类 只要将会员的基本资料输入电脑，系统能将药店顾客进行分类，有几种不同的优惠待遇，系统就能将其分为多少种会员类型，如将顾客分为：钻石卡会员、金卡会员、银卡会员等等。

2. 会员优惠政策 对于不同的会员类型，在药店消费的优惠待遇可以有所不同，比如金卡会员可以享受8折产品购买优惠，银卡只能享受8.5折产品购买优惠。

3. 会员资格的自动认定 一般享受某一会员资格的顾客，也相应地需要达到一定的条件，这也是判断此顾客是否可以成为药店某类会员，并享受此类会员优惠待遇的标准，比如消费累计达到多少或者是特殊身份的顾客，设定好以后，软件就可以自动准确地认定会员级别。

4. 为会员提供“一卡通”消费 成为药店某类会员的顾客，一般店家会赠一张相应的会员卡，在店内的所有消费活动都可以仅凭这张卡来实现。

5. 会员消费档案

(1) 会员消费记录与统计。

(2) 会员购买产品、服务消费记录与统计。

(三) 会员管理的程序

药店的会员在店内消费药品的客单量及购买频率都高出普通的顾客。对会员的管理水平将直接影响药店的稳定与发展，维护好会员管理工作，建立顾客对药店及品牌的忠诚度，对于药店来说是非常必要的。

1. 建立完善的会员档案 会员档案就是建立会员尽可能详细的个人信息。只有真正掌握会员的信息，药店的各类工作才能有的放矢，事半功倍，才能真正提升药店的销量与利润。在建立会员档案时，还要根据会员的年龄、性别、收入等信息进行有效的分类，老会员和新会员也要进行区分。

会员档案分为四部分，具体介绍如下：

（1）会员的个人信息

姓名：登记姓名，既可以体现对会员的尊重，也能保证会员资料的准确送达。

性别：做好登记，可以避免在跟进中发生误会，闹出笑话。

年龄：年龄对于会员的细分很重要，不同年龄阶段的会员对于药店的需求点是不一样的，对不同年龄段的会员护理的方式也是不同的，这样药店根据会员的年龄能更方便于店内经营品牌的针对性推介。

联系方式：手机、固定电话，甚至邮箱等等。一定要掌握会员的有效联系方式，通过多渠道的联系才能与会员建立有效的沟通渠道，增进与会员的相互沟通。

会员生日：记录会员的生日，并在会员生日的当天进行问候或提供小礼品或优惠购物，是打动会员的很好的办法。每个人都渴望被关心和重视，记住会员的生日对其来说就是莫大的关注，会拉近会员与药店的距离，增加忠诚度。

家庭住址：药店的顾客通常分布于药店周围15分钟的路程之内。准确地记录住址，药店就可以将会员会刊及一些纸质媒介宣传资料及时送到会员手上，加深会员对于药店的认识。同时根据会员地址的分布，列出会员分布的区域，来针对性地开展工作。如果某些区域的会员数量少而且该区域的消费能力又很强，那么药店就应该加强在该区域的宣传与推广工作。

既往病史：了解会员的用药情况，避免出现药物相克。

过敏史：了解会员的过敏反应，避免诱发过敏反应，引发健康危机。

（2）会员消费信息 药店记录会员的消费信息，就可以根据会员消费情况的变化，不断加以调整，给会员提供最好的个性化服务。

1）购买的产品：如会员购买产品的种类、品名、价格等等，由此可以分析会员的消费选择方向、消费偏好，同时判断会员的产品选择是否与个人的需求相符，药店就可以更好地引导会员消费。

2）消费的金额：记录会员的购买金额，可以来衡量会员的消费能力和消费潜力，并作为日后进行会员积分和返利的依据。

3）消费的时间和频率：可以分析会员的消费规律，方便店员进行跟进。

4）反馈的信息：记录会员对药店内产品、销售、促销、服务等方面反馈的信息，便于药店对于各类服务模式的优化与改进。

（3）会员的职业和健康信息

工作单位和职务：从工作单位和工作职务可以基本判断会员的经济收入、消费潜力，还可判断常见职业病，对日后针对性的销售工作打好基础。

健康状况：会员的健康状况可以判断出会员购买的品类方向，同时提醒店员对过敏体质的会员推荐产品要慎重，避免不必要的麻烦。另外，通过会员的健康现状和使用产品后的健康状况的对比，可以让会员更能感受到使用产品后的效果。

(4) 会员的生活习惯

个人喜好：掌握会员的喜好，便于药店在服务跟进时，能够投其所好，打动会员，也增加会员对药店及店内经营品牌的忠诚度。

养生保健需求：会员对健康的理解程度和关注程度，决定药店进行关联销售的品类延伸方向。

药店对于会员的基本信息一定要做好保密工作，会员的基本信息发生变化时一定要及时更新。会员档案的建立使药店可以准确地掌握会员的基本信息和消费情况，从而能更好地开展工作。

2. 会员的分类管理　建立会员档案是会员管理的第一步，要使跟进服务更具针对性，药店要在会员档案的基础上，进行分类。

(1) 根据会员的年龄、性别、收入等信息进行有效分类　会员群体细分，不同年龄段的会员对于产品的需求是不一样的，不同收入的会员对于品牌的产品质量及价格的需求点也是不一样的。在促销模式上，如果按年龄和收入划分会员群，不同年龄和收入的会员对需求各有特点。

(2) 根据会员的购买习惯分类　购买习惯包括购买地点的习惯和购买产品的习惯。所谓购买地点的习惯是指习惯在某地购买产品；所谓购买产品的习惯是指在选择产品时在产品的种类和品牌方面的习惯。

(3) 根据会员消费金额、忠诚度分类　会员对于药店、品牌越熟悉，对于品牌越信赖，忠诚度越高，消费金额一般也比较高，就能为药店创造更大的经济效益，药店中的大部分销量和利润是由忠诚会员创造的。由此可以根据会员消费金额和忠诚度来给会员进行分类，钻石级的为重点会员，金卡级的为一般会员，银卡级的为低效会员，有所侧重地进行工作，引导会员向高级会员发展。

药店通过对会员的细分，进行差异化分析，从中识别出重点会员；掌握新会员的增长率是多少；老会员的流失率是多少；系统分析各类会员资料，了解不同会员的需求变化情况，及时调整药店经营方案，有效防止会员的经常性流失，对不同类型的会员进行分类管理，对不同会员采取不同的方式来管理，这样才能提高会员管理的效率。

3. 会员跟进服务管理　针对药店会员，药店要将老会员和新会员进行区分，根据入会时间长短进行电话、短信、网络、邮寄、活动跟进，避免会员流失，同时吸纳更多的新会员；要建立周、月、季和年度的服务标准，定期向会员传达新品及促销信息，定期通过会员尊享礼品、会员联谊活动等形式，增加会员对药店的认同感，做好定期的客情沟通，调整销售的侧重点，提高会员返店的几率与成交的额度，增加消费频率，开拓新客源。

(1) 店内跟进的方法　在店内针对会员有会员特享、积分奖励、礼品赠送、免费检测、免费健康培训等优惠，在会员来到药店后，热情接待，提醒会员可以享受的优惠，让会员感受到可以享受到会员的价值感。

(2) 电话跟进服务方法 电话中与会员的沟通是语言的沟通，效果更直接，快速而有效。

1）3+3+3式电话跟踪服务：此服务是指顾客第一次购买产品后，在3天后进行电话跟踪，询问对产品有没有使用及使用方面有无疑问等，这样会增加顾客对药店的好感，为成为会员奠定基础。在3周后再一次跟踪，此时顾客已使用产品半个多月，使用产品也会有一定的感想，这时应询问产品使用的情况，为顾客解答一些健康知识，同时邀请顾客光临药店，享受一些其他的售后服务，可以告知店里专为他特意准备一份礼品，让其在某个时间过来领取，增加再次销售的机会。在3个月后再一次与顾客通电话，询问健康状况，并告知店内最近有什么活动，还可以使用一点小技巧，如告诉他是店里唯一一位本月幸运顾客，将得到某种礼品等等。此时顾客的产品已基本用完，购买的几率则大大增加。

2）会员生日跟进：会员过生日是客情推进的重中之重，通过问候和会员生日特惠等方式来体现药店对他的尊重。一声问候、一个祝福，换来的可能是无限的销售机会，会员可能会因你的一个电话而成为忠实顾客。

3）活动电话通知：重大节日、店庆、促销时首先要想到会员，从意识上关心、理解会员，用真诚、真情沟通，使会员感觉店员像老朋友一样，才会经常地光顾，忠诚度自然会增高。

在与会员电话沟通时，还要注意细节，以电话跟进的时间为例，打电话应在上午11~12点或下午4~5点最好，因为这个时间段工作通常不会太繁忙，打电话时应在注意礼貌的同时保持一种亲切感。同时，通话时间不应太长，掌握在3分钟即可，并做好回访记录。

(3) 短信跟进的方法 通过短信群发可以让众多会员在同一时间段都接收到短信，节约沟通的时间，提高效率，因而短信跟进是会员跟进的一个好方法。主要跟进体现在定期的问候短信、天气变化的关心短信、节日问候短信、生日祝福短信、活动通知短信、健康保健知识短信等等。

(4) 店外活动跟进服务方法 店外活动通常包括店外促销活动、会员联谊会、专业培训讲座、会员俱乐部集体活动（如春游）等。店外活动可以将会员聚集在一起，感受会员团队的凝聚力，通过会员间的相互影响而提升会员的参与度与忠诚度。经常进行这样的聚会，便于将会员凝聚在药店，忠诚度提高，影响力扩大，销售额自然就会水涨船高。

(5) 邮寄跟进 通过会员邮寄专题调查自测问卷、促销DM、健康知识专题等，增进会员与药店之间的沟通交流，增加会员对店面的感情，充分了解产品，同时又对其他顾客产生一定的感染力。另外，邮寄品的保存时间长，会长期对会员产生比较大的影响力。

(6) 网络跟进 随着网络的普及，药店可以在网上建立会员俱乐部、论坛、会员

QQ 群，并将喜欢网络的会员吸引过来。网络上针对会员还可以发电子邮件等，可以和会员有更多的沟通。

会员跟进服务，方法可以灵活组合，只要能给会员更多的服务，就能真正打动会员。但有一点值得注意，那就是在跟进的时候，要根据会员的意愿，讲究技巧，尽量不要打扰会员的正常生活，否则引起其反感，会适得其反。

六、典型实例

据《中国药店》资料，2011～2012 年度海王星辰的直营门店数高居榜首，销售额排名行业第五。长期奉行会员制的海王星辰，其会员的权益包括：

1. 积分奖赏 会员一次性消费满 10 元即可获得积分，累积一定积分，可兑换精美礼品。

会员还可参与积分抽奖、积分兑换提货券、积分换购商品和多倍积分等积分活动。

2. 价格优惠 会员在每月 8 日、18 日、28 日会员日可享受 8.8～8.5 折优惠（红标、特价等不打折商品除外）。

3. 增值服务 会员持卡在海王星辰特约合作商户消费可享受优惠服务。

4. 积分换礼活动规则 参与办法：

（1）凡海王星辰健康药房会员均能参加积分换礼活动。

（2）每次消费满 10 元积 1 分，不足 10 元不计分，会员购物时未出示会员卡，当次购物不积分。

（3）会员退货的同时将扣减与退货金额相等的消费积分。

（4）积分 1 年（自然年度）有效，本年度有效期至当年 12 月 31 日，第二年 1 月 1 日积分将自动清零，12 月 31 日购物积分计入第二年累计积分。

（5）不打折商品、提货券、抵用券、会员日消费、申请特殊折扣销售的商品不计积分。

（6）如在个别活动中有特殊积分方式，以当日店内公告为准。

（7）会员不可以跨城市累计积分和兑换礼品，不同卡之累计积分不可合并使用。

（8）会员积分以海王星辰健康药房总部信息系统中查询结果为准。

5. 礼品兑换频率 每季度最后一个月为积分兑换月，兑换月整月在门店都可以兑换礼品。第四季度每个月都能兑换礼品。

七、同步训练

2000 年左右，美国的连锁药店纷纷开始实行会员制。美国有一家著名的 CVS 连锁药店，截至 2005 年，CVS 的总门店数达到 5471 家，净销售额 370 亿美元，成为全美连锁门店最多、销售额第二位的企业。CVS 连锁药店于 2001 年初推出了“特别关照顾客忠诚卡”计划，仅一年时间就有超过 2700 万名顾客成为注册会员。截至 2005 年拥有 4400 万会员，占美国总人口的 21.5%，按 5500 家门店计算，平均每家门店有 8000 人。该公司为这些会员提供细致周到的服务：不仅提供会员打折服务还有其他增值服务，如个人购药品类管理、年度积分换购礼品、额外提供多次商品票据打印服务等，而会员注册数据库则为 CVS 提供了重要的消费者购买习惯等方面的市场信息。

其他如 Rite Aid 提供的“忠诚回报卡”，则拥有 600 万会员，其会员能够享受 Rite Aid 自有品牌 10% 的折扣优惠，有权购买仅向会员提供的非广告商品，还能享受摄像、照片冲洗等方面的便利服务。纽约的连锁药店 Duane Reade 拥有 200 万会员，药店每周都会推出供会员享受的价格优惠的商品。药店通过会员资料分析发现，非药品销售额的 65% ~85% 是由 30% 的会员带来的，因此 Duane Reade 计划对最有价值的顾客群实行直复营销，未来还将在价格和服务方面给予该会员群更高待遇，以保持他们长期的忠诚度。

1. 请结合案例分析美国药店的会员服务有哪些?
2. 请谈谈我国药店会员服务管理有哪些可借鉴之处?

任务2 慢性病顾客的跟踪与回访

一、具体任务

据卫生部疾控中心报告，全国城乡居民 2008 年慢性疾病的患病人数为 26760 万，比 1993 年的 19080 万增加了 40. 3%（其中糖尿病 2008 年的患者为 1336 万，比 1993 年的 247 万增加 440. 9%；高血压病 2008 年的患者为 7210 万，比 1993 年的 1492 万增加 383. 2%；脑血管疾病 2008 年的患者为 1316 万，比 1993 年的 496 万增加 165. 3%；恶性肿瘤 2008 年的患者为 274 万，比 1993 年的 115 万增加 138. 3%；心脏病 2008 年的患者为 2314 万，比 1993 年的 1639 万增加 41. 2%）。全国慢性疾病患者人数的快速增长，为慢性疾病的预防和治疗带来严峻的挑战。做好慢性疾病的预防和治疗工作，是医药行业从业人员的使命和责任。

假如你是销售治疗某慢性疾病药品的医药代表，请制订跟踪和回访某慢性病患者的方案，并模拟跟踪与回访的过程。

二、训练目标

1. 通过训练，使学生了解我国慢性病患病人数的历史、现状以及今后发展的趋势。
2. 掌握慢性病顾客的跟踪与回访的工作程序。
3. 掌握并学会应用针对慢性病患者的跟踪和回访技巧。

三、训练内容和步骤

1. 5 ~6 人为一组，讨论、制订一份针对慢性病患者的跟踪与回访的方案。
2. 撰写跟踪与回访处理方案，根据方案模拟跟踪与回访的过程。
3. 教师总结、点评。

四、考核标准

1. 采取的方案符合慢性病患者的跟踪与回访要求，能恰当处理具体的问题。（3 分）
2. 跟踪与回访的方案新颖，有创新性。（2 分）
3. 模拟跟踪与回访的过程完整，跟踪与回访技巧运用得当。（3 分）
4. 小组同学团结协作。（2 分）

五、必备知识

（一）慢性病概述

慢性病主要指以心脑血管疾病（高血压、冠心病、脑卒中等）、糖尿病、恶性肿瘤、慢性阻塞性肺疾病（慢性气管炎、肺气肿等）、精神异常和精神病等为代表的一组疾病，具有病程长、病因复杂、健康损害和社会危害严重等特点。

慢性病有以下危害：①患病者易造成脑、心、肾等重要脏器的损害，易造成伤残，影响劳动能力和生活质量。②医治慢性病的医疗费用较昂贵，增加了社会和家庭的经济负担。

（二）慢性病患者的心理特点

1. 主观感觉异常　人患病后，注意力转向自身，感觉异常敏锐，甚至对自己的心跳、呼吸、胃肠蠕动的声音都能听到，心中总想着自己的病，而对其他事物很少关心，这容易被别人误解为自私或冷漠。

2. 心境不佳　生病属于负性刺激，势必影响患者的情绪，形成不良的心境，容易看什么都不顺眼，好生闲气，好发脾气，给人以不近人情的感觉。病情越重，病程越长，这种异常情绪反应越严重。这种消极情绪，不仅容易被人误解，使人不愿意接近，而且还不利于病体康复。

3. 被动依赖　由于不断受到亲人的关怀与照顾，患者会变得被动，依赖性增强，本来自己可以做的事情也不愿意动手；情感变得脆弱，甚至幼稚，像个孩子似的，总希望亲友多照顾、多探视、多关心自己。

4. 多疑、神经过敏　患者往往会变得神经过敏，疑虑重重，听人低声谈话，就以为是谈自己的病，对医护人员和亲友的好言相劝也常半信半疑，甚至无端怀疑医护人员给自己开错了药、打错了针。这种异常心理不仅会对医患关系起破坏作用，也不利于患者安心养病。

5. 紧张、焦虑、恐怖　许多患者入院后会感到紧张，特别是看到周围的患者死亡时，会产生恐惧心理，怕疼痛、怕开刀、怕变残、怕死亡。这种心理对康复极为不利，会削弱患者的主观能动性，使机体免疫力降低。

（三）慢性病患者的跟踪与回访要点

顾客跟踪与回访是顾客服务的重要内容，做好顾客跟踪与回访是提升顾客满意度的重要方法。顾客跟踪与回访对于重复消费的产品企业来讲，不仅可以得到顾客的认同，还可以创造顾客价值。

1. 跟踪与回访的工作程序 慢性病顾客具有病程长、病因复杂、健康损害和社会危害严重等特点，由于这类顾客长期在生理和心理上受到疾病的折磨，往往易紧张、较敏感，在与这类顾客接触中应给予体谅，并争取用细致、耐心的工作赢得顾客的信任。具体的跟踪与回访的程序为：

（1）对顾客进行细分工作 在顾客跟踪与回访之前，要对顾客进行细分。顾客细分的方法很多，可以根据具体情况进行划分。顾客细分完成以后，对不同类别的顾客制订不同的服务策略。例如有的公司把要跟踪与回访的顾客划分为：高效顾客（市值较大）、高贡献顾客（成交量比较大）、一般顾客、休眠顾客等；有的公司从顾客购买产品的周期角度判断顾客的价值类别，如高价值（月）、一般价值（季度/半年）、低价值（一年以上）。对顾客进行细分也可以按照顾客的来源分类，例如定义顾客的来源包括：自主开发、广告宣传、老顾客推荐等；也可将顾客按其属性划分类型，如合作伙伴、供应商、直接顾客等；还可以按顾客的地域进行分类，如国外、国内，再按省份如山东、北京、上海等，亦可以按地区或者城市分类；也可以按顾客的拥有者的关系进行分类，如公司的顾客、某个业务员的顾客等等。

顾客跟踪与回访前，一定要对顾客做出详细的分类，并针对分类拿出不同的服务方法，增强顾客服务的效率。

（2）明确各类细分顾客的需求 确定了顾客的类别以后，明确顾客的需求才能更好地满足顾客。特别是最好在顾客需要找你之前，进行顾客跟踪与回访，才更能体现顾客关怀，让顾客感动。

慢性病患者给社会、家庭、个人带来沉重的负担，因此在做跟踪与回访的时候，一定要注意照顾到患者的多方面因素，力求在将患者治疗疾病的总费用控制在最低水平的情况下，取得最好的治疗效果。

慢性病的治疗措施应为：①预防在先，治疗在后。②药物治疗与饮食、行为、心理的干预控制并重。

跟踪与回访的意义是要体现在服务上，维护好老顾客，了解顾客想什么、要什么、最需要什么，是要售后服务再多一些，还是觉得产品应该再改进一些。实际上，只要真正做到想顾客之所想，急顾客之所急，就一定能大大提升顾客的满意度。

（3）确定合适的顾客跟踪与回访方式 顾客跟踪与回访有电话跟踪与回访、电子邮件跟踪与回访及当面跟踪与回访等不同形式。从实际的操作效果看，电话跟踪与回访结合当面跟踪与回访是最有效的方式。

按照销售周期，跟踪与回访的方式主要有：

1）定期做跟踪与回访：这样可以让顾客感觉到企业的诚信与责任。定期跟踪与回访的时间要有合理性，如以产品销售出 1 周、1 个月、3 个月、6 个月为时间段进行定期的电话跟踪与回访。

2）提供售后服务之后的跟踪与回访：提供售后服务之后可以让顾客感觉企业的专

业化。特别是在跟踪与回访时发现了问题，一定要及时给予解决。最好在当天或第二天到现场进行问题处理，将顾客的抱怨控制在最少的范围内。

3）节日跟踪与回访：在平时的一些节日跟踪与回访顾客，同时送上一些祝福的话语，以此加深与顾客的联系。这样不仅可以起到亲和的作用，还可以让顾客感觉到一些优越感。

（4）进行顾客跟踪与回访，及时发现并处理问题　顾客跟踪与回访过程中，要了解顾客在使用本产品中的不满意，找出问题；了解顾客对企业的系列建议；有效处理跟踪与回访资料，从中改进工作、改进产品、改进服务；准备好对已跟踪与回访顾客的二次跟踪与回访。通过顾客跟踪与回访不仅解决问题，而且改进企业形象和加深与顾客的关系。

产品同质化程度很高的情况下，顾客购回产品后，从当初购买前担心质量、价位，转向对产品使用中的服务的担心。所以在产品销售后，定期的跟踪与回访十分重要。

（5）利用顾客跟踪与回访促进重复销售或交叉销售　最好的顾客跟踪与回访是通过提供超出顾客期望的服务来提高顾客对企业或产品的美誉度和忠诚度，从而创造新的销售可能。顾客关怀是持之以恒的，销售也是持之以恒的，通过顾客跟踪与回访等售后关怀来增值产品和企业行为，借助老顾客的口碑来提升新的销售增长。开发一个新顾客的成本约是维护一个老顾客成本的6倍，可见维护老顾客的重要性。

（6）正确对待顾客抱怨　客户产生抱怨的原因主要包括：企业产品质量有问题；没有做到令人满意的服务；广告误导导致顾客抱怨。

顾客抱怨的及时有效处理对企业赢得客户至关重要。顾客抱怨处理的方法具体为：

1）认真听取顾客的抱怨：当顾客产生抱怨时，销售人员千万不要一味地向顾客解释或辩白，这样只会浪费时间和令顾客更加反感。一般地说，任何人在情绪发泄后，常常会变得有理性。让顾客明白你是在认真听，不要流露出不耐烦的情绪，也不能打断顾客的倾诉，要冷静，不要为自己辩白，不要急于下结论，当自己无法解决顾客的抱怨时，可以请上一级的主管出面。

2）注意给对方良好的观感：好的仪容、仪表、仪态可以增强自身的魅力，给顾客留下美好的印象。特别是第一次接触顾客的时候，顾客对你的第一印象会保持较长时间。

3）在技巧上要坚持“三换”原则：

第一，换当事人。当顾客对服务人员的服务不满时，找一个有经验、有能力、好人缘、职位高一点的主管，会让顾客有受尊重的感觉，有利于问题的圆满解决。

第二，换场地。变换场地有利于问题的解决。比如，顾客在药店的柜台前发泄不满时，店员把顾客请到办公室或接待室，会有利于问题的解决。

第三，换时间。当顾客的积怨很深，当前没办法解决好问题，就要另行约定时间和找一个比原来更高一级的主管来处理问题。态度要更为诚恳，一定说到做到。

4）运用张弛有力的声调与顾客交谈：声调的不同会带给顾客不同的感受，如信赖感、成熟感、不安全感、厌恶感等。

5）以恰当的措辞应对顾客的不满：处理抱怨可以是道歉，也可以是说明，甚至也可以是说服，这要看实际情况而定。

6）善于利用现场情况：任何一个人都喜欢被人赞美，顾客也是，但不能显得太刻意，要考虑是不是能将场面变得很愉快。靠阿谀奉承虽然会使顾客产生优越意识，但是在对话中自然地表现幽默与智慧才是对话的高明之处。

2. 跟踪与回访技巧

（1）面带微笑服务　我们面对的顾客是患有慢性病的患者，长时间的病痛对他们的生理和心理都是一种折磨，这就要求每一位回访人员都应该调整好心态，在接触顾客之前，先确认应该用怎样的方式、怎样的话语进行交流。要多为顾客解决问题，带来福音，至少不要让顾客因你的回访而有不愉快的体验。想顾客之所想，面带微笑服务，才能真正赢得顾客的心。

（2）拟定回访交流的预案　回访交流预案的拟定，有助于回访人员在和顾客交流过程中，能较全面地了解企业所关心的问题，同时也有助于企业对所得到的回访资料进行归纳汇总，为企业的经营决策提供有用的参考信息。当然，回访预案并不是完全一成不变的，回访人员可以根据实际情况在一定程度内做出相应的变通调整。

（3）因人而异、对症下药

1）对冲动型顾客莫“冲动”：冲动型顾客的性子比较急，回访人员应该耐心、冷静，表明来意，释放为顾客健康而来的善意。要想办法让顾客能够平静下来，对这类顾客必须做到用温和的语气交谈。

2）对寡断型顾客“果断”地下决心：这类顾客表现优柔寡断、三心二意，凡事都抱着一种怀疑的态度。对这样的顾客，回访人员一定要让顾客“感觉”到自己的笑容，可以寻求相互之间的共同点，让顾客把自己当成朋友，用坚定和自信的语气消除顾客的忧虑，排除客户紧张的情绪，尽量让顾客放松下来，然后再进行友好的回访交流。

3）对习惯型顾客诚心维护：习惯型顾客已经对企业及企业的产品产生了信赖感，这类顾客在回访交流中非常配合，常常会设身处地为企业着想，经常会提出有益的建议。对待这类顾客，回访人员一定要秉承一颗诚心，虚心接纳其意见及建议。

4）对感情型顾客触发其情感：感情型顾客对个人感情看得极重，且容易产生联想。从消费心理的角度分析，这类顾客同卖家之间的交往以亲情、友情和共同喜爱为特征。对待这类顾客态度要友好，要了解顾客的喜好，并能根据其喜好引入话题，触发其情感，真正做到想顾客之所想，就能很好地与顾客进行回访交流，解决问题。

5）对随意型顾客需重点引导：随意型顾客或者因缺乏相关知识，或者因本性如此，其动机往往不明确，较为随意，或者是奉他人之命购买。这类顾客通常喜欢得到别人的指点，尤其是得到回访人员的帮助，也乐于听取回访人员的介绍和建议。对于这类顾客首先要了解其需求或喜好，然后重点推荐，这需要多提问来了解顾客需求，对其提出中肯的意见。必要时可帮助顾客做出决定。

6）对理智型顾客做好理性诉求：理智型顾客一般受教育程度比较高，有的具有一定的医药方面的知识。他们通常是在生活中很负责任的人，对自己身体健康的关注比较理智，大多数会认真研究自己的疾病，对比哪一种治疗方案最适合自己。对待这类顾客，一定要能打动他们的心。

面对理智型顾客，回访人员一定要做理性诉求。因为这类顾客在之前已了解了相关知识，他们需要的是回访人员以自己的专业知识，为其答疑解惑，如果强行向他们推销宣传，容易引起这类顾客的反感，顾客会认为回访人员的专业知识不够，从而产生不信赖感。

（4）有效地利用提问技巧　通过提问，可以尽快找到顾客想要的答案，了解顾客的真正需求和想法。通过提问，理清自己的思路，同时通过提问，也可以让愤怒的顾客逐渐变得理智。比如进行一些针对性的问题、选择性问题、服务性问题、开放性问题、封闭性问题的提问。

（5）善于利用顾客身边的人做好回访工作　在做顾客回访时，回访人员通常发现顾客身边有亲朋好友相伴，对这一情况也应该很好地进行利用。很多慢性病患者因疾病的长期困扰，身心俱疲，在做跟踪与回访时，难免会发生与回访人员情绪对立的情况，这时回访人员可以说服顾客身边的人，让他们出面帮忙劝导，这往往会收到奇效。

顾客跟踪与回访是顾客服务的重要一环，重视顾客跟踪与回访，充分利用各种跟踪与回访技巧，满足顾客的同时还可以创造新的价值。

六、典型实例

“太极糖尿病之家”一对一个性化的跟踪服务

2004 年，2 型糖尿病新药“太罗”获得国家药品食品监督管理局的批号，并获得专利保护期 20 年。“太罗”的研制成功无疑是军事医学科学院毒物药物所李松教授的得意之作。作为我国自主研发的全球唯一的罗格列酮钠盐制剂，堪称我国科研专家和生产企业运用专利武器成功突破外国封锁的典范。“太罗”也成为太极集团重点推广的产品，并成立“太极糖尿病之家”，为患者提供一对一个性化的跟踪服务。

“太极糖尿病之家”是各省糖尿病防治办公室或糖尿病防治中心与太极集团共同成立的带福利性质的全国性机构。“关爱生命，共享健康”一直是太极集团服务社会的宗旨。它不仅长期为会员提供超值完美的五星级服务和特优惠价药品，还努力为广大市民提供更全面的健康知识和更科学的健康咨询。

太极集团还制订了“利用养生平台，打造百万会员”战略规划，为全面推广集团骨干品种“太罗”的会员营销工作，自 2011 年 5 月开始，太极会员夏令营活动如火如荼地开展起来。到 2011 年 10 月，共有 32 批次的会员参加了长寿湖、仙女山和武陵山夏令营活动，实现直接销售 280 余万元，新招募会员近千人。2012 年，新一轮会员活动开启，在原有的活动基础之上，增加了会员海南游活动，得到了会员的热烈响应。

1. 太极糖尿病之家会员注册管理办法

（1）注册办法　首先，请确认您的身份——您是 2 型糖尿病患者吗（疑似患者、准糖尿病者均可报名)?

注册办法一：请带上您的病历本和身份证，前往公司指定当地的太罗专柜填写会员登记表，现场办理入会手续，领取会员证。

注册办法二：先电话报名，然后由公司向您寄发会员证或通知您到所在地指定太罗专柜领取会员证。

(2) 管理办法　会员实行“一人一证”原则，重复办理无效。

从发证之日起有效期为1年。1年后，会员持会员证到太罗专柜加盖注册章后继续有效。

2. 公司对患者一对一的跟踪服务举措

(1) 免费得到大型医院的专业检查，更准确地了解自己的病情，享受专家一对一的服务。

专家给您个性化的药物治疗方案：知名专家与您面对面交流，根据您的患病情况为您量身打造个性化的治疗方案。

专家给您国际领先的糖尿病知识培训：知名专家教您科学地主宰自己的健康，系统地告诉您糖尿病的防治知识，并可领取相关培训资料。

专家教您合理饮食：知名专家教您按自身需要制订正确健康的饮食计划，使您每日饮食做到合理搭配，营养平衡。让您放心地吃您能吃的东西。

专家教您适量运动：知名专家教您根据自己的病情、年龄与爱好，来选择适合自己的运动项目，进行适度运动。

(2) 长期享受特别优惠的购药待遇：持会员证到所在地公司指定太罗专柜享受优惠购药，但每名会员全年优惠购药数量不得超过48盒。

七、同步训练

某医药集团公司对本公司治疗慢性病的药品销售情况进行分析后发现，由于加大了在广告、人员推销等方面的投入，公司吸引了大量新顾客的尝试性购买，但是另一方面公司的老顾客流失现象严重。公司对这一情况非常关注，为此准备派具有一定医学知识的医药代表跟踪走访一部分老顾客，以期能更好地满足他们的需求，获取他们的信任，让他们成为公司的忠诚顾客。

若你是该公司指派的一位医药代表，请制订一份慢性病顾客的跟踪与回访方案。

任务3　重点客户关系维护

一、具体任务

王先生是一家医药企业销售部门的经理，经过王先生及其团队的共同努力，公司的业务不断拓展。随着公司业务的发展，老客户越来越多，公司知名度也越来越高，甚至经常有新客户慕名打电话来咨询业务。一时间，公司上上下下忙得不亦乐乎，可是还是有些重要客户抱怨公司的响应太慢，服务不及时，而将订单转给了其他厂商，使公司利润流失了不少。为此，王先生决定加大投入，招聘了更多的销售及服务人员，来应付忙碌的业务。

一年辛苦下来，王先生满以为利润不错。可公司财务经理给出的年终核算报告，利润居然比去年少，王先生非常烦恼。公司的总经理得知这一情况也不满意，要求王经理立即带领营销部门拟定出一份工作改进计划。经过仔细分析，终于发现症结所在：原来，虽然不断有新的客户出现，但是他们带来的销售额却不大，而这些客户带来的销售和服务工作量却是不小，甚至部分新客户还严重拖欠款项。与此同时，一些对利润率贡献比较大的重点客户，因在忙乱中无暇顾及，已经悄悄流失。公司要想使利润迅速回升，必须有所改进。

王经理及其团队应如何改进工作方法？假如你是该公司营销部门的一员，请你拟定一份具有可行性的维护重点客户关系的方案。

二、训练目标

1. 通过训练，使学生理解相关的概念，了解客户关系管理的目标，熟悉 CRM 系统。

2. 了解客户细分的目的，熟悉客户细分的方式和客户的主要类型。

3. 掌握维护重要客户关系的技巧，会运用相关技巧维护重要客户的关系。

三、训练内容和步骤

1. 5 ~ 6 人为一组，讨论、制订客户关系维护的方案。
2. 撰写客户关系维护方案。
3. 小组派代表向全班同学汇报。
4. 教师总结、点评。

四、考核标准

1. 客户关系维护方法得当，方案合理、可行。(6 分)
2. 客户关系维护方法新颖，有创新性。(2 分)
3. 小组同学团结协作。(2 分)

五、必备知识

(一) 相关概念

1. 客户关系 客户关系是指企业为达到其经营目标，主动与客户建立起的某种联系。这种联系可能是单纯的交易关系，也可能是通讯联系，也可能是为客户提供一种特殊的接触机会，还可能是为双方利益而形成某种买卖合同或联盟关系。

2. 客户关系管理 客户关系管理（CRM）是 customer relationship management 的简称，是一个不断加强与客户交流，不断了解客户需求，并不断对产品及服务进行改进和提高以满足客户的需求的连续的过程。

（二）客户的细分

客户的细分是指在明确的战略业务模式和专注市场中，根据客户的价值、需求和偏好等综合因素对客户进行分类，并提供有针对性的产品服务和营销模式。

1. 按客户的价值细分 根据客户的价值进行细分，可以把客户分为重点客户（主要客户）、普通客户、小客户。

2. 按客户与企业的关系细分 根据客户与企业的关系进行细分，可以把客户分为：

（1）消费客户 终端客户——消费者、商用客户。

（2）中间客户 渠道商、分销商、代理商和 B2B 客户。

（3）公利客户 政府、行业协会或媒体等。

（4）内部客户 是指针对企业内部的任何一个雇员客户。

（三）客户关系维护的程序

企业的发展壮大需要依靠客户关系。让客户满意是一件很复杂的事情，客户关系维护更是一个系统工程。要想实现成功的客户合作，建立和维护良好的客户关系，必须依靠合理的方法，遵循科学的程序。客户关系维护的程序见图 1。

（四）重点客户关系的管理与维护

1. 重点客户 重点客户（key account，KA），又被称为大客户、主要客户、关键客户、优质客户等，是指对产品（或服务）消费频率高、消费量大、客户利润率高而对企业经营业绩能产生一定影响的要害客户。而除此之外的客户群则可划入中小客户范畴。

重点客户有两层含义，其一指客户范围大，客户不仅包括普通的消费者，还包括企业的分销商、经销商、批发商和代理商；其二指客户的价值大小，不同的客户对企业的利润贡献差异很大。20% 的大客户贡献了企业 80% 的利润，因此企业必须要高度重视高价值客户以及具有高价值潜力的客户。

2. 进行重点客户关系维护的要点

（1）明确目的 ①维护重点客户的目的要明确，即要提高重点客户满意度。②本部门的目的一定要和企业的目标尽量一致，维护重点客户这个目的是企业级别的任务，需要部门的配合，需要全体员工的参与。③具体的工作要能够预测。

（2）选择恰当的方法

1）注重产品质量：长期稳定的产品质量是保持客户的根本。

2）提供优质服务：在激烈的市场竞争中，服务与产品质量、价格、交货期等共同构成企业的竞争优势。

3）塑造品牌形象：客户品牌忠诚的建立，取决于企业的产品在客户心目中的形

图1 客户关系维护的程序

象，只有让客户对企业有深刻的印象和强烈的好感，他们才会成为企业品牌的忠诚者。

4）给予价格优惠：价格优惠不仅仅体现在低价格上，更重要的是能向客户提供他们所认同的价值。

5）进行感情投资：一旦与客户建立了业务关系，就要积极寻找商品之外的关系，用这种关系来强化商品交易关系。

(3) 控制所需成本　在客户关系维护过程中，会产生相应的费用，即需要计算提供维护服务的成本。企业的经营活动需权衡经济与效益之间的关系，所以需计算并控制成本。

(4) 安排稳定的维护人员　①公司应安排相对固定的人员提供维护服务，这也有助于与客户建立互信的关系。②应建立相关的流程、程序，做好人员的招聘、培训、后备、应急等各项预案。

(5) 资源要到位　①确定客户管理的手段，并将客户接受服务进行记录管理。

②对提供的服务进行跟踪管理。例如，满意度调查，需要知道提供的服务是否达到了目标。③对客户反馈的结果进行“过程的改进”。

(6) 维护重点客户的常用手段　维护重点客户的常用手段包括：①生日祝福。②日常定期回访。③重点客户优惠政策。④重点客户高层互访。⑤不定期论坛。⑥让重点客户参与到对服务人员的考评中。⑦节日聚会。

六、典型实例

典型实例1

（一）电话预约

李某：“您好，我是某医药公司的李某，能占用您几分钟的时间吗？”

客户：“又是来推销产品的吗？”

李某：“我们是某公司的，我们公司已经在你们单位引进了药品，我想了解我们公司的药品销售情况，另外我们公司现在又重点推出了两个新品种，我想这产品非常适合贵公司，您看您什么时候有空，我们约个时间谈谈。”

客户：“哦，这样啊，那这星期一下午两点到我办公室谈吧。”

李某：“好的，我保证您一定不会后悔腾出时间来见我。”

客户：“呵呵，但愿。”

李某：“那星期一见。”

（二）面谈

李某：“您好，张经理，我是昨天打电话来的某医药公司的李某。您现在有时间吧？”

客户：“嗯，有的，你还挺准时。”

李某：“应该的。”

客户：“嗯，不错，开始话题吧。”

李某：“好，我们公司的药品，你们药房在卖的药品品种有A、B、C、D四种，现在销售情况怎么样？”

客户：“嗯。我查一下，A、B一般，销售情况不是很理想，C、D还不错，D产品已经要断货了。”

李某：“A可以和D配在一起卖的，医院的医生都是以这种方案开处方。”

客户：“是吗？那我要和营业员说一下。”

李某：“现在先补点C和D吗？”

客户：“那就暂时C补一件，D补两件吧。”

李某：“其实可以再补点A，因为A、D两种药可以配合着用，您觉得呢？”

客户：“A我们还有些货，不能补多了，就拿100盒吧。”

李某：“好的，我们公司现在又重点推出了两种新品种E和F，这两种药品用户群体广，又是刚推出的新特药，市场上类似的药很少，您如果愿意做的话，应该会有很好的效益的。”

客户：“是吗？你说说看。”

李某：介绍新品种 E；介绍新品种 F。

客户：“这两种药以前没有销售过，具体结果怎样我也不清楚，这样吧，我先少进点货，看看情况再说。”

李某：“行，那我明天先各送 20 盒过来。”

客户：“好的。”

李某：“希望我们合作愉快。”

客户：“好，谢谢。”

李某：“再见。”

典型实例 2

某医药企业重点客户关系维护方案

文案名称	重点客户关系维护方案			受控状态	
				编　号	
执行部门		监督部门		考证部门	

（一）重点客户关系维护的对象和目的

1. 对象　重点客户关系维护以现有重点客户为重点，同时也包括未来重点客户和潜在重点客户

2. 目的　重点客户关系维护的目的在于巩固同重点客户的关系，维护双方的合作利益，实现合作双方的双赢

3. 重点客户构成分析　重点客户构成分析的主要内容

（1）销售构成　根据销售额等级分类，分析在公司总销售额中各类等级的重点客户所占的比重，并据此确定未来的营销重点

（2）商品构成　通过分析企业商品总销售量中各类商品所占比重，以确定对不同重点客户的商品销售重点和对策

（3）地区构成分析　通过分析企业总销售额中不同地区所占的比重，借以发现问题，提出对策，解决问题

（二）重点客户关系卡的制作和使用

1. 重点客户关系卡的制作　重点客户服务人员根据固定的格式编制重点客户关系卡片，卡片的内容包括重点客户姓名、工作单位、职位、住址、联系方式等

2. 重点客户关系卡的管理　公司对重点客户关系卡实行区别化管理。主要根据重点客户的重要程度划分为重要重点客户和一般重点客户，对于重要重点客户应该单独管理，制作重要重点客户的重点客户关系卡

3. 重点客户关系卡的使用

（1）重点客户关系卡的应用须以准确性、有效性、时效性为原则

（2）公司营销人员根据重点客户关系卡的信息对重点客户进行定期回访、促销推广等

4. 重点客户关系卡的更新　公司关系卡应随着重点客户情况的变化，加以记录调整。时常更新重点客户关系卡，保留有用重点客户信息

（三）重点客户关系维护工作开展的方式

利用“看板管理”的方式，对重点客户进行管理

续表

看板管理内容表

看板分类	看板内容	看板制作部门
周看板	记录本星期的重点工作事项，包括当天工作重点、第二天工作重点和本周工作重点	重点客户服务部
月看板	记录本月整体的工作重点，包括月度总体工作安排和跨星期的工作事项安排	重点客户服务部

（四）维护同重点客户良好关系的措施

1. 经常与重点客户通过电话、电子邮件以及面谈等方式进行沟通，以保持良好的关系

2. 重点客户服务人员实行对特定重点客户访问和所有重点客户巡回访问相结合的回访制度，充分了解重点客户的需求

3. 重点客户关系维护的措施

（1）积极地将各种有利的情报提供给重点客户，包括最新的行业信息和政府信息等

（2）提供给重点客户企业新产品信息以及使用新产品的感受

（3）耐心地处理重点客户的异议，经常地帮助重点客户

（4）企业进行促销优惠活动时应及时通知重点客户

（5）邀请重点客户参加公司举办的优秀重点客户服务人员奖励会，并根据情况请重点客户颁奖

（6）每年召开一次重点客户服务会议，邀请重点客户代表参观本企业，增强重点客户对本企业的了解

（7）国家法定假日期间向重点客户表达节日的祝福并赠送带有公司特点的小礼品

（五）重点客户关系评估

重点客户服务人员定期对重点客户关系进行评估，填写《重点客户关系评估表》。《重点客户关系评估表》的格式如下表所示

重点客户关系评估表

重点客户名称：　　　　　　　　　　　　　　　　　　　　编号：

分析指标	指标权重	指标得分	重点客户等级	得分依据	备注
合计					
评估结果	最终得分				
	建议	□改进关系　□维持关系　□终止关系			

（六）重点客户评估结果的使用

1. 重点客户评估完成后，由重点客户服务部人员对重点客户评估结果进行汇总并进行复印后，送营销总监、市场营销部经理以及相关部门进行审阅

2. 各相关部门根据重点客户评估的结果提出反馈意见，市场营销部根据重点客户评估结果拟定重点客户关系改进措施

编制日期		审核日期		批准日期	
修改标记		修改处数		修改日期	

附件一：

客户关系卡

姓名	工作单位	职位	住址	联系电话	大区	地区	销售代表	主管
张某	某市某大药房	经理	四川省某市某路某号	13800000000	西南	四川 B2 区	李某	王某

七、同步训练

假设你是某医药公司的营销部营销人员，你手里拿到了企业某片区的重点客户名册，请你根据该片区重点客户名册的资料拟定一份重点客户维护方案，并将其上报营销部经理审批。

模块十　医药营销公共关系

任务1　新闻发布会（记者招待会）的筹划与实施

一、具体任务

某医药生产企业开发研制出了一种新型抗癌药物，为了使医院、医药企业、广大患者及社会公众了解该药物，扩大该药物及本企业的社会影响力，决定召开新品发布会。

请策划并组织实施该新品发布会。

二、训练目标

1. 通过训练，使学生掌握新闻发布会或记者招待会的策划、组织程序，学会新闻发布会或记者招待会的策划和组织实施。

2. 树立形象意识，提高创造策划、组织协调、团队合作等方面的能力。

三、训练内容和步骤

1. 7~8人为一组，讨论新品发布会的方案，并选定新品发布会的主持人、发言人等重要角色。

2. 撰写新品发布会的方案。

3. 各小组模拟实施新品发布会。

4. 全班同学互评。

5. 教师总结、点评。

6. 评选最佳策划方案、最佳主持人、最佳发言人、最佳表演者等。

四、考核标准

1. 小组同学全员参与，献计献策，团结协作。(2分)

2. 新品发布会的方案内容完整。(3分)

3. 新品发布会的方案内容新颖，富有创新性。(2分)

4. 新品发布会模拟实施的过程中，组织有序，各环节能有机衔接，各角色能相互配合。(3分)

5. 最佳策划方案策划人员、最佳主持人、最佳发言人、最佳表演者加 2 分。

五、必备知识

（一）新闻发布会的涵义和特点

新闻发布会又称记者招待会，是政府、企业、社会团体或者个人为发布重大新闻而专门邀请记者参加的一种特殊会议。新闻发布会曾被作为进行公共关系宣传的最好方式之一。

新闻发布会作为一种专题活动，和其他专题活动一样，是用于解决特殊问题和处理特殊事件的。一般来说，新闻发布会有两个典型的特点：

1. 新闻发布会是一种比较正规、隆重、规格较高的传播方式，比起其他传播方式其影响面更大。

2. 新闻发布会是一种技术要求比较高的会议，它是一种双向对称型的传播方式，由举办者根据自己的需要发布消息，然后由记者进行提问，并现场作答，这就要求发言人和主持人有较高的表达能力和反应能力。如果是在外地甚至海外举行新闻发布会，还要考虑符合所在地的文化传统和风俗习惯。

（二）新闻发布会的组织程序

1. 准备阶段

（1）新闻发布会的策划　新闻发布会的策划主要是对新闻发布会的整个工作的决策和安排，即在不违背新闻真实性原则的基础上，对新闻发布会的形式进行有效创新，以达到新闻发布会的活动效果。

（2）确定邀请的记者和嘉宾名单　新闻发布会邀请的记者覆盖面要广，不仅要有报纸杂志的记者，还要有电台、电视台的记者；不仅要有文字记者，还要有摄影记者。特别注意对记者要做到一视同仁，不能厚此薄彼。在填写新闻发布会邀请函时应考虑谁会对本次新闻发布会内容感兴趣，如是医疗新闻，那就邀请医疗报刊、电视台医疗节目的记者。永远不要用电话邀请，带有公司标志的邀请信函表明新闻发布会是很正规的。发邀请信时，一般要发到记者所在地的新闻机构。邀请信发出后，临近新闻发布会举行前应用电话询问信件是否如期送达，对方是否与会等。

一定要选择与本次新闻发布会相关的嘉宾，而且要邀请具有权威性、影响力的专家、学者等。

（3）确定新闻发布会的时间和地点　新闻发布会应选择合适的日期，避免与一些社会上重大的活动和纪念日相冲突，以确保记者能如期参加会议。做好新闻发布会在某日的具体时间安排，新闻发布会一般选在上午 10 点或下午 3 点为佳，这样有利于方便记者到会。一般的新闻发布会，正式发言时间不超过 1 小时。

新闻发布会的选址与所要发布的新闻性质相融洽，同时要考虑到交通方便、新闻发布的硬件等因素，如应有摄像、传真、打字、录像、幻灯、照明等设备。

(4) 确定主持人和发言人　由于记者的职业要求和习惯，他们大都会提出一些尖锐甚至很棘手的问题，这就对主持人和发言人提出了很高的要求。主持人和发言人必须思维敏捷、口齿伶俐，有较高的文化修养和专业水平。主持人应很好地把握主题范围，掌握会议进程，控制会场气氛，促成会议的顺利进行。发言人要透彻地掌握本企业的总体状况及各项方针政策，面对新闻记者的各种提问，能措辞精确，语言精练，发表的意见具有权威性，具有很强的语言表达能力。发言人一般由企业主要负责人或部门负责人担任。

(5) 新闻发布会资料的准备　新闻发布会的资料应围绕主题准备，尽量做到全面、详细、具体和形象。具体包括：①会议议程。②新闻通稿。③演讲发言稿。④发言人的背景资料介绍（包括头衔、主要经历、取得成就等）。⑤公司宣传册。⑥产品说明资料。⑦有关图片。⑧纪念品或纪念品领用券。⑨企业新闻负责人名片。⑩空白信笺、笔等。

(6) 会场的布置　会场要整洁，应摆放适量的绿化盆景，气氛以高雅大方为宜，气温、灯光、噪音等问题也要考虑周全。主持人、发言人、嘉宾、记者等各区域与席位应合理安排，并按席位顺序摆放席位卡。准备好的文件材料袋和文书用具应放在每个席位上，并适量放置饮品。

(7) 经费预算　新闻发布会的成本较高，会议经费应在策划之后尽快做出预算。经费一般包括场租费、音响器材租用费、会场布置费、礼品费、餐费、通讯费、交通费、资料制作费、文具用品费等。

2. 新闻发布阶段

(1) 迎宾签到　负责迎宾者应提前恭候在门厅或会场门外，待来宾到达时亲自迎接、问候，并将来宾引领至签到处，恭请来宾签到。签到后应有专门的礼仪、服务人员帮助来宾戴好胸花，引导来宾至会场或休息室，安置席位、奉茶或饮料等。

(2) 会议开始　主持人宣布新闻发布会开始，并致简短欢迎辞，介绍议题和议程，介绍来宾，推出新闻发言人。

(3) 发布新闻　新闻发言人讲话，可以宣读新闻发布稿，也可以按发言提纲发布新闻。

(4) 答记者问　由主持人指定提问记者，新闻发言人回答记者的提问。主持人自始至终掌握着时间和节奏，按照事先预订的时间，宣布“下面最后一位记者提问”。

(5) 宣布结束　新闻发言人回答完最后一位记者的提问后，主持人方可宣布新闻发布会结束。

(6) 会后安排提示　主持人提示会后记者的相关活动，例如参观新产品的展示、参观企业规范化操作流程、就餐的时间与地点、赠送礼品等。

3. 新闻发布会评估

(1) 会后总结　闭会后应对会议的策划组织、布置安排、发言问答过程进行总结，分析成败得失，总结经验教训，尽快详细地整理出记录材料，以备日后参考，同时写出评估总结报告归档保存。

（2）报道分析　会后应当注意收集所有与会记者在各种媒介上的报道，并进行归纳分析。方法应当是：首先对照签到簿检查是否全部与会记者都发了稿件，哪位记者报道内容的效果良好，并可确定一部分记者为今后新闻发布会继续邀请的对象。其次将发布的报道内容与原拟定的主题、预定目标进行对照，检查报道内容是否有谬误或有不利于本企业的偏差倾向。若存在问题应及时拿出补救办法，如说明真情、要求更正、登报致歉。

（3）收集反应　主要是收集与会记者以及其他与会公众对新闻发布会的反应，检查接待、安排、提供方便等方面的会务接待工作是否有欠妥之处，以便进一步改进工作。

（三）新闻发布稿的写作

新闻有广义和狭义之分，狭义的新闻专指消息。消息是一种简明扼要地报道新近发生的、有意义、有价值的事实的新闻题材，是新闻中最主要的文体。

1. 消息的要素　消息具有六要素，即何时、何地、何人、何事、何故和如何，即“5W1H”（when，where，who，what，why，how）。

2. 新闻的结构　新闻一般由标题、导语、主体和结尾四部分组成。

（1）标题　标题是新闻的眼睛，一则好的新闻，首先要有一个好的标题，它既要概括新闻的主要内容，又要醒目、新颖，有趣味。

（2）导语　导语是新闻开头的第一句话或第一自然段。通常用简明的文字概括介绍新闻的主要内容，提示新闻的主题使读者先有一个总的概念。写新闻要把最重要、最新鲜的事实放在导语中，以吸引读者。

导语的写法常用的有叙述式、描写式、评论式、结论式、提问式、引语式。

（3）主体　主体是新闻的主要部分，是对新闻事实做具体的报道和说明。这一部分要用充分的有说服力的事实材料来阐述、说明新闻的主题，叙述、印证导语的提示。

新闻的内容是多种多样的，但不管怎么变化，它都有不可缺少的要素，即“5W1H”，所以在写作时，一定要交代清楚。

（4）结尾　由于新闻多是“倒金字塔”结构形式，其结尾没有开头那么重要，其作用在于概括主体部分的大意，强化读者印象，或与开头遥相呼应，起到深化和画龙点睛的作用，等等。

结尾的写作应注意：①不能成为导语和主体的简单重复。②要有实际内容，有启示性，不能空发议论。③文字力求生动，给读者留下深刻印象。

3. 新闻稿的写作要求　新闻稿的写作要求一般有以下五个方面：

（1）公关新闻稿应包括新闻的六要素。

（2）尽量使用简短、口语化的句子进行表述。

（3）清楚地表达思想，不使公众产生误解或者曲解。

（4）图片说明应配合公关新闻稿的主题需要。

（5）避免提供“虚荣型新闻”。

（四）新闻发布会的注意事项

1. 不随便更改会议的程序和延长会议的时间。

2. 主持人和发言人要以轻松、富有幽默感的言谈活跃会议气氛，引导记者踊跃提问。当会议出现紧张气氛时，主持人要及时调节，使会议气氛趋向缓和；当记者的提问脱离会议主题时，主持人要善于巧妙地将话题引回主题。

3. 主持人不要随便打断记者的提问，也不要以各种表情、动作、言语对记者表示不满。即使有些记者的提问确实带有挑衅性，主持人也应以平缓的言语、确凿的理由予以纠正和说明，而不应失控发怒。

4. 当发言人遇到回答不了或不便回答的问题时，不能简单地说“无可奉告”，“不知道”等，应采取“李代桃僵”等灵活机智的办法予以回答。

5. 所发布的消息必须准确无误，如发现错误应及时予以纠正，以免宣传报道上的失真。

六、典型实例

某饮料进山西

2008 年 11 月 10 日，山西某实业公司在太原的山西现代化体育场高档歌舞厅举行了“某饮料进山西”新闻发布会。某饮料是一种保健型天然饮料，由中国医学科学院药物研究所研制，中美合资某保健品有限公司生产。采用纯天然高级食品为原料精制而成，富含 18 种人体必需的氨基酸，多种维生素和稀有元素硒及其他营养成分，具有营养滋补，益气养神，抗衰防老，解酒益肝等独特功效。随着生活水平的提高，人们保健养生观念逐渐增强，山西某实业公司将此饮料引进山西市场，确是一件好事，它对于增加饮料家族类型、活跃饮料市场，增强人们的健康观念，通过新闻发布，迅速、及时、广泛地将此消息告知山西公众很有意义。新闻发布会的组织者们精心策划，认真准备，严密组织，主要做了以下工作：

1. 省市主要电台、电视台、报刊杂志社的记者们，国家级的一些新闻机构驻太原办事处或记者站的记者作为邀请对象，提前发出了邀请信或请柬。

2. 布置了会场，在原豪华高档的舞厅风格上进一步设计处理，突出了自然、轻松、欢快的格调。

3. 安排了礼仪服务，包括迎宾、签名等，准备了水果，并把新闻发布会上的主角“某饮料”作为会议的招待饮品，加深记者对饮料的感受。

4. 确定了本公司刘总经理为主要新闻发言人，公关部王小姐为主持人，议程为：第一，总经理致词，介绍引进“某饮料”的意义和过程；第二，某保健品有限公司的代表讲话；第三，中国医学科学院药物研究所专家做饮料保健功能科学报告；第四，观看饮料研制和功效及厂家情况介绍等内容的录像；最后，答记者问。

5. 准备了招待午宴和联谊舞会，一方面加深情感沟通和信息交流；另一方面使代表们能更好地体验饮料功能，特别是解酒功效。

6. 为感谢记者的到来，准备了纪念品“某饮料”。

新闻发布会顺利地召开并取得了成功。通过新闻发布会，传播了企业的商品信息，初步打开了商品市场，塑造了企业形象，密切了企业同新闻界及记者的关系。

七、同步训练

假如你所在的医药企业获得“某省诚信示范企业”或“中国优秀医药企业”等荣誉称号，为扩大企业的社会影响力，请你据此拟写一篇新闻宣传稿（时间、评选单位等内容可以自拟）。

任务2 客户联谊会的筹划与实施

一、具体任务

新年将至，为了感谢一年来客户对公司的支持与帮助，加深与客户的友谊和联系，提高公司在广大客户中的影响力，某医药公司公关部准备筹划和实施一次客户联谊会。

假如你是本次客户联谊会的组织者，请你筹划并组织实施此次联谊会。

备注：联谊会的活动内容可以是晚会、舞会、酒会、宴会、茶话会等形式。

二、训练目标

1. 通过训练，使学生掌握组织客户联谊会的注意事项等，学会筹划和组织实施客户联谊会。
2. 树立公众意识和形象意识，提高策划、组织、协调、沟通等方面的能力。

三、训练内容和步骤

1. 10～12 人为一组，讨论客户联谊会的方案。
2. 制订客户联谊会的活动方案。
3. 各小组模拟实施客户联谊会。
4. 教师总结、点评。
5. 评选最佳策划方案、最佳节目、最佳演员等。

四、考核标准

1. 小组同学全员参与，献计献策，团结协作。(2 分)
2. 客户联谊会的活动方案内容新颖，有创新性。(3 分)
3. 客户联谊会模拟实施的过程中，组织有序，各环节能有机衔接。(3 分)
4. 客户联谊会的内容丰富，形式新颖。(2 分)

5. 最佳策划方案和最佳节目的成员、最佳演员加 2 分。

五、必备知识

客户联谊是密切客情关系的一种有效手段，组织一次成功的客户联谊无论对于宣传企业，还是巩固客户的信心、提升客户的品牌忠诚度等，都具有非常重要的意义。

（一）客户联谊会的运作内容

1. 明确活动目的 一般而言，任何性质的客户联谊都具有密切客情关系、宣传提升企业或项目品牌形象，以及增强市场信心、促进销售等作用。

对于不同类型企业、不同类型项目，甚至是同一企业或项目的不同时期进行的客户联谊都具有自己独特、明确的活动目的，不同的活动目的将直接影响客户联谊采取的活动形式和活动内容，比如酒会的形式、论坛的形式、拓展的形式等。因此，在每一次客户联谊前，作为活动的策划者或组织者一定要组织相关人员研究分析当前宣传推广的阶段特点及需求，以确定明确的活动目的，以及采用何种形式。

对于一次客户联谊而言，明确的活动目的，以及由此确定的活动形式是活动成功的必要前提。

2. 周密的事前计划 明确了活动目的，确立了活动形式，还需要客户联谊的策划者制订一份周密的事前计划，即该次客户联谊的活动方案。周密的事前计划，是组织一次成功的客户联谊的基础。

通常，一份完整的客户联谊活动方案主要包括：前言、活动目的、活动形式、活动时间及地点、活动主题、活动内容、筹备工作、费用预算等事项，有些还可以细分出参与人员、礼品选择、场地布置、活动流程等事项，而事项的多少或分类没有明确的要求，主要根据策划者的思维方式或活动的繁简程度而定。而且，为了使活动方案具有较强的可操作性，还必须对部分方案内容进行深化，作为方案的附件，作为实施者的执行依据。

（1）前言 活动方案既是活动执行的“剧本”，也是向领导汇报工作、上报审批的材料。因此，在方案正文之前简单扼要地把宣传推广的发展状况、跟进推广的必要性和重大意义阐述清楚，有利于领导进行有效决策。

（2）活动目的 作为一份完整的活动方案，必须把举办活动的目的，大到对企业品牌形象的提升，小到维系客户关系、促进成交等逐条阐述清楚。这是整个活动的指导思想和检验活动成效的标尺。

（3）活动形式 根据活动的目的，策划者要明确何种形式更有利于密切客情关系，顺利实现预期的目的。客户联谊的活动形式有很多，比较常用的主要有“论坛 + 就餐”、“演出 + 就餐”、“论坛 + 演出 + 就餐” 等形式，当然还有其他诸如户外拓展、郊游等众多形式，策划者可根据活动性质的需要进行选择。

（4）活动时间及地点 策划者必须明确活动的时间和地点，并且有必要根据活动组成部分的不同进行分类明确。比如，要组织一次客户联谊活动，确定活动由两部分组成：参观企业和客户联谊晚会。作为策划者首先要明确参观企业的约客到场时间、参观时间和集合地点；另外，还要明确客户联谊晚会的约客到场时间、晚会开始时间、就餐时间、晚会结束时间和相应的地点。

（5）活动主题　在明确上述事项后，策划者要根据活动的目的、活动形式等要素，确定一个朗朗上口、具有感召性的活动主题。

活动主题应能够体现活动目的，能够密切客情关系，以及能够明确体现出活动的主体和形式。一般来说，活动主题主要包括两个部分，一是主标题部分，二是副标题部分，如“起舞中秋，领秀太原——某（企业名称）客户联谊会”，“起舞中秋，领秀太原”就是主标题，“某客户联谊会”是副标题。

（6）活动内容　此部分是整个方案的主体和实操部分，是整个方案的躯体。策划者要按照时间顺序和事件类型逐条阐述清楚每一个阶段事件的详细事项。

一般来说，活动内容主要包括开场致辞阶段、演出阶段、就餐阶段等内容。如开场致辞人的出场顺序和致辞时间，演出阶段的主持人、节目内容、互动节目的形式等，就餐阶段领导致辞、礼品发放等。

（7）筹备工作　为了组织一次成功的客户联谊，必须进行充足的筹备工作。通常情况下，筹备工作主要分内部组织和外部联系两块内容。

内部组织主要包括：文字类——场地布置内容、领导致辞稿、主持词等；物品类——请柬、场地布置物料（喷绘布、海报、条幅等）、奖箱及奖券、奖品及纪念品等；人员类——组织协调人员、辅助服务人员等。

外部联系主要包括：活动场所——场地可用的时间、费用、服务内容、音响灯光设备、场地布置、物料、人员配备情况等；节目准备——活动公司、主持人、演艺人员的来源及档次、节目类型搭配、费用协调等；新闻媒体——计划投放媒体的记者联系、刊登和录播、费用协调等。

（8）费用预算　最后，在活动方案中，要根据活动中的各种事项可能发生的费用进行预算。

此部分最好采用表格的形式，使领导审批和执行人员实施时能够一目了然。通常，此表格主要包括事项、单价（元）、数量、费用（元）和备注五项。

（9）实操性强的方案附件　上述内容包含了一份活动方案的主要内容，但一份合格、周密的活动方案最需具备的条件是其具有很强的可执行性。因此，还必须在以上内容的基础上对某些事项进行深化、细化，撰写成实操性很强的方案附件。这些附件通常主要有物料准备清单、人员分工及职责、活动流程、领导致辞、主持词及互动问答等。

（二）客户联谊会的实施

强劲的实际执行力是组织一次成功的客户联谊不可或缺的重要保证。在方案通过审批，开始具体实施阶段，不管是内部组织，还是外部联系，都需要参与人员能够高质高效地逐步落实推进，而且还能够灵活有效地处理执行过程中随时可能出现的突发问题，只有这样，才能保证客户联谊活动的最终成功。

强劲的实际执行力，除了要求团队的每个成员具有较强的个人能力和良好的团队合作意识外，更重要的一点是要求每个成员必须具有很强的责任心和计划性。要在活动方案的基础上按照工作时间安排制订出自己的工作计划，在工作计划中必须明确每件事情的时间节点，并严格按照时间节点推进实施。实施过程中，要做到每天一小结，及时处理未按计划完成的事项，保证工作的整体推进。

（三）客户联谊会的注意事项

1. 会场布置应喜庆、热烈、感染力强。

2. 联谊过程中力求营造热烈、活跃、友好、轻松的气氛，自始至终让参加者感到举办者的热情、真诚和友谊。

3. 联谊活动的内容应丰富多彩，给参加者留下深刻的印象。

六、典型实例

某客户联谊会活动策划方案

前言

客户联谊会是加强终端建设的重要组成部分，是密切客情关系的一种有效手段，对于完善客户关系管理、经营客户、维护和拓深市场具有重要的意义。

活动时间选择

避开星期六、星期天，以星期三、星期四下午15:00开始为宜（最好两天，以便更多的营业员参与）。

活动前的准备工作

操作重点

1. 必须成立会务组，分工明确，责任具体到人。

2. 制作计划推进表，便于检查和落实。

3. 各种准备工作一定要考虑全面、做得细致。

活动开展前的工作

1. 成立活动小组，明确一名总负责人，并设立三个小组，分别为：

（1）外联组：负责给相关药店经理、友好营业员发放邀请柬。

（2）后勤组：负责场地的联系及准备交通工具、食品、礼品等。

（3）礼仪组：负责在活动场地门口迎接和接待客人进现场。

2. 发放请柬

（1）发放时间：活动2日前发放。

（2）发放要求

1）根据本地区的实现情况，统计参与本次活动的人数——各大医药公司经理、各药店经理、所有终端营业员。

2）根据人数购买请柬。

3）发送请柬时，要告知参与的利益点。

4）发送请柬时，要同时邀请其爱人和孩子一起参加。

3. 活动场地的选择

（1）本地知名度较高的影剧院——营业员易找。

（2）影剧院不宜太大——所去人数有限，保证活动氛围需要。

（3）有展出企业文化的场地——如演出台。

（4）有较好的音响及放映设备。

（5）能放映近期有影响的大片。

4. 活动场地布置

（1）门口布置

1）悬挂问候语条幅，如：您辛苦了！（产品名称）向您致敬！

2）引导展板，如：某客户联谊会在此举行，欢迎光临！

3）产品形象展示板，如：人民大会堂赠药活动、康复明星登长城图片等。

上述内容的展板规格统一。

（2）会场活动场地中心布置

1）演出台上悬挂活动主题条幅，如［（产品名称）第X次客户联谊会］。

2）演出台背影中心悬挂企业标识。

5. 纪念品的准备：根据发请柬时落实的人数，选少于8元的纪念品，少于50元的奖品。

6. 广告光碟、录像带的准备

（1）落实活动场所能否放映光碟或录像带。

（2）根据落实情况将产品品牌、专题精品录制到一张光碟或录像带（以高保真录像带为宜）上。

7. 选定主持人：主持人要热情大方，善于沟通，会煽情。

8. 准备一本精美签到本和签到笔。

9. 准备摄像机1台，照相机1台，胶卷及电池。

客户联谊会程序

1. 程序

（1）签到，凭请柬赠送纪念品1份，小册子、专刊1份，电视报1份。

（2）礼仪小姐引导客人就座。

（3）观看产品广告片。

（4）主持人宣布客户联谊会开始。

（5）企业文化展示：①点到。②唱司歌。③齐致欢迎词。

（6）厂方代表致欢迎词。

（7）有奖问答。

（8）抽奖。

（9）放映电影。

2. 操作要点

（1）广告片应在活动开始前循环放映。

（2）企业文化展示

1）礼仪小姐5人，统一做旗袍，披绶带。其中门口4人，引导1人。

2）工作人员衣着要统一：男士着白衬衣、深色裤子、深色领带；女士着白衬衣、深色裙或深色职业套装。

3）唱司歌时要惊天动地。

4）欢迎来宾时拍手要一致。

5）活动前，要统一排练。

（3）厂方代表致欢迎辞时，时间不宜超过8分钟。

（4）有奖问答

1）有奖问答的题目以产品知识为主，从发放的小册子、专刊上选取答题（可提醒参与者）。

2）题目要简单易答。

（5）抽奖

1）参与者凭请柬领取两个打印编码（一份投入抽奖箱、一份留给自己核对）。

2）将密封的抽奖箱置于会场显著位置，请各大医药公司经理根据级别大小现场随机抽奖。

3）先抽鼓励奖，类推抽取三、二、一等奖。

4）奖项设置：一等奖1名；二等奖3名；三等奖5名；鼓励奖10名。

5）可用现金作为奖励，以红包形式发放。

活动后期

将本次活动录像带，制作成光碟，送给参与单位（每单位1~2张）。

七、同步训练

2012年12月28日，某医药公司举行客户联谊会，请你为该公司领导拟写一份联谊会上的讲话。

任务3　医药企业公共关系危机处理

一、具体任务

四叶草大药房开业在即，为提高知名度，公关部策划了一次别出心裁的活动。开业当天，在药房外举办抛发礼券活动，每张礼券200元，共抛售1000张。活动当天，先后有数万人参加了抢礼券活动。受活动影响，周围交通被迫中断，导致市政部门的不满。同时，活动本身秩序失控，导致一些人被挤伤。对此，当地几家媒体对活动所带来的问题进行了报道。

假如你是店长，你会如何处理这种局面？

二、训练目标

1. 通过训练，使学生掌握危机处理的技巧，学会运用危机处理的技巧，妥善处理各种危机。

2. 树立公共关系意识，提高组织协调、交流沟通、团队合作等方面的能力。

三、训练内容和步骤

1. 5 ~ 6 人为一组，制订危机处理的方案。
2. 撰写公共关系危机处理方案。
3. 小组派代表向全班同学汇报。
4. 教师总结、点评。

四、考核标准

1. 采取的对策操作性和可行性强，能恰当处理公关危机事件。(5 分)
2. 小组同学团结协作。(3 分)
3. 公关危机处理方案新颖，有创新性。(2 分)

五、必备知识

(一) 公共关系危机的概念和类型

公共关系危机是指突然发生的、严重损害组织形象、给组织造成严重损失的事件，如恶性事故、顾客的投诉、员工罢工等。危机使组织面临严重的困难，面临强大的公众舆论压力和危机四伏的社会关系环境，使组织失去公众的信任，直接或间接地影响组织的生存和发展。

公共关系危机主要包括以下类型：

1. 组织自身行为损害社会利益而引起的危机。
2. 意外灾难性事件而引起的危机。
3. 组织故意原因引起的危机。
4. 舆论的负面报道引起的危机。
5. 竞争对手或个别敌对公众的故意破坏而引起的危机。

(二) 公共关系危机的成因分析

公共关系危机产生的原因很多，一般来自于组织的内部和外部两个方面：

1. 内部原因

(1) 自身素质低下 组织自身素质低下的核心是人员素质低下，包括领导者素质和员工素质。组织自身素质低下不仅可能引发公关危机事件，而且在危机事件出现后也

难以自觉有效地处理危机事件。

（2）管理缺乏规范性　管理缺乏规范性包括两方面，其一是组织基础工作差，管理的规章制度不健全，工作无定额，技术无标准，计量无规矩，操作无规程；其二是员工行为无规范，员工工作中无计划，不讲质量，不讲服务礼节，不讲信誉，不讲职业道德，甚至严重损害公众的利益，伤害了公众的感情。这些都是导致公共关系危机的祸根。

（3）经营决策失误　经营决策失误主要体现为方向的失误、策略的失误、时机的失误等。这些失误可能严重危及社会公众、社会环境的利益要求，也可能引发公众对组织的敌视、反感和排斥，使组织陷入危机。

2. 外部原因

（1）组织间的恶性竞争　恶性竞争即不正当竞争，指市场经济活动中，经营者违反法律规定，损害其他经营者的合法权益，扰乱社会经济秩序的竞争行为，包括诋毁竞争对手行为、假冒他人的注册商标等。这些恶性竞争行为，都可能导致社会组织出现公共关系危机。

（2）政策体制不利　国家的政策和管理体制对社会组织的经营和发展有着重大的影响。国家政策对组织的发展不利，管理体制的不顺，都会给组织带来风险，使组织出现问题，陷入困境。

（3）公众的误解　公众对社会组织的了解并不都是全面的，有的公众会因偏听偏信、小道消息等对社会组织产生误解，因而形成对组织的敌视和偏见，给组织带来负面影响。

（三）公共关系危机的处理

1. 危机处理的基本原则

（1）实事求是原则　组织在处理危机的过程中，无论是对组织内部职工，还是对新闻记者、受害者、上级领导等，都要实事求是，不能隐瞒事实真相。

（2）及时原则　及时原则是指危机一旦发生能及时给予控制。危机突发时，可能会造成一定程度的混乱，并给人们心理上造成紧张、恐惧，各种谣言也最易流传。因此社会组织必须当机立断，快速反应，果决行动，与媒介和公众进行沟通，迅速控制事态，否则会扩大危机的范围。

（3）承担责任原则　危机发生后，公众会关心两方面的问题，一是利益问题，二是感情问题。无论谁是谁非，社会组织都应该承担责任，即使受害方在危机事件中有一定的责任，社会组织也不应先追究其责任，否则会加深矛盾，引起公众的反感。社会组织应站在受害者的立场上表示同情和慰问，并通过新闻媒介向公众致歉，赢得公众的理解和信任。

2. 危机处理的程序　一般来说，公共关系危机处理的基本程序主要包括：

（1）成立处理危机事件的专门机构　成立处理危机事件的专门机构是有效处理危机事件的组织保障。机构的组成人员应包括组织负责人、公共关系部门负责人和经过培训的危机处理人员。危机处理机构的成员应尽快确定应急方案。另外，还要指定新闻发言人和值班人员。

（2）控制损失 危机发生后，一定要按照拟定的应急处理方案，全力采取措施，控制事态的进一步发展，把损失控制在最低限度，尤其要珍视组织的声誉和形象。

（3）深入现场，了解事实 通过观察、访谈等方式，迅速弄清危机事件发生的原因、人员伤亡、财产损失等情况，掌握事态的发展及控制的情况。

（4）分析情况，确定对策 在掌握危机真实情况的基础上，深入研究和确定应采取的对策和措施。对策和措施不仅仅要考虑危机本身的处理，还要考虑如何处理好危机设计的各方面关系。针对不同的公众，采取相应的对策：

受害者对策：①认真了解受害者情况后，诚恳地向他们及其亲属道歉，并实事求是地承担相应的责任。②应由专人负责与受害者及其亲属慎之又慎地接触。耐心而冷静地听取受害者的意见，包括他们要求赔偿损失的意见。③给受害者安慰与同情，并尽可能提供其所需的服务，尽最大努力做好善后处理工作。④避免与受害者及其家属发生争辩与纠纷。即使受害者有一定责任，也不要在现场追究。⑤组织应避免出现为自身辩护的言辞。⑥了解、确认有关赔偿损失的文件规定与处理原则。⑦向受害者及其家属公布补偿方法与标准，并尽快实施。

新闻界对策：①如何向新闻界公布危机事故，公布时如何措辞，采用什么形式，有关信息怎样有计划地披露等事项应事先达成共识，统一口径。②成立临时记者接待机构，专人负责发布消息，集中处理与事件有关的新闻采访，向记者提供权威的资料。③对新闻界表示出合作、主动和自信的态度，不可采取隐瞒、搪塞、对抗的态度。④主动向新闻界提供真实、准确的消息，公开表明组织的立场和态度。注意提供公众所关心的消息，如补偿方法、善后措施等。⑤为了避免报道失实，向记者提供的资料应尽可能采用书面形式。⑥除新闻报道外，可在刊登有关事件消息的报刊上发布歉意公告，向公众说明事实真相，并向公众表示道歉及承担责任。⑦当记者发表了不符合事实真相的报道时，应尽快向该报刊提出更正要求，并指明失实的地方。向该刊提供全部与事实有关的资料，派重要发言人接受采访，表明立场，要求公平处理。注意：应尽力避免相互产生敌意。

消费者对策：①所有的危机处理对策、措施，都应以尊重消费者权益为前提。②热情接待消费者团体的代表，回答他们的询问、质询。听取受到不同程度影响的消费者对事故处理的意见和愿望。③通过不同的传播渠道向消费者传递说明事故梗概的书面材料。④及时与消费者团体中的领导以及意见领袖进行沟通、磋商。⑤通过不同的渠道公布事故的经过、处理方法和今后的预防措施，公布与消费者团体达成的一致意见或处理办法。

上级领导部门对策：①危机事件发生后，要以最快的速度向组织的直属上级部门实事求是地报告，争取他们的援助与支持。②在危机事件的处理过程中，应定期汇报事态发展的状况，求得上级领导部门的指导。③危机事件处理完毕后，应向上级领导部门详细地报告处理的经过、解决方法、事件发生的原因等情况，并提出今后的预防计划和措施。

（5）总结评估，重塑形象　危机处理组织机构应对危机处理情况进行全面检查、评估，并将检查结果向领导机构、公众和媒介公布，表明社会组织敢于承担责任。从公众利益出发，认真做好善后工作，才能恢复和重新塑造组织形象。

（四）常见公关危机事件处理要点

1. 内部纠纷事件处理要点　组织的内部纠纷事件通常是由于员工的后顾之忧无法得到解决、物质利益被忽视、工资奖金分配不合理、福利待遇偏低、工作环境差、对待员工不能一视同仁、处理问题不公平等引起的，处理要点为：

（1）认真倾听并吸取员工的意见和建议。

（2）尽量化解矛盾，协调关系，在物质和精神方面给予员工一定的补偿。

（3）增强组织的透明度，加强沟通，让员工了解组织的难处，求得员工的理解。

（4）对领导者的不合理行为做出严肃处理，以平息员工的不满情绪。

（5）事件平息后将事件处理结果向员工公布，争取员工的谅解。

2. 顾客投诉事件处理要点　顾客就某个问题对组织进行投诉，是顾客的正当权益。虽然投诉对组织的形象不利，但组织应正确、理性地对待，并做出妥善处理。

（1）诚恳倾听投诉意见，对投诉者表示同情和感谢。

（2）听完投诉后应立即表态，对投诉对象做出妥善处理。

（3）对不合理投诉要耐心地解释，并给投诉者适当安抚。

（4）如发现投诉具有普遍意义，可视情况采取相应对策，如登发广告启示、组织退货等，以挽回不良影响。

（5）对合理投诉者进行适当奖励，以求广大顾客的关心和理解。

3. 火灾事件处理要点　火灾是组织的一种严重的安全事故，对组织的形象损害极大，必须及时妥善处理，其要点为：

（1）发现火警后，立即通知公安消防部门，并根据情况迅速做出安排，组织灭火。

（2）迅速进入现场，奋力抢救各类人员及财产。

（3）及时做好对伤亡人员的抢救和处理工作，并对其家属做好安抚工作。

（4）深入调查火灾事件的原因，并做好记录，写出报告。

（5）根据情况对火灾事故责任人做出严肃处理。

（6）将调查结果、事故原因、损失情况、处理情况等，实事求是地提供给政府部门及新闻单位，以控制舆论走向。

（7）组织员工总结经验教训，制订防火措施，争取各方理解，恢复和重建组织形象。

4. 报道失实事件处理要点　报道失实事件是指新闻媒介报道的情况与事实本身不符时而导致组织的形象受损，甚至出现严重的后果。处理要点为：

（1）迅速搜集新闻媒介失实报道的信息内容，并核准其失实程度。

（2）立即据实向发表失实报道的新闻单位提出更正要求。

(3) 尽力找到失实报道的记者、编辑及制作者，诚恳地提出更正要求和理由，必要时要督促其发表更正或道歉。

(4) 如失实报道的新闻单位和个人拒不“认账”，可通过上级主管部门出面处理，借其他新闻单位发表文章或公告，把真实情况公诸于众。

(5) 如失实报道情节特别严重，给组织带来不良后果和严重损失，可诉诸法律，依法维护组织声誉。

5. 债务纠纷处理要点 债务纠纷是现实经济生活中经常出现的事件，各类组织都难以避免，一般有三种情况：一是组织因负债无力偿还而与对方发生纠纷；二是因对方长期拖欠本组织的款项而发生的纠纷；三是因众多组织之间相互拖欠而形成的“三角债”债务纠纷。处理要点为：

(1) 对于因负债而形成的债务纠纷事件，组织应严肃对待，表现出积极偿还的姿态和行动，如确因特殊原因一时无力偿还，应向债权人耐心解释，力求予以理解。

(2) 对于因讨债而形成的债务纠纷事件，组织应据理力争，坦陈自身难处，依法收回欠款。如遇对方无理抗债，可诉诸法律；如遇对方确有难处，应予以体谅，不宜逼得太急，以免纠纷事件升级。

(3) 组织如陷入“三角债”债务纠纷，可根据国家有关政策进行纠纷处理，必要时应向主管部门或政府做出反映，请求协调解决。

6. 谣言传播事件处理要点 谣言传播一般指不正确事实的非正式渠道传播，它是对事实的蓄意渲染、夸大、歪曲，或根本是无中生有。谣言具有一种暗示力量，流传广泛，造成组织形象和信誉的损害。其处理要点有：

(1) 做好深入细致的调查研究工作，对谣言进行追根溯源，找出谣言制造者，并给予适当处理。

(2) 邀请本领域、本行业的权威人士、有关领导、新闻记者及其他有关公众到本组织参观考察，并请有关人士发表讲话，做出表态，以澄清事实，妥善辟谣。

(3) 如有必要，可组织新闻发布会，就有关问题向新闻界做出说明，公开事实真相；若能请有关公众现身说法，驳回谣言，效果更佳。

(4) 认真检查组织自身存在的问题，找出原因，勇于改过。

(5) 倘若属于不正当竞争而发生的恶性中伤事件，则应针锋相对，据理力争，甚至通过法律途径解决。

六、典型实例

中美史克经历的 PPA 风波

1996 年，耶鲁大学的一个医学研究小组经过研究发现：过量服用 PPA 会使患者血压升高、肾功能衰竭、心律失常，严重的可能因中风、心脏病而丧生。随即，该小组向 FDA（美国药品和食品管理局）提出了禁止使用 PPA 的建议。2000 年 11 月，中国政府下发通知：禁止 PPA。作为 PPA 感冒药的最大制造商，中美史克首当其冲。

面对突如其来的变化，中美史克公司迅速做出回应。接到通知的11月16日，中美史克立即由10位公司经理等主要部门主管组成危机管理小组，10余名工作人员负责协调、跟进。危机管理小组分工如下：

危机管理领导小组，制订应对危机的立场基调，统一口径，并协调各小组工作。

沟通小组，负责信息发布和内、外部的信息沟通，是所有信息的发布者。

市场小组，负责加快新产品开发。

生产小组，负责组织调整生产并处理正在生产线上的中间产品。

危机管理小组发布了危机公关纲领：执行政府暂停令，向政府部门表态，坚决执行政府法令，暂停生产和销售；通知经销商和客户立即停止康泰克和康得的销售，取消相关合同；停止广告宣传和市场推广活动。

即日，全体员工大会召开。总经理向员工通报了事情的来龙去脉，表示了公司不会裁员的决心，赢得了员工空前一致的团结精神。同日，全国各地的50多位销售经理被迅速召回天津总部，危机管理小组深入其中做思想工作，以保障企业危机应对措施的有效执行。18日，他们带着中美史克《给医院的信》、《给客户的信》回归地方，应急行动纲领在全国各地按部就班地展开。公司专门培训了数十名专职接线员，负责接听来自客户、消费者的问讯电话，做出准确专业回答以打消其疑虑。21日，15条消费者热线全面开通。

同时，公司还积极同媒体沟通，在北京召开了新闻媒介恳谈会，做出“不停投资”和“无论怎样，维护广大群众的健康是中美史克公司自始至终坚持的原则，将在国家药品监督部门得出关于PPA的研究论证结果后为广大消费者提供一个满意的解决办法”的立场、态度和决心。正是因为这些措施落实到位，康泰克良好的品牌形象得以保存下来。经过几年卧薪尝胆，2001年9月，中美史克的不含PPA的新康泰克重新上市。

中美史克的案例说明，在很多危机事件的处理中，企业最重要的是态度，事实有时退居其次，因为舆论总是保护弱者。如果可以预见到民事诉讼的损失，主动表示关注是企业危机公关必须注意的首要原则，被动地应付只会损失更多。

七、同步训练

1. 某制药公司为了使自己新开发研制的药品进入某家医院进行销售，向该家医院院长赠送了一辆价值11万元人民币的小轿车，后因人举报，被有关部门查实。一时间，整个舆论界哗然。请你制订出具体的危机处理方案，以帮助该制药公司消除不利影响，摆脱目前的困境。

2. 某药店不慎出售了假药，购买者向消费者协会、食品药品监督管理部门投诉，一时间许多购买者到药店要求退掉原来购买的药品。假如你是药店的经理，请你写出处理这次危机的方案。

3. 某天一大早，一位顾客怒气冲冲地跑到某连锁药店店长王乐的办公室“兴师问罪”：“你是这里的店长吧？我刚才来你们药店买药，电动自行车停放在店外的‘存车处’。谁知出去的时候，却发现车子‘不翼而飞’。既然我来你们药店购药，你们就有义务确保我的财产安全。对我的损失，你们药店必须赔偿!”王店长听了，觉得很为难。顾客就是上帝，不赔偿，闹起来对药店的形象肯定有影响；赔偿吧，药店的损失也很大。倘若每个顾客都说自己丢了东西，药店给每个顾客都进行赔偿吗?

假如你是王乐，作为店长的你该怎样将此事情圆满解决?

4. 1994 年 3 月，在沈阳召开“全国 1994 年药品交易会”前夕，辽宁电视台在晚间新闻中播发了一条“夫妻轻生，假药救命”的口播新闻。其大意是：3 月 10 早晨，大连站西旅社服务员发现在该旅社住宿的一对夫妻躺在床上，地上有 6 个空的安眠药瓶，服务员立即将此情况报告派出所，经干警现场勘察，这对夫妇因为赌博输了钱想了却性命，便买了 6 瓶河南省某制药厂生产的“某安定片”服下，可万万没想到他们服下的却是药性强、但毒性很小的安定片，因此出现了前面描述的一幕。其实，“假药不假”，该安眠药为全国首创，要致人死亡必须服下 20 瓶以上。所以，这对夫妇没有死，但经过媒体的炒作，该制药厂的名声一败涂地，一时间，这个品牌的安定片成为假冒伪劣产品的代名词，成了人人喊打的过街“老鼠”。一些经销单位不明真相，亦纷纷来电来函要求退货，一些省级卫生部门做出决定，凡河南省进入本省的药物必须进行严格检查……事件发生后，该制药厂的直接经济损失达 300 多万元，企业形象遭到了严重的破坏。

假如你是该厂的负责人，你将采取哪些强有力的手段和措施，帮助企业扭转这种不利的局面，重塑企业的良好形象？请写出你对此次危机处理的具体方案。

主要参考书目

1. 王彤彤．职场礼仪．大连：大连理工大学出版社，2010
2. 张丽．实用医药商务礼仪．北京：中国医药科技出版社，2013
3. 杨丽．商务礼仪与职业形象．大连：大连理工大学出版社，2008
4. 姬涛，凌云．医药代表实战宝典．北京：海洋出版社，2001
5. 钟明炼．药品市场营销学．北京：人民卫生出版社，2008
6. 钟明炼．药品市场营销学案例．北京：人民卫生出版社，2010
7. 周光理．医药市场营销案例与实训．北京：化学工业出版社，2012
8. 孙庆和，张福春．实用商务谈判大全．北京：企业管理出版社，2005
9. 郭红生．商务谈判．北京：中国人民大学出版社，2011
10. 方其．商务谈判．北京：中国人民大学出版社，2004
11. 姚小远，朱国定，康善招．商务谈判学．上海：华东理工大学出版社，2009
12. 沈瑞山，张洪波．实用公共关系．大连：大连理工大学出版社，2008
13. 姚建平，胡立和．实用公共关系．重庆：重庆大学出版社，2004